스와미 비베카난다
Swami Vivekananda(1863~1902)

베단타 철학과 다양한 요가에 관한 강연으로 서양 영성에 큰
영향을 미친 스와미 비베카난다는 1863년 인도 캘커타의 유복한
크샤트리아 가문에서 태어났다. 본명은 나렌드라. 무사 계급의
후손답게 어려서부터 승마, 수영, 성악, 기악 같은 각종 교양을
습득했고, 자연과학, 천문학, 수학, 철학, 산스크리트어 등 여러
학문을 익혔다. 일찍이 『바가바드 기타』, 『마하바라타』 등의 고대
베다 문헌에 깊은 관심을 보여, 이후 명상이나 철학적 토론에도
몰두했으며, 대학 진학 후에는 이성으로 눈을 돌려 칸트, 흄, 헤겔,
스피노자 등 서구 지성들의 철학과 논리학을 공부했다.
18세 때였던 1881년, 그의 스승인 성자 라마크리슈나와 처음
만났고, 비베카난다는 스승의 지도 아래 인도 전역을 방랑하며
수행의 길을 따랐다.

1886년 스승의 사후에 이름을 '스와미 비베카난다'로 바꾸고,
세계에 베다의 가르침을 알리기 위해 전념했다. 1893년 9월 11일
시카고 세계종교회의에 인도 대표로 참석해, 인도의 유구한 종교와
사상을 서구에 최초로 전하고 참석자 7,000여 명을 감화시켰다.
그는 시카고 종교회의 이후 1902년 캘커타 벨루르마트에서
사망하기까지 8년간 인도를 비롯해 미국과 영국 전역을 돌며
베다의 실천적 가르침을 전파했으며, 이 책에는 그 주옥같은
강연들이 담겨 있다.

스와미 비베카난다는 오늘날까지도 인도 내에서는 힌두 개혁가이자
민족주의의 우상으로, 전 세계적으로는 영혼의 스승으로 존경받고
있다. 주요저서로 『라자 요가』를 비롯해 『카르마 요가』, 『베단타
철학』 등이 있다.

KB052335

디자인 김다희

마음의.요가.

마음의 요가.

인도 최고의
지성과 영성,
비베카난다의 말.

스와미 비베카난다
김성환 옮김

판미동

차례

옮긴이의 글   — 7

첫 번째 시간

     우리는 언젠가 반드시 묻게 된다,   — 13
이 삶이 진짜일까?

두 번째 시간

     삶의 무상함과 무지를 지나,   — 49
자유를 향하는 길

세 번째 시간

     당신이 아는 세상은   — 75
실재가 아닙니다

네 번째 시간

     『베다』의 성스러운 구절,   — 99
그대가 바로 '그'입니다

다섯 번째 시간

     영혼의 자유를 확신하십시오   — 127

여섯 번째 시간

     씨앗은 그 안에 나무 한 그루를   — 155
다 포함하고 있습니다

일곱 번째 시간

태어난 모든 것들은   — 175
왜 죽음을 두려워할까?

여덟 번째 시간

당신은 태어난 적도 없고,   — 205
죽지도 않습니다

아홉 번째 시간

아트만, 그 구속과   — 231
해방에 대하여

열 번째 시간

몸과 마음,   — 249
영혼은 하나입니다

열한 번째 시간

깨달음을 어떻게   — 299
실천할 수 있을까?

열두 번째 시간

열린 종교로 나아가기 위해   — 335
우리가 할 수 있는 일

이 책의 저자인 비베카난다는 인도의 탁월한 종교가 겸 사회 개혁가이다. 영국 지배하의 인도 캘커타 지역에서 출생한 그는 서구식 교육의 영향을 받아 청년 시절 잠시 서양 사상과 논리학에 매료되기도 했다. 하지만 성인이 된 이후에는 진리를 직접 체험하고 싶다는 열망에 이끌려 세속적 관심사를 뒤로 한 채 인도 각지를 배회하게 된다. 그가 궁극적으로 추구한 것은 '신을 보는 것'이었다. 그러던 중 수차례에 걸쳐 신과의 합일을 경험한 라마크리슈나라는 사람이 있다는 소문을 듣고는 그를 찾아갔는데, 라마크리슈나는 비베카난다를 한눈에 알아보았다고 한다. 라마크리슈나는 자신을 찾아온 그를 보자마자 이렇게 말했다고 한다.

"그대는 너무 늦게 왔구나! 나의 내면의 체험을 받아들일 수 있는 최고의 상대에게 내 영혼을 부어 줄 이때를 얼마나 기다려 왔던가!"

하지만 비베카난다가 그를 처음부터 스승으로 인정한 건 아니었다. 서양의 합리 사상을 몸에 익힌 비베카난다의 눈에 라마크리슈나의 이런 태도는 의심스러워 보였을 것이다. 심지어 비베카난다는 자신에게 무한한 신뢰를 보내는 라마크리슈나를 한동안 광인 취급하기조차 했다고 한다. 그렇지만 그의 주위를 맴돌며 전통적 성자의 거동과 행실을 철저하게 검토하고 음미한 비베카난다는 결국 라마크리슈나를 진정한 스승으로 인정하고는 그의 제자가 되어 가르침을 받게 되었다. 이후 라마크리슈나 곁에서 인도의 전통적 종교 사상들을 익히며 명상에 전념하던 그는 마침내 궁극의 경지를 일별하고는 힌두교의 열렬한 지지자로 변모하게 된다.

라마크리슈나가 그에게 뒷일을 부탁하고 세상을 떠나자, 비베카난다는 인도의 전통 사상과 스승의 가르침을 서양에 알리는 일에 헌신하기로 마음먹고는 1893년 시카고에서 열린 세계 종교회의에 힌두교 대표로 참석하여 7,000여 명의 청중들을 감화시켰다. 또한 영국과 미국 등지를 오가면서 인도의 전통 사상을 강연해 서양 청중을 사로잡았는데, 그중에서도 특히 인도 종교의 사상적 결정체인 '베단타'에 탁월한 면모를 보였다. 베단타는 '『베다』의 끝, 또는 그 극치'라는 뜻으로 『우파니샤드』를 근간으로 하는 철학 체계다. 비베카난다의 베단타 강연을 들은 서구 지성들은 서양에 처음으로 소개된 인도의 웅대한 가르침에 경의를 표했으며, 미국의 대표적 심리학자이자 철학자인 윌리엄 제임스 역시 베단타 사상을 '정신을 고양시키는 실용적 가르침'이라 평하며 극찬을 아끼지 않았다고 한다. 열등한 것으로 여겨지던 동양의 종교와 사상이 서구 지성계를 뒤흔든 순간이었다.

이 책은 비베카난다가 서양인들에게 전한 가르침들 중 바로 그 베단타라는 주제를 다룬 핵심적인 강연 12편을 한데 모은 것이다. 이 책에서 저자는 놀랍도록 힘 있고 호소력 있는 문장들로, 인도에서 전개된 장구한 진리탐구의 최종 결실에 해당되는 베단타의 가르침들을 상세하게 풀어낸다. 직접 읽어 본다면 지극히 일상적인 언어로 제시된 이 글귀들 속에 정신을 일깨우는 통찰들이 풍부하게 담겨 있다는 사실을 실감할 수 있을 것이다.

이 책의 기본적인 윤곽을 잡아 보자면, 먼저 영혼이란 것의 존재와 그 불멸성에 대해 검토한 뒤, 인간 영혼의 본성이 신적 본성과 일치한다는 사실을 제시한다. 그런 뒤 눈앞에 펼쳐진 고통을 직시하는 것의 중요성을 강조하면서 자신과 타인의 신적 본성을 드러내 그 풍경 전체를 혁신시키라고 촉구한다. '선'과 '악'을 넘어선 곳에서 모든 것을 바라보는 내면의 관조자를 일깨움으로써 진정한 낙관론자가 되라는 것이다. 이것이 1장에서 4장까지의 기본 내용이다.

일단 이렇게 큰 그림을 그려 놓고 난 뒤, 저자는 이어지는 6편의 강연을 통해 이 기본 뼈대에 살을 붙여 나간다. 그 과정에서 세상에 악이 존재하는 이유와 그 해결책이 제시되고, 인간 정신의 내적 구조가 해명되며, 본능과 기억에 대한 분석을 통해 영혼의 윤회라는 가설이 사실로서 확립된다. 또한 모든 사람들의 영혼이 궁극적으로 하나라는 사실과 카르마의 법칙 및 사후의 운명에 관한 흥미로운 사실들이 제시되며, 깨달음 이후의 삶과 관련된 일부 문제들이 해명된다. 이런 식으로 베단타의 관점에 대해 제기되는 반론을 논박하고, 의문을 품을 만한 문제들을 해결하면서, 그 궁극적 관점을 진화나 유전 등과 같은 과학의 발견들과 조화시키는 것, 이것이 5장에서 10장까지의 주된 내용이다.

이어지는 두 장에서 저자는 지금까지 설명된 궁극적 가르침들을 일상생활의 윤리적 문제와 결부시키고자 한다. 비록 11

장의 전반부 대부분이 베단타의 가장 고차원적 가르침을 해설하는데 할당되고 있긴 하지만, 이 두 편의 강연을 통해 저자가 강조하고자 하는 건 결국 이타심과 종교적 관용, 도덕성이라는 현실적 가치들이다. 저자는 앞서 소개한 그 모든 내용들을 이런 가치들의 관점에서 재조명하는 것으로 글을 끝맺는다.

여기서 볼 수 있듯이, 책에는 살면서 한 번쯤 던져 볼 만한 의문들에 대한 해답이 다양하게 제시되어 있다. 저자가 사용하는 언어는 명료하고 견실하며, 문제를 다루는 저자의 태도는 거침없고 대범하여 막힘이 없다. 또한 의미 전달을 위해 동원되는 신화적 이야기와 경구, 비유 등은 그 생생함과 아름다움으로 책 전체에 활력을 불어넣어 준다. 아마도 이런 문제들에 관심을 가져 본 독자라면 저자가 제시하는 관점의 진실성에 깊이 공감하면서 흥미롭게 책을 읽어 나갈 수 있을 것이다.

하지만 이 책은 분명 가볍게 읽을 수 있는 종교적 에세이와는 그 성격이 다르다. 비록 대중 강연을 바탕으로 한 글이긴 하지만, 책에는 따라가기 쉽지만은 않은 논증들이 곳곳에 등장한다. 또한 충분한 관심을 기울이지 않을 경우 추상적으로 느껴지기 쉬운 내용들도 종종 있다. 그렇지만 인내심을 갖고 차분히 읽어 내려가면서 내용을 소화하다 보면, 동서양의 사상과 종교, 과학이 모순 없이 한데 어우러지는 장관을 목격하게 될 것이고, 그렇게 드러난 그 의미, 그 전체상은 기존 관점을 혁신시키는 데 큰 도움이 되어 줄 것이다. 그리고 이렇게 새로운 시야를 확보하고 나면, 외관상 무용해 보이는 이런 가르침들이 가장 고차원적인 실용성을 지닌다는 저자의 말에 깊이 공감하게 될 것이다.

돌이켜 보건대, 진정한 종교의 가치들마저 경시되는 요즘 같은 시기에 비베카난다의 이 글들을 접하게 된 건 커다란 행운이었던 것 같다. 이 책이 독자 여러분에게도 내적 확신과 힘을 전해 주었으면 하는 바람이다.

2020년 3월

옮긴이

첫 번째 시간

우리는
언젠가 반드시 묻게 된다,
이 삶이 진짜일까?

런던에서 행한 연설

인간은 대체 왜 신을 찾는 것일까요?
왜 모든 나라와 모든 민족들이 완벽한 이상을
추구할까요? 그런 관념들이 이미 당신의 내면에 있기
때문입니다. 원래는 당신 자신의 심장박동 소리였지만,
당신은 그 사실을 모르고, 그것을 외부에 있는 무언가로
간주해 왔습니다. 하지만 '그'를 찾고 '그'를 실현하도록
당신을 부추기는 것은 당신 자신의 내면에 있는 바로 그
신입니다.

삶을 향한 마지막 질문

감각에 대한 인간의 집착은 실로 엄청납니다. 하지만 생활의 배경이 되는 외부 세계를 아무리 굳게 믿는다 하더라도, 인간의 삶에는 이렇게 묻는 순간이 반드시 찾아옵니다.

"이것이 정말 현실일까?"

매 순간 감각적 향락에 빠져 있는 사람이나 감각의 진실성에 단 한순간도 의문을 제기하지 않는 사람에게조차 죽음은 들이닥치고, 그 역시 이렇게 묻도록 강요당합니다.

"이 삶이 정말 진짜일까?"

종교는 이 질문에서 시작하고, 그에 대한 답변으로 끝납니다. 그리고 우리는 문명의 여명기에 등장한 신화들을 통해, 역사 이전의 고대인들조차 다음과 같은 질문을 던졌다는 사실을 알 수 있습니다.

"죽은 뒤에는 어떻게 되나? 삶의 진실은 어디에 있나?"

『우파니샤드*』 가운데 가장 시적인 『카타 우파니샤드』는 이런 질문으로 시작됩니다.

> **우파니샤드** Upanishads
> 힌두교의 경전. 총 108권으로 구성되어 있으며, 그중 11권을 주요 경전으로 삼는다.

"사람의 죽음이 의견을 가르나니, 한 부류는 영원히 사라졌다 하고, 다른 부류는 여전히 살아 있다 하네. 어느 쪽이 진실인가?"

이에 관해 지금까지 다양한 답변들이 제기되어 왔습니다. 형이상학과 철학, 종교의 모든 영역은 이 질문에 대한 답변들로 가득 메워져 있습니다. 한편으로는 '저 너머에는 무엇이 있나? 진실은 어디에 있나?' 같은 마음이 던지는 질문들을 억압함으로써 불안을 잠재우려는 시도들도 계속되어 왔습니다. 하지만 죽음이 존재하는 한, 질문을 억누르고자 하는 모든 시도들은 실패로 돌아가고 말 것입니다.

어떤 사람들은 모든 관점을 현재로만 국한시키고, 감각 세계를 넘어선 것들에 대해서는 되도록 생각하지 말자고 말할지 모릅니다. 그리고 어쩌면 지금도 우리 주변에 있는 모든 것들이 이 비좁은 현실의 경계를 유지하도록 도와주거나, 전 세계가 공모해 현재 너머로 생각의 영역을 확장하지 못하도록 방해하고 있을지도 모릅니다. 하지만 죽음이 존재하는 한, 다음과 같은 질문은 끊임없이 되살아날 것입니다.

"죽음은 우리가 집착하는 이 모든 것들의 종말을 의미하는가? 이 세계가 정말로 실재 중의 실재요, 진실 중의 진실인가?"

죽는 순간, 세계는 곧바로 사라져 버릴 것입니다. 무한을 마주한 절벽의 가장자리에 서면, 아무리 대담한 사람이라도 움츠러들면서 이렇게 물을 수밖에 없을 것입니다.

"이 삶이 정말 진짜일까?"

일생 동안 온 힘을 쏟아 가며 조금씩 쌓아올린 모든 희망들이 죽음과 함께 사라져 버린다면, 우리는 '이 삶이 진짜일까?'라는 질문에 답을 해야만 합니다. 시간이 흐를수록 이 질문의 위력은 감소되기는커녕 도리어 그 강도가 높아질 뿐입니다.

무상한 인생에서 진짜를 찾는다면

사람에게는 행복해지고자 하는 욕구가 있습니다. 그리하여 자신을 행복하게 만들어 줄 만한 것이면 무엇이든 쫓아다닙니다. 우리는 감각이 지배하는 외부 세상 속에서 미친 듯이 성공을 추구합니다. 사회적으로 성공한 젊은이에게 묻는다면, 그는 자신의 삶이 진짜라고 선언할 것입니다. 그는 정말로 그렇게 생각합니다. 하지만 그도 나이가 들어 성공이 시들해지면, 모든 것이 운명일 뿐이라고 선언하게 될 것이고, 결국에 가서는 자신의 욕망이 충족될 수 없다는 점을 인정하게 될 것입니다.

어디로 가든 넘어설 수 없는 벽이 항상 버티고 있습니다. 감각 활동은 항상 반작용을 함께 일으키고, 모든 것은 결국 사라져 버리는 것으로 끝납니다. 향락, 비극, 사치, 부, 권력, 빈곤에서부터 심지어는 인생 그 자체에 이르기까지, 그 모든 것이 무상할 뿐입니다.

이때, 인류에게 두 가지 선택지가 주어집니다. 그중 하나는 허무주의자가 되어 모든 것이 무의미하다고, 우리가 알 수 있는 것은 아무것도 없다고 믿는 것입니다. 우리는 과거와 미래에 대해 아무것도 알 수 없고, 그 때문에 현재에 대해서도 전혀 알 수 없습니다. 과거와 미래를 부정하면서 현재는 인정한다고 말하는 사람은 미친 사람에 불과하기 때문입니다. 이렇게 말하는 것은 아버지와 어머니를 부정해 놓고 아이의 존재를 주장하는 것이나 다름없습니다. 과거와 미래를 부정하려면 반드시 현재도 함께 부정해야만 합니다. 하지만, 저는 아직 단 1분이라도 진정으로 허무주의자가 될 수 있었던 사람을 본 적이 없습니다. 이렇듯 허무주의자의 길은 그저 말하기만 쉬울

뿐입니다.

또 다른 선택지도 있습니다. 이 영원한 변화와 무상함의 한가운데서 진실한 것을 찾아내기 위해 노력하는 것입니다.

"물질 입자들로 이루어진 이 몸속에는 과연 진짜라고 할 만한 무언가가 존재하는가?"

오랫동안 인간의 마음은 이 물음에 답하기 위해 노력해 왔습니다. 우리는 고대인들의 마음속에서도 이러한 질문의 흔적들을 발견해 낼 수 있습니다. 그들은 심지어 한 단계 더 나아가, 물질로 이루어진 거친 몸과 매우 유사하지만 그보다 더 완전하고, 몸이 죽은 뒤까지 남아 있는 무언가를 설정하기도 했습니다.

우리는 4대 베다* 중 하나인『리그 베다Rig Veda』의 찬가 속에서 다음과 같은 구절을 발견할 수 있습니다.

> **베다**Vedas
> 힌두교의 계시 경전들을 지칭한다. 4대 베다로『리그 베다』, 『사마 베다』, 『야주르 베다』, 『아타르바 베다』가 있다.

"그를 데려가거라, 불이여, 네 팔에 부드럽게 안은 채로. 그에게 완전한 몸, 빛나는 몸을 하사하여라. 그를 아버지들이 사는 곳으로, 더 이상의 슬픔도, 더 이상의 죽음도 없는 곳으로 데려가거라."

이 구절은 죽은 몸을 태우는 불의 신에게 바쳐졌는데, 우리는 모든 종교에서 이와 같은 관념을 발견할 수 있습니다.

더불어 모든 종교는, 단 하나의 예외도 없이, 인간이 원래 더 높은 존재였다고 말합니다. 신화적 언어에 싸여 있든, 철학적 언어로 명시되었든, 시적 언어로 아름답게 표현되었든 간에 이 점은 동일합니다. 모든 신화와 경전에서는 현재의 인간을 과거에 취했던 완전한 형상의 퇴행으로 간주합니다. 유대 경전에 나오는 아담의 타락 이야기도 마찬가지입니다.

이 주제는 힌두 경전에서도 끊임없이 반복됩니다. 힌두 경전에 의하면, 오래전 '진리의 시대'라 불리는 시기가 있었다고 합니다. 그때에는 죽기를 바라지 않는 한, 그 어떤 사람도 죽지 않았고, 원하는 만큼 오래도록 몸을 유지시킬 수 있었습니다. 마음은 순수하고 강건했으며, 어떤 악도, 어떤 비극도 존재하지 않았다고 합니다. 한마디로, 현 시대를 완전한 상태였던 과거의 퇴행으로 보는 것입니다.

이와 나란히 발견되는 건 대홍수라는 주제입니다. 이 이야기는 대다수의 종교에서 현 시대를 이전 시대의 타락으로 간주한다는 또 다른 증거가 되어 줍니다. 세상은 타락을 거듭하여 인류의 대다수를 휩쓸어 간 대홍수를 불러들였고, 이로부터 다시 이전 상태로 복귀하기 위한 상승 운동이 시작되었습니다. 세상은 지금, 최초의 순수성에 도달하기 위해 다시 서서히 고양되고 있습니다. 여러분 모두 『구약성서』에 나오는 대홍수 이야기를 알고 있을 것입니다. 그와 똑같은 이야기가 고대

바빌로니아인과 이집트인, 중국인, 힌두인들 사이에서도 발견됩니다.

한번은 고대의 위대한 성인 마누*가 갠지스 강가에서 기도를 드리고 있을 때, 작은 물고기 한 마리가 다가와 보호를 청했습니다. 마누는 가

> **마누**Manu
> 인도 신화에 나오는 인류의 시조. '인간'이라는 뜻으로 영어의 man과 관계가 있다. 또한 최초의 법전인 마누법전의 창제자라고도 알려져 있다.

지고 있던 단지에 물고기를 넣으며 '왜 그러느냐?'고 물었습니다. 작은 물고기는 큰 물고기에 쫓기는 중이라고 하였고, 마누는 작은 물고기를 집으로 데려왔습니다. 그런데 아침이 되자 물고기는 단지 크기만큼 자라 있었습니다. 물고기가 '이 단지에서는 더 이상 살 수 없습니다.'라고 말하자 마누는 물고기를 연못에 풀어 주었습니다. 그런데 또 다음 날 아침에 보니 물고기가 연못 크기만큼 자라 있었습니다. 그래서 마누는 물고기를 강에다 풀어 줄 수밖에 없었습니다. 그런데 또 다음 날 아침이 되자 물고기가 강을 가득 메우고 있었습니다. 그래서 마누는 다시 물고기를 바다에 풀어 주었습니다. 그러자 물고기가 이렇게 선언했습니다.

"마누여, 나는 우주의 창조주이니라. 대홍수를 경고해 주기 위해 이 형상을 취했노라. 그대에게 명하노니, 방주를 만들어 모든 종의 동물 한 쌍과 네 가족을 그 안에 태우라. 내 뿔이 물

로부터 배를 보호해 줄 것이다. 방주를 뿔에 단단히 묶어 홍수를 견뎌 낸 뒤, 생명체들과 함께 세상으로 나오라."

그렇게 세상은 물에 잠겼고, 마누는 자신의 가족과 모든 종의 동물 한 쌍, 모든 종의 식물 씨앗들을 보호해 냈습니다. 대홍수가 가라앉자 마누는 세상에 나와 자손을 퍼뜨렸는데, 우리를 '인간Man'이라 부르는 것도 바로 우리가 마누Manu의 자손이기 때문입니다.

몸과 마음의 원리

인간의 언어는 내면의 진리를 드러내 주는 하나의 수단입니다. 저는 아기가 알아들을 수 없는 언어를 통해 가장 고차원적인 철학을 표현하려 한다는 점에 동의합니다. 아기에게는 단지 그 진리를 표현할 수단과 조직이 아직 갖추어져 있지 않을 뿐입니다. 대철학자의 언어와 아기의 발성 사이에는 종류의 차이가 아닌 명료성의 차이만이 존재합니다.

마찬가지로 사람들이 가장 정확하고 체계적이고 수학적이라고 주장하는 현대의 언어와, 흐릿하고 신비적이고 신화적인 고대의 언어는 오직 명료성에서만 차이가 납니다. 그들 모두 배후에 장대한 사상을 품고 있으며, 그 사상은 스스로 모습을 드러내기 위해 분투하고 있습니다.

그러므로 우리는 신화의 옷을 걸치고 있거나, 현대의 누구 누구가 말한 것과 맞지 않는 개념이라 해서 그냥 내던져 버려서는 안 됩니다. 사람들이 어떤 예언자를 믿도록 강요한다는 이유로 종교를 비웃는다면, 그들은 현대인들에게도 똑같은 조소를 퍼부어야 할 것입니다.

요즘 세상에서는 모세Moses나 붓다Buddha나 예수Christ를 인용하면 조소의 대상이 됩니다. 하지만 그에게 헉슬리Huxley나 틴들Tyndall이나 다윈Darwin의 이름을 쥐어 주면, 사람들은 그의 말에 소금도 안 뿌린 채 집어삼킬 것입니다. '헉슬리는 말했습니다.'만으로 충분하다면, 그럼에도 우리가 미신에서 자유롭다 할 수 있겠습니까? 예전 것이 '종교적 미신'이었다면 이번 것은 '과학적 미신'입니다. 예전의 미신은 생명을 북돋우는 영성의 통로가 되어 주기도 했지만, 현대의 미신은 주로 탐욕과 쾌락을 산출해 냅니다. 예전의 미신이 신에 대한 숭배였다면, 새로운 미신은 명예와 권력과 돈에 대한 숭배라는 점이 다를 뿐입니다.

다시 신화에 대한 설명으로 돌아와, 이 모든 이야기들의 배후에서 우리는 하나의 공통된 사상을 발견할 수 있습니다. 현재의 인간이 이전에 있었던 완전한 인간의 타락으로 형성되었다는 개념이 그것입니다. 하지만 현대 연구자들은 이 견해를 완전히 거부하는 듯 보입니다. 가령 진화론자들은 인간이 연체동물의 진화로 형성된 종이므로, 신화적 설명은 진리일 수 없다고 주장합니다.

이때, 인도의 신화적 관점을 적용하면 두 견해를 조화시킬 수 있습니다. 인도의 신화에는 모든 움직임이 물결 형태로 진행되어 나간다고 하는 주기* 이론이 담겨 있습니다. 상승하는 모든 것에는 하강이 수반되고, 하강은 그다음

> **주기** Cycle
> 잠재 상태의 우주가 현현되었다 다시 잠재 상태가 되기까지의 기간을 나타낸다.

의 상승으로 이어지며, 상승은 다시 하강으로 연결됩니다. 이처럼 모든 움직임은 하나의 주기를 형성합니다.

인간이 단순한 진화의 산물일 수 없다는 견해는, 현대의 관점에서 봤을 때조차 명백한 진실입니다. 현대의 과학자는 기계장치 속에 집어넣는 에너지의 양과 그로부터 산출되는 에너지의 양이 완전히 같다고 말할 것입니다. '무'로부터 무언가가 산출될 수는 없기 때문입니다. 따라서 인간이 연체동물로부터 진화했다면, 완전한 인간이었던 붓다와 예수가 그 연체동물 속으로 먼저 육화되어 들어갔음에 틀림없습니다. 그렇지 않다면, 이 거대한 인격이 대체 어디서 나왔겠습니까? 다시 말하지만, '무'로부터는 발생될 수 있는 것은 아무것도 없습니다.

이런 식으로 우리는 경전들과 현대적 시각을 조화시켜 나갈

수 있습니다. 오늘날 인간에 이르기까지 다양한 단계들을 거치며 서서히 모습을 드러내는 그 에너지는 '무'로부터 나온 것일 리 없습니다. 그 힘은 어딘가에 이미 존재했습니다. 추적할 수 있는 최초의 지점이 연체동물이나 원생동물이라면, 그 원생동물이 어떤 식으로든 그 힘을 내포하고 있었음에 틀림없습니다.

'몸이라 불리는 물질들의 집합체가 영혼, 정신 등으로 불리는 힘의 원인인가?' 아니면 반대로 '정신 등이 몸을 산출하는 원인인가?' 하는 문제를 놓고 오늘날 엄청난 논쟁이 일고 있습니다. 전 세계의 종교들은 정신이라는 힘이 몸을 산출하는 것이지, 그 반대는 아니라는 입장을 견지합니다. 반면, 정신은 몸이란 기계의 부분들이 조율된 결과일 뿐이라고 주장하는 현대의 학파도 있습니다. 그런데 후자의 입장(영혼이나 정신은 몸과 뇌를 구성하는 물질들이 물리적, 화학적으로 조합된 결과일 뿐이라는 견해)은 문제를 근본적으로 해결해 주지 못합니다. 우리는 여전히 다음과 같이 질문할 수 있습니다.

"무엇이 몸을 만드는가? 분자들을 신체와 같은 모습으로 결합시키는 힘은 무엇인가? 주변의 물질들로부터 무수히 다양한 신체 형상들을 형성해 내는 그 힘은 대체 무엇인가? 신체 형상의 이 무한한 다양성은 어디서 비롯되는가?"

몸을 구성하는 분자들이 조합된 결과, 영혼이라 불리는 힘이 생겨났다고 답하는 건 말 앞에 수레를 매는 것과도 같습니다. '그 분자들을 조합시킨 힘은 어디서 나왔는가?'라는 질문에, 당신이 '어떤 다른 힘이 이 조합을 가능하게 했고, 영혼은 그 물질 입자들이 조합된 결과에 지나지 않는다.'고 답한다면, 나는 그 답변을 받아들이지 않을 것입니다. 가능한 많은 사실들을 설명하면서 기존 이론들과 모순을 일으키지 않는 이론만이 이론으로서 가치가 있기 때문입니다. '물질을 취해 몸을 형성해 낸 힘과, 몸의 형상으로 나타난 힘은 동일한 힘입니다.'라고 말하는 쪽이 더 논리적입니다.

따라서 정신의 힘이 물질로부터 도출된다거나 분자 배열의 결과일 뿐이라고 말하는 건 아무 의미도 없습니다. 하지만 물질이라 불리는 것이 아예 존재하지 않는다는 사실을 입증하는 것은 가능합니다. 물질이란 특정한 상태의 힘일 뿐입니다. 우리는 견고함, 딱딱함 등과 같은 물질의 상태들이 운동성의 결과임을 증명해 낼 수 있습니다. 예컨대, 액체에 일어난 소용돌이를 가속시키면, 마치 고체처럼 단단해질 것입니다. 회오리바람에서 볼 수 있듯이, 공기 또한 소용돌이를 형성하면 다른 고체들을 부수고 잘라낼 수 있습니다. 한낱 거미줄이라도 거의 무한의 속도로 움직이기만 한다면, 쇠사슬처럼 단단해져 떡갈 나무를 통째로 베어 버릴 것입니다. 이런 관점에서 문제를 바라보면 우리가 물질이라 부르는 것이 사실 존재조차 하지 않는다는 사실을 확인할 수 있을 것입니다. 하지만 반대의 관점은 어떤 식으로도 증명될 수 없습니다.

그렇다면 몸이란 형상을 만들어 내는 그 힘은 대체 무엇일까요? 다음과 같은 사실은 명백합니다. 즉, 그 힘은 입자들을 취해 인간의 몸을 형성해 내는 무엇입니다. 그런데 우리의 몸을 조종하는 건 우리 자신밖에 없습니다. 저는 다른 사람이 저 대신 음식 먹는 걸 본 적이 없습니다. 음식은 내가 직접 섭취해야 합니다. 그래야 그 음식을 흡수해 피와 뼈 등을 만들 수 있으니까요.

우리를 존재하게 하는 이 신비한 힘은 어디에서 오는 걸까요? 미래나 과거와 연관된 생각들은 두려움만 쉽게 불러일으키는 것 같습니다. 많은 사람들이 그런 생각들을 단순한 추정에 불과한 것으로 여길 것입니다. 그러니 우리는 현재에만 집중하여 묻기로 합시다. 지금 우리를 통해 작용하고 있는 이 힘은 대체 어디에서 오는 걸까요?

아트만, 인간의 영혼에 다가서기

우리는 고대 경전들을 바탕으로, 옛날 사람들이 이 힘을, 이 힘의 발현을, 몸의 형상을 한 빛나는 실체로 생각했다는 사실을 알 수 있습니다. 그들은 몸이 죽더라도 미세한 몸으로서의 '빛나는 몸'은 유지된다고 믿었습니다.

하지만 시간이 흐르며 더 고차원적 관념이 나타났고, 이 빛나는 몸도 인간을 존재하게 하는 근본적인 힘은 아니라고 여겨졌습니다. 형상을 지닌 모든 것은 반드시 입자들의 조합을 전제로 한다는 사실이 밝혀졌기 때문입니다.

그리하여 보다 후대 사람들은 형상의 배후에서 그 형상을 움직이는 다른 무엇이 있음을 예감했습니다. 물질로 이루어진 몸이 그 배후에 있는 무언가를 필요로 한다면, 빛나는 몸*도 기꺼이 그 몸을 넘어서는 무언가를 필요로 할 것이 분명했습니다. 그리하여 그들은 그 무언가를 '영혼Soul'이라고, 산스크리트어로는 '아트만*'이라고 불렀습니다. 빛나는 몸을 통해 가장 바깥에 있는 거친 몸에 작용하는 것을 아트만이라고 여긴 것입니다.

정리하자면, 빛나는 몸은 '마음을 담는 그릇'으로 간주되었고, 아트만

빛나는 몸 Bright body
인도 철학에서는 몸을 세 층위로 구분한다. 외적인 몸(거친 몸), 빛나는 몸(미세한 몸), 영혼이 그것이다.

아트만Atman
'숨'이라는 뜻으로, 끊임없이 변화하는 육체, 생각, 마음과 대비해 변하지 않는 영혼을 말한다. 『우파니샤드』 철학에서 우주적 실재를 뜻하는 브라흐만Brahman과 함께 가장 중요한 원리로 여겨진다. 개인적 영혼과 우주적 영혼을 모두 지칭하는데, 불이일원론 베단타에서는 이 둘이 궁극적으로 동일하다고 주장한다.

은 그것 너머에 존재하는 것이라 보았습니다. 이때, 아트만은 마음이 아니며, 마음을 작동시키고, 이를 통해 몸까지 함께 작동시키는 그 무엇입니다.

옛날 사람들은 아트만이 당신과 나를 포함해 모든 사람들에게 각각 하나씩 있다고 여겼습니다. 우리 각자가 분리된 아트만과 미세한 몸을 지닌 채, 겉으로 드러난 거친 몸을 작동시키고 있다고 말입니다.

그렇지만 시간이 지나며, 아트만과 그 본성에 대한 의문이 일어나기 시작했습니다.

"아트만이란 무엇인가? 몸도 아니고 마음도 아닌 인간의 영혼이란 대체 어떤 것인가?"

이 질문에 엄청난 논쟁이 뒤따랐습니다. 온갖 가설들이 세워졌으며, 다양한 철학적 의문들이 제기되었습니다. 나는 여기서 이 아트만에 대해 내려진 결론들 가운데 일부를 소개하고자 합니다.

다양한 철학 체계들 모두 아트만에는 모양이나 형체가 없다는 점, 그리고 모양도 형체도 없는 그것이 모든 곳에 존재해야 한다는 사실에 동의하고 있습니다.

한편, 시간은 마음과 함께 시작되는 것이고, 공간 역시 마음 속에 있는 것입니다. 시간 없이는 인과관계 같은 것도 성립될 수 없습니다. 연속성이란 관념이 없다면 인과관계라는 관념도 있을 수 없기 때문입니다. 따라서 시간, 공간, 인과관계 모두 마음속에만 존재하는 것이라 할 수 있습니다.

이와 달리, 아트만은 마음 너머에 형상 없이 존재하는 것이므로 시간과 공간, 인과관계를 초월한 것이 분명합니다. 그런데 시간과 공간, 인과관계를 넘어서 있다면 그것은 무한한 것이므로, 아트만 역시 무한한 것일 수밖에 없습니다. 여기서, 우리 철학 사상 가장 대범한 추론이 감행되는데, 그것은 다음과 같습니다.

"무한자는 둘일 수 없다. 영혼이 무한이라면 오직 하나의 영혼만이 존재해야 한다. 영혼의 다양성과 관련된 모든 개념들은 진실이 아니며, 진정한 인간Real Man은 무한하고 편재하는 하나의 영혼Spirit일 수밖에 없다. 현실에 존재하는 수많은 인간들은 하나의 진정한 인간이 제한된 결과에 불과하다."

인간들을(그가 아무리 위대하다 해도) 그 너머에 있는 완전한 인간의 희미한 반영체로 묘사한 신화들은 바로 이런 관점에 의해 정당화됩니다. 하나이자 무한한 영혼은 원인과 결과를 넘어서 있고, 시간과 공간에 제한받지 않습니다. 따라서 진정한 인간, 곧 하나의 영혼은 자유로울 수밖에 없습니다. 그는 결코 속박된 적이 없으며 앞으로도 속박될 수 없습니다. 하지만 그 반영체인 현실 속 인간들은 시간과 공간, 인과관계에 의해 제한되어 있고, 속박되어 있습니다. 또는, 다른 철학자들의 말을 빌자면, 그는 속박된 것처럼 보이지만 사실은 그렇지 않다고도 합니다. 이것이 무한하고 편재하며 영적 본성을 지닌 우리 영혼의 진실입니다. 영혼은 무한합니다. 따라서 그것은 태어나지도, 죽지도 않습니다.

학교에서 아이들이 시험을 치르고 있었습니다. 선생님은 아이들에게 다소 어려운 문제들을 냈고, 그 문제들 중에는 이런 것도 있었습니다.

"왜 지구는 떨어지지 않는가?"

선생님은 중력과 관련된 답변을 이끌어 내고자 이 질문을 만들었습니다. 대다수의 아이들은 아무 대답도 못 했고, 소수의 아이들은 중력이란 말만 넣어 적당히 얼버무렸을 뿐입니다. 그때 작은 소녀 한 명이 현명하게도 이렇게 되물었습니다.

"어디로 떨어진단 말인가요?"

선생님이 제시한 문제는 터무니없는 것이었습니다. 지구가 대체 어디로 떨어진단 말인가요? 지구는 떨어지지도 솟아오르지도 않습니다. 무한한 공간에는 위도 아래도 없기 때문입니다. 위와 아래는 오직 상대적으로만 존재합니다. 무한한 것에 가거나 오는 것이 어떻게 있을 수 있겠습니까? 대체 어디서 오고 어디로 간단 말입니까?

정체성은 어디에 있는가

분리된 관념을 버리고 과거나 미래에 대해 생각하기를 그칠 때, 한정된 채로 가고 오는 이 몸의 관념을 포기할 때, 사람들은 더 고차원적 이상을 향하게 될 것입니다. 우리의 몸은 진정한 것이 아니고, 이는 마음에 대해서도 마찬가지입니다. 마음은 강해졌다 약해지기를 반복합니다. 영원히 살 수 있는 것은 오직 이들 배후에 존재하는 영혼뿐입니다. 몸과 마음은 끊임없는 변화를 거듭하고 있으며, 사실상 일련의 현상들에 붙여진 이름들에 불과합니다. 그것은 끊임없이 흐르면서도 같은 모습으로 비춰지는 강물과 비슷합니다.

몸을 이루는 모든 입자는 계속해서 교체되고 있습니다. 오랜 시간에 걸쳐 같은 몸을 유지할 수 있는 사람은 단 한 명도 없습니다. 그럼에도 우리는 그것이 같은 몸이라고 생각합니다. 마음에 대해서도 마찬가지입니다. 마음은 행복했다가 불행해지고, 강인했다가 나약해지기를 반복합니다. 그것은 쉬지 않고 변하는 소용돌이와도 같습니다. 이런 것들은 결코 영혼일 수 없습니다. 영혼은 무한하기 때문입니다.

변화는 오직 제한된 것들 속에서만 일어납니다. 무한한 것이 변할 수는 없기 때문입니다. 당신과 내가 움직일 수 있는 건, 우리가 제한된 몸이기 때문입니다. 이 우주에 있는 모든 입자들은 쉼 없이 흐르고 있습니다. 하지만 전체로서의 우주, 하나로서의 우주는 변할 수도 없고, 움직일 수도 없습니다.

운동은 항상 상대적으로만 존재합니다. 나는 다른 무엇과의 관계 속에서만 움직일 수 있습니다. 이 우주에 있는 모든 입자는 다른 입자와의 관계 속에서만 변할 수 있습니다. 하지만 전 우주를 단번에 취해 본다고 생각해 보십시오. 그것이 대체 어떻게 움직일 수 있겠습니까? 그 하나 말고는 아무것도 없는데 말입니다.

무한한 하나는 변하지도, 움직이지도 않는 절대입니다. 그리고 이것이 바로 진정한 인간입니다. 우리의 현실은 제한된 것 속에 있지 않고, 우주적인 것에 있습니다. 그러므로 자신을 제한된 존재로, 끊임없이 변하는 작은 존재로 여기는 것이 아무리 편하다 해도, 그것은 그저 낡은 환상에 지나지 않습니다.

사람들은 자신이 모든 곳에 편재하는 우주적 존재라는 말을 들으면 겁을 먹곤 합니다.

"행하는 모든 것들을 넘어, 내딛는 모든 발걸음을 넘어, 내뱉는 모든 언어를 넘어, 느끼는 모든 감정을 넘어 존재하는……."

이런 말에 두려움을 느끼는 사람들은 무한을 받아들이면 자신의 고유한 정체성을 잃는 것 아니냐고 묻고 또 물을 것입니다. 하지만 정체성이란 무엇입니까?

　아기에게는 콧수염이 없습니다. 하지만 그가 자라 어른이 된다면, 아마도 콧수염이나 턱수염을 달고 있을 것입니다. 정체성이 몸에 속한 것이라면, 그는 어른이 되는 순간 정체성을 잃어버리게 되는 셈입니다. 정체성이 몸에 속한 것이라면, 내가 눈이나 손 하나를 잃을 때 나의 정체성도 상실되고 말 것입니다. 이런 식이라면 술고래는 술을 끊지 말아야 할 것이고, 도둑놈은 도둑질을 그치지 말아야 할 것입니다. 그 순간 그의 정체성도 상실되고 말 것이기 때문입니다. 이런 식이라면 모든 사람이 정체성을 보존하기 위해 낡은 습관을 고수해야 할 것입니다.

　정체성은 기억에 속하지도 않습니다. 내가 머리에 충격을 받아 과거에 대한 기억을 모두 잊어버렸다고 해 봅시다. 정체성이 기억에 속한다면 나는 모든 정체성을 상실한 셈이 될 것입니다. 내가 3살 때의 일들을 기억하지 못한다면, 그리고 기억과 나의 존재가 같은 것이라면, 망각된 부분이 죽어 나간 셈이 될 것입니다. 내가 기억하지 못하는 인생의 측면들은 내가 산 게 아니게 될 것입니다. 이것들은 정체성을 바라보는 매우 편협한 관점일 뿐입니다.

무한을 제외한 그 어느 곳에도 정체성은 존재하지 않습니다. 다른 모든 것들은 끊임없이 흐르고 있으며, 무한만이 변화를 넘어서 있기 때문입니다. 우리는 아직 진정한 정체성을 갖지 못했습니다. 오히려 우리는 정체성을 얻기 위해, 무한자에 이르기 위해 분투하는 중입니다. 이 무한자야말로 인간의 진정한 본성이기 때문입니다. 전 우주를 사는 사람만이 진정으로 사는 것입니다. 살면서 제한된 것들에 집중하면 집중할수록, 우리는 그만큼 더 빨리 죽음을 향해 나아갈 뿐입니다.

우리의 삶이 우주를 포함하고 다른 사람들을 포함할 때, 오직 그때에만 우리는 비로소 '살아 있다.'고 할 수 있습니다. 작은 삶을 살면, 단순히 죽음으로 끝날 뿐입니다. 죽음에 대한 두려움이 일어나는 건 바로 이 때문입니다. 죽음에 대한 두려움은, 우주에 생명이 존재하는 한 자신 역시 살아 있는 것이란 점을 깨달을 때에만 정복될 수 있습니다.

대범한 사람만이 다음과 같이 선언합니다.

"나는 모든 것 속에, 모든 사람 속에 존재한다. 나는 모든 생명 속에 존재하며, 그러므로 내가 곧 우주다."

끊임없이 변하는 것들을 가지고 불멸을 논하는 건 터무니없는 짓입니다. 고대의 한 산스크리트 철학자는 "정체성을 지닌 건 영혼뿐이다. 그것만이 무한하기에."라고 말했습니다. 무한은 나눠질 수 없으며, 부서질 수 없습니다. 그것은 영원히 변치 않는 불가분의 실재입니다. 이것이 진정한 영혼이며, 진정한 인간입니다. 겉으로 드러난 인간들은 이 초월적 존재를 드러내고, 표현하고자 하는 하나의 시도에 불과합니다.

진화는 영혼에서 일어나는 일이 아닙니다. 악인이 선해지고, 동물이 인간으로 되는 것처럼 끊임없이 일어나는 이 변화들은 영혼에 속하지 않습니다. 진화하는 것은 자연이고, 영혼은 단지 현시될 뿐입니다.

내 앞에 여러분의 모습을 가리는 막이 설치되어 있다고 가정해 봅시다. 그 막에는 작은 구멍이 나 있고, 나는 그 구멍을 통해 내 앞에 있는 소수의 얼굴을 바라볼 수 있습니다. 하지만 아주 소수일 뿐입니다. 이제 그 구멍이 점점 더 커진다고 상상해 봅시다. 시간이 지남에 따라 더더욱 많은 광경이 내 앞에 모습을 드러내게 될 것입니다. 그리고 마침내 막 전체가 사라지고 나면 나는 여러분 모두와 얼굴을 마주하게 될 것입니다. 하지만 당신은 조금도 변하지 않았습니다. 진화한 것은 당신이 아닌 그 구멍입니다. 당신은 서서히 자신의 모습을 현시했을 뿐입니다. 영혼도 이와 마찬가지입니다. 어떤 완벽성도 획득될 수 없습니다. 당신은 이미 완벽하고 자유롭기 때문입니다.

내면의 사원으로 돌아가기

종교와 신, 내세에 관한 이 모든 관념들은 왜 일어나는 것일까요? 인간은 대체 왜 신을 찾는 것일까요? 왜 모든 나라와 모든 민족들이 완벽한 이상을 추구할까요? 그런 관념들이 이미 당신의 내면에 있기 때문입니다. 원래는 당신 자신의 심장박동 소리였지만, 당신은 그 사실을 모르고 그것을 외부에 있는 무언가로 간주해 왔습니다. 하지만 '그'를 찾고 '그'를 실현하도록 당신을 부추기는 것은 당신 자신의 내면에 있는 바로 그 신입니다.

당신은 오랫동안 사원과 교회 등 이곳저곳을 돌아다니며 신을 찾다가, 결국 자신의 영혼으로 되돌아오게 됩니다. 시작한 곳에서 하나의 원이 완성되고, 당신은 전 세계를 돌아다니며 찾던 '그'가 가까운 것 중에서도 가장 가까이 있는 자기Self였다는 사실을 깨닫게 됩니다. 사원과 교회에서 기도하고 울면서 찾아 헤매던 신비 중의 신비를, 당신의 삶과 몸, 개인적 영혼[1]의 실상인 '그것'을 바로 자기 자신에게서 찾게 되는 것입니다.

---

1. 불이일원론 베단타에서는 두 종류의 영혼을 설정한다. 우주적이고 절대적인 영혼과 개인적이고 현상적인 영혼이 그것이다. 브라흐만Brahman과 동의어인 진정한 영혼은 태어나지도, 죽지도 않는 순수 의식으로서, 시간, 공간, 인과 법칙 모두를 넘어서 존재한다. 반면, 일상에서 우리와 함께하는 개인적 영혼은 자기 자신을 몸, 감각기관, 마음 등과 동일시하며, 따라서 탄생과 죽음을 비롯한 자연적 변화들에 종속되어 있다. 하지만 실제로는 브라흐만이라 명명되는 단 하나의 실재만이 존재하며, 개인적 영혼은 종교적 훈련을 통해 우주적 영혼과의 일체성을 깨달을 수 있다. (옮긴이)

그것이 바로 당신 자신의 본성입니다. 그러니 그것을 선포하고, 드러내십시오. 당신은 순수해질 필요가 없습니다. 이미 순수하기 때문입니다. 당신은 완벽해질 필요가 없습니다. 이미 완벽하기 때문입니다. 자연이 실재를 장막처럼 가리고 있지만, 우리가 생각이나 행위를 통해 하는 모든 선행이 그 장막을 찢어 줄 것입니다. 그러면 배후의 그 순수성, 무한자, 초월적 신이 점점 더 많은 모습을 드러내게 됩니다. 이것이 인간의 전 역사입니다. 장막이 점점 더 섬세해짐에 따라 빛도 점점 더 많이 새어 나옵니다. 빛이 그것의 본성이기 때문입니다.

자기는 알려질 수 없는데도, 우리는 헛되이 그것을 알려고 합니다. 그것이 알려질 수 있는 것이었다면 그것은 '그것'이 아닐 것입니다. 그것은 궁극적 주체Subject입니다. 지식은 일종의 객관화로서 이미 한계를 내포하지만, 당신 자신은 모든 것의 영원한 주체이자 이 우주의 궁극적 관조자입니다. 흔히 말하듯, 지식은 그보다 한 차원 낮은 곳에 있으며, 퇴행의 산물입니다. 우리는 이미 궁극적인 존재이며 영원한 관조자인데, 우리가 그것을 어떻게 알 수 있겠습니까?

무한한 자기는 모든 인간의 진정한 본성으로서, 다양한 방식으로 자기 자신을 표현해 내려 합니다. 그렇지 않다면 왜 그토록 많은 윤리적 지침들이 있을까요? 그 모든 윤리들을 어떻게 설명할 수 있을까요?

모든 윤리 체계의 심장부에는 공통된 중심 관념이 자리 잡고 있습니다. 그 형태는 다양하지만, 결국은 '타인을 향한 선행'이라는 하나의 의미로 모아집니다. 인류의 핵심 동기는 다른 사람을 향한 자애, 모든 생명을 향한 자애입니다. 이때, 이런 말들은 모두 '내가 곧 우주이고, 이 우주는 하나다.'라는 영원한 진리의 다양한 표현에 지나지 않습니다.

"왜 다른 사람들에게 선을 행해야 하는가? 선을 향해 나를 추진시키는 힘은 무엇인가?"

그것은 공감, 즉 모두가 같다는 느낌입니다. 지극히 차가운 사람들조차 가끔씩 다른 존재를 향한 연민을 느낍니다. 겉으로 드러난 개체성이 사실 미혹에 불과하다는 말을 듣고 두려움을 느끼는 사람, 혹은 정체성에 집착하는 것이 비천한 행위라는 말에 거부감을 느끼는 사람조차 완전한 자기부정이야말로 모든 도덕의 핵심이라는 말에는 동의할 것입니다. 그렇다면 완전한 자기부정이란 어떤 것일까요? 그것은 개인적 자아에 대한 부정, 모든 이기심에 대한 부정을 의미합니다.

'나Ahamkara'와 '나의 것Mamata'이란 관념은 오래된 미신의 산물입니다. 현상적 자아가 사라지면 사라질수록 진정한 자기Real Self는 그만큼 더 많이 드러나게 됩니다. 이것이 바로 모든 도덕적 가르침의 기반이자 정수인 진정한 자기부정입니다. 알고 보면, 전 세계는 다소간 그것을 실천하면서 서서히 그 완성을 향해 나아가고 있습니다. 단지 인류의 대다수가 그것을 의식하지 못한 채 하고 있을 뿐입니다. 그러니 이제부터는 이 일을 의식적으로 해 나가는 게 좋습니다. '나'와 '나의 것'은 진정한 자기가 아니란 점을 인식하고, 이 자아를 희생시키도록 합시다. 자아는 오직 하나의 한계에 불과합니다. 겉으로 드러난 인간들은 배후에 존재하는 무한자의 반사체, 또는 영원이란 불꽃의 순간적 번뜩임에 불과합니다. 그것의 진정한 본성은 무한 그 자체입니다.

이런 지식은 어디에 쓸모가 있을까요? 이런 지식은 과연 어떤 결과를 가져올까요? 요즘 사람들은 지식이 가져다주는 물질적 가치만을 중시하기 때문에 모든 것을 실용성의 관점에서 평가하려 듭니다. 하지만 진리마저 실용성이나 돈이란 척도로 판단해서야 되겠습니까? 진실에 아무런 실용성도 없다고 해서 진실이 덜 진실한 것이 되지 않듯, 실용성은 진리의 척도가 될 수 없습니다.

그럼에도 불구하고 이 진리에는 가장 고차원적인 실용성이 내재되어 있습니다. 잘 알다시피, 행복은 모든 사람이 추구하는 가치입니다. 그런데 많은 사람들이 진실이 아닌 것, 덧없는 것들 속에서 행복을 찾으려 듭니다. 하지만 감각과 감각의 향유에서 행복을 발견한 사람은 지금까지 단 한 사람도 없습니다. 행복은 오직 영혼Spirit 속에서만 발견될 수 있기 때문입니다. 인류가 얻어낼 수 있는 가장 고차원적 혜택은 영혼 안에서 발견되는 행복입니다.

다음으로 강조해야 할 점은 무지야말로 모든 비극의 어머니라는 사실입니다. 가장 근본적인 무지는 무한자가 한탄하고 슬퍼할 수 있다고 생각하는 것, 한마디로 무한자를 유한자로 생각하는 것입니다. 이것이 모든 무지의 기반입니다. 순수한 불멸자이자 완벽한 영혼인 우리가 자신을 작은 마음으로, 작은 몸으로 생각하는 것, 이것이 모든 무지의 뿌리이고, 모든 이기심의 어머니입니다.

자신이 작은 몸이라고 생각하는 순간, 사람은 그것을 보호하고 지켜 내고 싶어집니다. 다른 몸들을 희생시켜서라도 나와 내 몸을 아름답게 만들고 싶어집니다. 그러면 '나'와 '너'가 나눠지게 되고, 이러한 분리의 관념이 들어섬과 동시에 모든 해악과 고통으로 향하는 문이 열리게 됩니다.

이 지식의 실용성은 바로 여기에 있습니다. 오늘, 적은 수의 사람만이라도 이기심과 편협함을 버린다면, 세상은 내일 당장 낙원으로 변하게 될 것입니다. 하지만 과학과 지식의 발전만으로는 결코 그렇게 될 수 없습니다. 영혼에 대한 지식 없다면, 이런 것들은 타오르는 불에 기름을 붓는 것처럼 불행을 증대시킬 뿐입니다. 그런 지식은 이기적 인간에게 다른 사람을 착취하고 이용해 먹을 도구를 제공해 줄 뿐입니다. 착취가 아니라 반대로 그들을 위해 자신의 삶을 내어 주는 것이 마땅함에도 말입니다.

'실용적인가?'라는 질문은 '그것이 현대에도 실용적일 수 있는가?'라는 질문과 다소 다릅니다. 이제 이 질문에 답해 보기로 합시다.

> **이타행**利他行
> 다른 사람을 이롭게 하는 행동을 뜻한다. 이행이라고도 한다.

진리는 고대나 현대를 막론하고, 그 어떤 사회에도 경의를 표하지 않습니다. 사회가 진리에 경의를 표하거나, 아니면 진리에 의해 사회가 만들어져야 합니다. 진리는 자신을 사회에 적응시킬 필요가 없습니다. 이타행* 같은 고귀한 진리를 실천할 수 없는 사회 속에 살고 있다면, 사회를 버리고 숲으로 들어가는 편이 낫습니다. 그런 사람이야말로 대범한 사람이라 할 수 있습니다.

대범함에는 두 종류가 있습니다. 하나는 대포와 맞서는 대범함이고, 다른 하나는 종교적 확신이라는 대범함입니다. 인도를 침략한 한 황제가 있었는데, 스승은 그에게 밖에 나가 현자들을 만나 보라는 권고를 했다고 합니다. 오래도록 찾아다닌 끝에, 황제는 돌 위에 앉아 있는 아주 늙은 현자 한 명을 만날 수 있었습니다. 황제는 그와 대화를 조금 나누었고, 그의 지혜에 매우 깊은 인상을 받게 되었습니다. 그는 현자에게 함께 자기 나라로 갈 것을 요청했습니다. "싫습니다. 나는 이 숲에 아주 만족합니다." 하고 현자는 거절했습니다. 황제는 "당신에게 부와 지위를 주겠소. 나는 세계를 다스리는 황제요."라고 회유했지만, 현자는 "그래도 싫습니다. 그런 것도 필요 없습니다." 라고 답했습니다. 자신의 뜻대로 되지 않자, 황제는 "나와 함께 가지 않는다면 당신을 죽이겠소." 하고 화를 냈습니다. 그러자 현자가 점잖게 미소를 지으며 이렇게 말했습니다.

"당신이 지금까지 한 말 중 가장 바보 같은 말이군요. 당신은 날 죽일 수 없습니다. 나는 바람에도 마르지 않고, 불에도 타지 않으며, 칼에도 베이지 않습니다. 나는 불생불멸의 영원자요, 전지전능한 영혼이기 때문입니다."

이것이 종교적 대담함입니다. 사자나 호랑이의 대범함은 이것과 다소 다릅니다.

1857년 폭동 기간 동안, 매우 위대한 영혼이었던 한 스와미*가 이슬람교 폭도의 칼에 심각한 상처를 입었

> **스와미**Swami
> 베단타 학파에 속하는 수도승의 존칭이다.

습니다. 사람들은 그 폭도를 잡아 스와미에게 끌고 와서는 직접 죽이라고 권했습니다. 하지만 스와미는 그를 차분히 올려다보며 다음과 같이 말했습니다.

"나의 형제여, 그대가 '그^{He}'입니다. 그대가 '그^{He}'입니다."

그러고는 숨을 거두었습니다. 이것이 대범함의 또 다른 예입니다.

인간의 참다운 본성

요즘 사람들은 서구 사회의 우월성을 내세우면서 목에 힘을 줍니다. 하지만 진리와 사회를 조화시킬 수 없다면, 가장 심원한 진리가 수용되는 사회를 건설할 수 없다면, 그런 것들이 대체 무슨 소용이 있겠습니까? '종교적 대범함은 실용적이지 못하다.'라고 말하면서 물질적 가치만 추구한다면, 서구 사회의 위대함과 탁월성을 과시하는 게 대체 무슨 소용인가요? 세상에 실용적인 게 이득과 돈뿐인 것도 아닌데, 왜 그토록 과시합니까? 진정으로 위대한 사회란 가장 고차원적 진리가 실용성을 띠게 되는 사회입니다. 만일 이 사회가 고차원적 진리와 조화되지 않는다면, 그렇게 되도록 만들면 됩니다. 이것이 나의 견해이며, 그것은 빠를수록 더 좋습니다.

이런 정신을 품은 채 일어나, 감히 진리를 믿으십시오. 감히 진리를 실천하십시오. 세상은 대범한 남성과 여성들을 필요로 합니다. 감히 진리를 알고, 그 진리를 세상에 드러낼 수 있도록 대범함을 키우십시오. 이 대범함은 죽음 앞에서도 움츠러들지 않습니다. 아니, 차라리 죽음을 환영합니다. 이 대범함은 당신 자신이 진정한 영혼임을 깨닫게 합니다. 전 우주의 그 어떤 것도 당신을 죽일 수 없음을 깨닫게 합니다. 이 대범함이 당신을 자유롭게 할 것입니다. 이 대범함이 당신의 진정한 영혼을 드러내 줄 것입니다.

"먼저 아트만에 대해 들어야 하고, 그런 뒤 그것에 대해 숙고해야 하며, 마지막으로 그것에 대해 명상해야 한다."

요즘에는 생각의 가치를 깎아내리면서 일을 지나치게 강조하는 경향이 있습니다. 물론 행위도 아주 좋지만, 행위란 것도 결국 생각으로부터 나오는 것입니다. 우리는 근육을 통해 힘이 조금 발현되는 것을 일이라 부르지만, 사실 생각이 없는 곳에는 일 역시 있을 수 없습니다. 그러니 뇌를 가장 고차원적인 사상과 이상들로 채우십시오. 고귀한 생각들 앞에 밤낮으로 자신을 노출시키십시오. 그러면 그 생각들로부터 위대한 일이 나오게 될 것입니다. 불순함에 대해 말하지 말고, 대신 우리의 순수성을 선언하십시오. 우리는 인간이 작은 존재라고, 태어나서 끊임없이 불안에 떨다 죽게 될 존재라고 생각하면서 자신을 마비시켜 왔습니다.

임신한 암사자에 관한 이야기 하나를 들려드리겠습니다. 먹이를 찾아 돌아다니던 암사자가 양떼를 발견하고는 달려들었습니다. 하지만 암사자는 사냥하던 도중 다쳐 목숨을 잃었고, 태어난 작은 아기 사자는 양들에게 받아들여졌습니다. 아기 사자는 양들과 함께 자라면서 풀을 먹고 양처럼 우는 법을 배웠습니다. 곧 커다란 사자로 성장했지만, 그는 여전히 자신이 양이라고 생각했습니다. 하루는 다른 사자가 사냥을 하다가, 양 무리에 섞여 함께 도망치는 사자를 보고는 깜짝 놀랐습니다. 그는 양처럼 행동하는 사자에게 다가가 사실을 말해 주고자 했지만, 이 불쌍한 동물은 다가오는 사자를 보고는 도망쳐 버렸습니다. 하지만 기회가 오기를 기다리던 사자는 마침내 어느 날 양-사자가 자고 있는 것을 발견했습니다. 그는 가까이 다가가 "넌 사자야."라고 말했습니다. 그러자 양-사자가 울부짖으며 답했습니다. "난 양이야!" 양-사자는 완전히 반대되는 사실을 도저히 믿을 수 없었습니다. 할 수 없이 동료 사자는 그를 연못가로 끌고 가 "연못에 비친 모습을 봐. 저게 네 모습이야."라고 말했습니다. 양-사자는 동료 사자와 연못에 비친 모습을 비교해 보고는 자기가 정말 사자라는 사실을 깨닫게 되었습니다. 사자는 음매 소리 대신, 굉음을 내며 포효했습니다.

여러분, 여러분은 사자들입니다. 여러분은 순수하고 무한하고 완전한 영혼 그 자체입니다. 전 우주의 힘이 여러분 내면에 잠재해 있습니다.

"내 친구여, 그대는 왜 우는가? 그대에게는 태어남도 죽음도 없다. 그대는 왜 우는가? 그대에게는 질병도 불행도 없다. 그대는 무한한 하늘과도 같다. 다양한 색의 구름이 하늘을 뒤덮고, 한동안 배회하다 사라지지만, 하늘은 영원히 푸를 뿐이다."

우리 눈은 왜 사악함을 보는 걸까요? 어둠 속에 나무 그루터기가 있었습니다. 도둑은 길을 가다 그것을 보고 경찰이라고 말합니다. 연인을 기다리던 젊은 남자는 그것을 보고 자기 연인일 것이라고 생각합니다. 유령 이야기책을 읽은 아이는 그것이 유령인 줄 알고 비명을 지릅니다. 하지만 그것은 항상 나무 그루터기일 뿐이었습니다.

우리는 세상을 우리 식대로 바라봅니다. 탁자 위에 금이 든 가방이 놓여 있고 옆에 아기가 있다고 해 봅시다. 이때 도둑이 들어와 금을 훔쳐간다면, 아기가 과연 도둑을 볼 수 있을까요? 우리가 겉으로 볼 수 있는 건, 그것이 우리 내면에도 있기 때문입니다. 아기가 도둑을 보지 못하는 건, 내면에 도둑이 없기 때문입니다. 이 원리는 모든 지식에 적용됩니다. 그러니, 세상의 사악함과 죄악에 대해 말하지 마십시오. 대신 당신 눈이 여전히 사악함을 본다는 사실에 슬퍼하십시오. 당신 눈이 모든 곳에서 죄를 본다는 사실에 슬퍼하십시오.

세상을 돕고자 한다면 세상을 비난하지 마십시오. 세상을 더 약하게 만들지 마십시오. 사악함과 죄악은 나약함의 산물에 불과하기 때문입니다. 세상을 비난하는 이런 가르침들은 세상을 점점 더 약하게 만들 뿐입니다. 우리는 아이들에게 인간이 나약한 죄인이라고 가르칩니다. 그러지 말고 그들 모두가, 심지어 가장 나약한 모습을 드러내는 이들조차, 영광스런 불멸의 자손임을 알게 하십시오.

아주 어린 시절부터 긍정적이고, 강인하고, 도움이 되는 생각들을 불어넣어 주십시오. 당신 자신을 이런 생각들에 노출시키고, 나약하게 마비시키는 생각들은 멀리하십시오. 당신 자신의 마음에 대고 이렇게 말하십시오.

"내가 그다, 내가 그다I am He, I am He."

이 말이 마음속에서 밤낮으로 울려 퍼지게 하고, 죽는 순간까지 '내가 그다.'라고 선언하십시오. 이것이 진리입니다. 세상의 무한한 힘이 바로 당신 것입니다. 마음을 덮어 온 미신들은 쫓아 버리십시오. 대담해지십시오. 진리를 알고 그 진리를 실천하십시오. 목적지가 멀더라도 깨어나고, 일어서서, 그곳에 도달할 때까지 멈추지 말고 나아가십시오.

삶의 무상함과 무지를 지나, 자유를 향하는 길

1896년 10월 22일, 런던에서 행한 연설

숨을 쉴 때마다, 심장이 뛸 때마다,
몸을 움직일 때마다, 우리는 자신이 자유롭다고
생각합니다. 하지만 그렇게 생각하는 바로 그 순간,
우리는 그렇지 못하다는 느낌을 함께 강요받게 됩니다.
우리는 자연의 노예로 태어났습니다. 몸과 마음에 묶인
노예, 이 모든 생각과 느낌에 묶인 노예로 말입니다.
이것이 '마야'입니다.

끌려가듯 살아가는 삶의 모습

어떤 시인은 이렇게 노래합니다.

"영광의 구름을 좇아 우리는 태어났네."

하지만 모든 사람이 영광의 구름을 좇아 태어나는 건 아닙니다. 어떤 사람은 검은 안개를 좇아 이 세상에 태어납니다. 이 점에는 의심의 여지가 있을 수 없습니다. 우리 모두는 싸우기 위해, 마치 전장에 나가듯이, 이 세상에 태어납니다. 우리는 울면서 이 세상에 태어나, 무한한 인생의 바다를 가로지르기 위해 힘이 닿는 데까지 분투합니다. 우리는 기나긴 세월을 뒤로한 채, 그리고 광활한 미래를 마주한 채, 앞으로 나아갑니다. 죽음이 다

마야Maya

베단타 철학의 용어로서, 실재를 가리는 무지를 지칭한다. 하나를 다수로, 절대를 상대로 보이게 만드는 우주적 환영을 뜻하기도 한다.

가와 우리를 전장에서 끌어낼 때까지, 그렇게 우리는 인생을 헤쳐 나갑니다. 승리할지 패배할지는 아무도 모릅니다. 이것이 마야*입니다.

어린 시절에는 희망이 넘칩니다. 아이의 눈에는 서서히 열리는 전 세계가 황금빛 이상향으로 보일 것입니다. 그는 모든 것을 자기 뜻대로 할 수 있으리라 생각합니다. 하지만 그가 앞으로 나아감에 따라, 자연이 단단한 벽처럼 끼어들어 그의 전진을 쉼 없이 가로막습니다. 그는 돌파구를 모색하면서, 그 벽을 뛰어넘기 위해 끊임없이 도전합니다. 그렇지만 더 멀리 나아감에 따라 이상은 점점 더 희미해지고, 마침내 죽음이 찾아와 그를 삶으로부터 끄집어내 줍니다. 이것이 마야입니다.

과학으로 무장한 인간이 앞으로 나섭니다. 그는 지식에 목말라 하고 있습니다. 그의 눈에는 어떤 희생도 치명적이지 않고, 어떤 투쟁도 절망적이지 않습니다. 그는 자연의 심층부까지 파고들어 자연의 비밀을 밝혀내면서 앞으로 나아갑니다. 하지만 이런 탐색은 대체 무엇을 위한 것입니까? 이 모든 노력의 목적은 무엇입니까? 우리는 왜 그에게 찬사를 보내야 하나요? 왜 그가 명성을 얻어야 합니까?

자연은 그 어떤 인간이 할 수 있는 것보다 더 많은 일을 수

행해 냅니다. 그러한 자연은 둔하고 지각도 없습니다. 대체 왜 둔하고 지각없는 힘을 모방하는 일에 영광을 돌려야 합니까? 자연은 어느 곳에든 거대한 벼락을 내리칠 수 있습니다. 이 일을 조금이라도 모방할 줄 아는 사람이 있다면, 우리는 그에게 엄청난 찬사를 쏟아 부을 것입니다. 그러나 왜 그래야 합니까? 우리는 왜 자연을, 죽음을, 둔함을, 무지각을 모방하는 자에게 찬사를 쏟아야 하나요? 중력은 무지막지한 힘으로 무엇이든 갈기갈기 찢어 놓을 수 있습니다. 하지만 그것은 지각없는 힘에 불과합니다. 무지각을 모방하는 일에 대체 무슨 영광이 있단 말입니까? 하지만 그럼에도 우리 모두는 그 일을 이뤄 내기 위해 투쟁하고 있습니다. 이것이 마야입니다.

인간은 쾌락과 행복을 추구하고, 감각 자극들은 그런 인간의 영혼을 밖으로 끌어냅니다. 그것이 결코 발견될 수 없는 바로 그곳으로 말입니다. 무수한 세월에 걸쳐 우리는 이런 식의 추구가 헛되다는 가르침을 받아 왔습니다. 하지만 우리는 자기 자신의 경험을 통하지 않고는 결코 배우지 못합니다. 우리는 직접 시도해 보고, 상처를 입습니다. 그런다고 우리가 배움을 얻었을까요? 이때조차 우리는 배우지 못합니다. 우리는 만족을 발견하리라 기대하면서 자기 자신을 끊임없이 감각적 쾌락 속으로 내던집니다. 그리고 다시 힘을 회복한 뒤 되돌아와 불 속으로 뛰어드는 불나방들처럼 계속해서 똑같은 시도를 반복합니다. 불구가 되고 무력해질 때까지 그런 시도를 반복하다가, 우리는 결국 죽음을 맞습니다. 이것이 마야입니다.

이는 지성에 대해서도 마찬가지입니다. 우주의 신비를 풀고자 하는 욕망에 이끌려, 우리는 결코 질문을 멈추지 못합니다. 우리는 알아야 한다고 느끼고, 그 어떤 지식도 획득되지 않았단 사실을 믿지 못합니다. 몇 발자국 나아가지만, 시작도 끝도 없는 시간의 벽이 드높은 장벽처럼 앞길을 가로막고 있습니다. 다시 몇 발자국 나아가지만, 무한히 광대한 공간의 벽이 끝없이 솟아올라 전진을 방해합니다. 이 모든 것이 원인과 결과라는 벽에 의해 새나갈 틈 없이 둘러싸여 있습니다. 그것을 넘어갈 수 없음에도 우리는 투쟁하고, 사실상 투쟁을 계속해야만 합니다. 이것이 마야입니다.

숨을 쉴 때마다, 심장이 뛸 때마다, 몸을 움직일 때마다, 우리는 자신이 자유롭다고 생각합니다. 하지만 그렇게 생각하는 바로 그 순간, 우리는 그렇지 못하다는 느낌을 함께 강요받게 됩니다. 우리는 자연의 노예로 태어났습니다. 몸과 마음에 묶인 노예, 이 모든 생각과 느낌에 묶인 노예로 말입니다. 이것이 마야입니다.

자녀가 타고난 천재라고 생각해 보지 않은 어머니는 없을 것입니다. 어머니는 자신의 아이가 지금까지 태어난 아이들 중 가장 비범한 아이라고 생각합니다. 어머니는 자신의 아이를 끔찍이도 사랑합니다. 그녀의 전 영혼이 아이에게 쏠려 있습니다. 하지만 아이는 자라서 주정뱅이나 무뢰한이 됩니다. 그는 어머니를 학대하고, 어머니는 학대 받으면 받을수록 자식에게 더더욱 집착합니다. 세상은 그것을 어머니의 이타적 사랑이라고 칭찬하지만, 사실 그녀로서는 달리 선택의 여지가 없습니다. 그 어머니는 노예에 불과합니다. 그녀는 이 짐을 내던져 버리고 싶다고 1,000번도 넘게 생각하지만, 실제로 그렇게 하지는 못합니다. 그래서 그녀는 자신의 집착을 꽃다발로 뒤덮은 뒤 위대한 사랑이란 이름으로 장식합니다. 이것이 마야입니다.

나라다와 크리슈나의 이야기

우리 모두는 세상을 이런 식으로 살아갑니다. 전설에 의하면, 한번은 나라다Narada가 스리 크리슈나*에게 이렇게 요청했다고 합니다.

"크리슈나여, 제게 마야를 보여 주소서."

스리Sri

신격이나 성인들의 이름 앞에 붙는 존칭이다. 편지 등의 시작부에 경의의 표시로 붙이기도 한다.

크리슈나Krishna

『마하바라타』와 『바가바드 기타』 등에 등장하는 힌두교의 최고신이자 비슈누 신의 여덟 번째 화신이다. 장난기 넘치는 모습으로 힌두교에서 가장 인기 있는 신들 중 하나이며, 인도 전역에서 광범위하게 숭배된다.

며칠이 지난 뒤, 크리슈나는 나라다에게 숲으로 여행을 가자고 제안했습니다. 한동안 함께 걸어가다가 크리슈나는 "나라다여, 목이 마르구나. 나를 위해 물을 좀 가져다줄 수 있겠느냐?"라고 물었습니다. 이에 나라다는 "당장 가서 물을 가져다드리겠습니다, 스승님." 하고는 즉시 물을 찾아 떠났습니다. 그곳에서 조금 떨어진 곳에 마을이 하나 있었습니다. 나라다는 물을 얻으러 마을에 들어가 어느 집 앞에서 문을 두드렸고, 젊고 아름다운 아가씨가 나와 문을 열어 주었습니다.

그녀를 보는 순간, 나라다는 스승이 물을 기다리고 있다는 사실을, 어쩌면 목이 말라 죽을지도 모른다는 사실을 완전히 잊어버리고 말았습니다. 그는 모든 것을 망각한 채 소녀와 대화를 나누기 시작했습니다. 그 대화는 서서히 사랑으로 무르익었고, 나라다는 소녀의 아버지에게 딸을 허락해 달라고 요청했습니다. 결국 둘은 결혼해서 마을에 살게 되었고, 자식들까지 낳았습니다.

그렇게 12년의 세월이 흘렀습니다. 장인이 세상을 떠나자, 나라다는 밭과 소 등을 유산으로 물려받게 되었습니다. 그는 아내와 아이들을 거느린 채 매우 행복한 삶을(그는 그렇게 생각했을 것입니다.) 이어 나갔습니다. 그러던 어느 날 밤, 홍수가 들이닥쳤습니다. 강물이 솟아오르더니 강둑을 넘어 마을 전체를 물바다로 만들어 버렸습니다. 집들은 무너져 내렸고, 사람과 동물들은 물에 빠져 죽었으며, 그 밖의 것들도 격류에 휩쓸려 떠내려갔습니다. 나라다는 도망쳐야 했습니다. 그는 한손으로는 아내의 손을 잡고, 다른 팔과 등에는 세 명의 아이를 안은 채, 이 엄청난 홍수로부터 벗어나기 위해 전력을 다했습니다.

하지만 얼마 못 가서 그는 벗어날 수 없다는 사실을 깨달았습니다. 등에 업고 있던 아이가 물에 휩쓸려가자 나라다는 절망적으로 울부짖으며 그 아이를 향해 손을 뻗었지만, 그러는 와중에 팔에 안고 있던 아이들마저 놓치게 되었습니다. 결국 온 힘을 다해 붙잡고 있던 아내마저 격류에 휩쓸려 갔고, 나라다는 강가에 내던져진 채 홀로 남게 되었습니다. 그는 쓰라린 비탄에 잠겨 통곡하고 울부짖었습니다.

그때, 그의 뒤쪽에서 부드러운 목소리가 들려왔습니다.

"나의 아들아, 물은 어디에 있느냐? 물을 가지러 가서 소식이 없구나. 내가 너를 기다리고 있다. 벌써 반시간이나 지났구나."

나라다는 놀라며 소리쳤습니다.

"반시간이라니!"

그의 마음속에서는 12년의 세월이 흘렀지만, 이 모든 일들이 현실에서는 반시간 만에 일어났던 것입니다. 이것이 마야입니다.

우리 모두는 어떤 형태로든 이 마야 속에 살고 있습니다. 마야는 가장 이해하기 어렵고 가장 복잡한 존재 상태입니다. 이 가르침은 모든 나라에 전파되었고, 모든 곳에서 가르쳐졌지만, 그것을 따른 사람은 오직 소수에 지나지 않습니다. 직접 경험해 보지 않고는 도저히 믿기 힘든 사실이기 때문입니다.

그렇다면 이 이야기는 무얼 말하는 걸까요? 그것은 매우 무서운 사실, 즉 모든 것이 덧없다는 사실을 드러내 줍니다.

무상함을 대하는 두 가지 방법

모든 것의 파괴자인 시간이 지나가고 나면, 그 무엇도 살아남을 수 없습니다. 시간은 성자와 죄인, 왕과 농부, 아름다운 것과 추한 것 모두를 집어삼키고 맙니다. 시간은 그 무엇도 남겨 두지 않습니다. 모든 것이 파괴라는 하나의 결과를 향해 치닫고 있습니다. 우리의 지식, 우리의 예술, 우리의 과학 등 모든 것이 소멸을 향해 치닫고 있습니다. 그 누구도 이 흐름을 막을 수 없고, 그 누구도 이 흐름을 지연시킬 수 없습니다. 하지만 우리는 이 사실을 잊어버리려 합니다. 마치 역병에 휩싸인 도시의 시민들이 술과 춤 같은 헛된 수단으로 정신을 마비시켜 현실을 회피하듯이 말입니다. 우리는 온갖 종류의 감각적 쾌락을 동원해 현실을 무시하고자 합니다. 이것이 마야입니다.

지금까지 이에 관한 두 가지 해결책이 제시되어 왔습니다. 그중 하나는 모두가 아는 매우 일상적인 해결책입니다. 여기에 의지하는 사람들은 보통 이렇게 말합니다.

"그 말들은 아주 진실하지만, 그것에 대해 생각하진 말도록 하자. 대신 '해가 빛날 때 건초를 말리자.'라는 속담을 믿자. 고통이 존재한다는 건 사실이지만, 너무 신경 쓰진 말기로 하자. 대신 누릴 수 있는 향락을 누리고 할 수 있는 일을 하면서, 희망차고 긍정적인 면만 바라보기로 하자. 현실의 어두운 면에 대해서는 더 이상 신경 쓰지 말기로 하자."

이런 태도에는 약간의 진리가 들어 있습니다. 하지만 위험 또한 존재합니다. 먼저, 이런 태도가 삶에 원동력을 제공해 준다는 점은 사실입니다. 희망과 긍정적 이상은 우리 삶에 매우 훌륭한 원동력이 되어 줍니다. 하지만 거기에는 어떤 위험이 도사리고 있습니다. 자포자기한 채 싸움을 포기해 버릴 수도 있기 때문입니다. 그런 사람들은 이렇게 말합니다.

"가능한 고요하고 편안하게 앉아서 세상을 있는 그대로 받아들이고, 이 모든 비극에 만족하기로 하자. 재해를 입으면 그것을 재해라 부르지 말고 꽃이라 부르기로 하자. 노예처럼 끌려다닐 때에도 자기가 자유롭다고 말하기로 하자. 밤낮으로 자신의 영혼과 다른 사람들에게 거짓말을 하기로 하자. 이것만이 행복하게 사는 유일한 방법이기 때문이다."

이것이 소위들 말하는 실용적 지혜입니다. 오늘날만큼 이런 태도가 만연했던 때도 없습니다. 지금만큼 혹독한 고난을 겪었던 때도, 경쟁이 치열했던 때도, 인간들끼리 서로 잔인하게 굴었던 때도 없었기 때문에, 이런 식으로나마 위로가 주어져야 했던 것입니다. 오늘날에는 이 해결책이 더 없이 강력한 방식으로 제시되고 있지만, 그것은 결국 실패하게 되어 있습니다.

우리는 장미로 썩은 고기를 뒤덮을 수 없습니다. 그것은 불가능할 뿐만 아니라, 그렇게 한다 해도 얼마 못 갈 것입니다. 장미가 시들고 나면 썩은 고기가 더 심하게 썩은 채로 모습을 드러낼 것이기 때문입니다. 우리 인생에 대해서도 마찬가지입니다. 우리는 자신의 오래된 상처, 곪아 가는 상처를 금박으로 뒤덮으려 하지만, 시간이 지나 금박이 떨어져 나가고 나면 곪아터진 상처가 흉측한 모습을 있는 그대로 드러낼 것입니다.

그렇다면 희망이 없을까요? 우리 모두 마야의 노예들이고, 마야 속에 태어나, 마야 속에서 살아간다는 것은 진실입니다. 그렇다면 출구는 없는 것일까요?

우리가 비참한 처지에 놓여 있다는 사실, 세상은 정말 교도소와 다름없다는 사실, 소위 말하는 '영광의 구름'은 감방에 불과하다는 사실, 그리고 우리의 지성과 마음조차도 하나의 감옥일 뿐이라는 사실은 수 세기에 걸쳐 아주 잘 알려져 왔습니다. 지금까지 어떤 식으로든 이런 느낌을 느껴 보지 않은 사람은 단 한 명도 없습니다. 그가 그 느낌에 대해 무슨 말을 하든지 간에 말입니다. 게다가 나이든 사람들은 이 느낌을 더 잘 감지합니다. 그들의 내면에는 인생 전체에 대한 축적된 경험이 들어 있기 때문입니다. 그들은 자연의 거짓말에 쉽게 속아 넘어가지 않습니다. 그렇다면 출구는 없는 것일까요?

눈앞에 놓인 이 모든 불쾌한 사실에도 불구하고, 우리는 작고 고요한 목소리가 여러 세대에 걸쳐 모든 국가들과 모든 인류의 마음을 울려 왔다는 사실을 발견하게 됩니다. 이 목소리는 슬픔과 고통의 한가운데서조차, 삶과 죽음이 동의어인 이 세상에서조차 울리기를 멈추지 않았습니다.

"마야는 신성한 장소다. 그것은 구나*들로 이루어져 있으며, 건너기가 매우 힘들다. 하지만 내게로 오는 자들은 마야의 강을 건너가게 되리라."

"무거운 짐 진 자들아, 모두 내게로 오라, 내가 그대들을 쉬게 하리라."

> **구나**Guna
> 성질 또는 기운이란 뜻. 세상 만물이 세 기운들의 결합으로 나타나고 변화한다고 본다. 밝고 고요한 기운Sattva과 활동적인 기운Rajas, 어두운 기운Tamas으로 분류된다.

이 목소리들이야말로 우리를 앞으로 이끌어 나가는 목소리입니다. 인류는 수 세기에 걸쳐 이 소리를 들어 왔고, 앞으로도 듣게 될 것입니다. 이 목소리는 모든 것을 잃은 것 같은 느낌이들 때, 희망이 무너져 내렸을 때, 자신의 힘에 대한 믿음이 산산조각 나 버렸을 때, 모든 것이 손가락 사이로 빠져나가는 것처럼 보일 때, 삶이 황폐하고 절망적일 때 우리에게로 찾아듭니다. 그때 그는 이 목소리를 듣게 됩니다. 다름 아닌 종교의 목소리입니다.

이처럼 한편에는 이 모든 말을 허튼소리로 치부하는 용감한 견해가 있고, 다른 한편에는 이 마야로부터 해방될 수 있다고 하는 희망적인 견해가 있습니다.

소위 실용적인 인간은 이렇게 말합니다.

"종교니 형이상학이니 하는 터무니없는 것들 때문에 골머리 앓을 필요는 없습니다. 그냥 여기 살면 됩니다. 아주 형편없는 세상이긴 하지만, 최대한 활용하면 그럭저럭 살 만할 것입니다."

이 말의 의미를 풀어내면 다음과 같이 될 것입니다.

"위선적인 삶, 거짓된 삶, 끊임없이 속이는 삶을 살라. 모든 수단을 동원해 오래된 상처를 숨기면서. 상처가 비집고 나올 때마다 덮개로 뒤덮어라. 덮개에 파묻힐 때까지."

흔히들 말하는 실용적 지혜가 이런 모습입니다. 이 방식에 만족하는 사람들은 종교 근처에도 오지 않을 것입니다.

종교는 현재 상태에 대한 불만족으로부터 시작됩니다. 진짜 삶을 뒤덮는 것에 대한 강렬한 거부감으로부터, 속이고 거짓 말하는 것에 대한 엄청난 혐오감으로부터 종교는 시작됩니다. 진정 종교적으로 되려면, 붓다라는 거대한 인격이 보리수나무 아래서 한 말을 감히 따라할 수 있어야 합니다. 실용성에 관한 이 관념들이 일어났을 때, 붓다는 그 터무니없음을 보았지만, 아직 그에 대한 해답을 찾아낼 수는 없었습니다. 진리 추구를 포기하고 세상으로 되돌아가 자신과 남을 속이는 삶, 잘못된 견해에 뒤덮인 낡은 삶을 살고자 하는 유혹이 일어났습니다. 그때 붓다, 이 거인은 이렇게 말했습니다.

"어리석은 삶은 죽음만도 못하다. 패배자의 삶을 살 바엔 차라리 전장에서 싸우다 죽으리라."

이것이 바로 종교의 기반입니다.

이런 태도를 취하는 순간, 인간은 깨달음에 이르는 길, 신에 이르는 길에 들어서게 됩니다. 이 결단은 진정한 종교성을 향한 충동을 일으킵니다.

"나는 스스로 길을 개척해 나갈 것입니다. 나는 진리를 깨닫 거나, 아니면 진리를 추구하다 죽을 것입니다. 지금의 삶은 죽은 삶이고, 사실 매일같이 죽어 나가고 있기 때문입니다. 한때는 아름답고 희망에 차 있던 젊은이도 얼마 못 가서 늙은 노병으로 전락하고 맙니다. 희망과 기쁨, 쾌락 같은 것들도 서릿발에 시드는 꽃처럼 죽어 나갑니다."

이것이 종교적 태도의 한 측면입니다. 하지만 다른 한 측면에는 승리에서 비롯되는 환희가 자리 잡고 있습니다. 인간은 인생의 모든 고뇌를 정복하고, 삶 그 자체를 정복하는 데서 오는 엄청난 환희의 측면에 자리 잡을 수 있습니다. 따라서 승리를 위해, 진리를 위해, 종교를 위해, 대범하게 싸우는 자들은 올바른 길을 걷고 있는 것입니다.

『베다』는 이렇게 선언합니다.

"좌절하지 말라. 이 길을 따르는 건 칼날 위를 걷는 것만큼이나 어렵다. 하지만 좌절하지 말고 일어나라. 깨어나서 이상을 찾고 목적을 찾으라."

여기서 말하는 목적이란 무엇일까요? 다양한 형상으로 나타난 이 모든 종교들은 중심이 되는 하나의 공통 기반 위에 세워졌습니다. 이 세상으로부터의 해방, 즉 자유에 대한 가르침이 그것입니다. 이 종교들은 세상과 타협하기 위해 생겨난 게 결코 아닙니다. 그들은 고르디우스의 매듭*을 자르기 위해, 자유라는 종교적 이상을 온전히 확립하기 위해 나타났습니

> **고르디우스의 매듭**Gordian knot
> 프리기아의 왕 고르디우스가 만든 아주 복잡하게 얽혀 있는 매듭. 알렉산더 대왕은 누구도 풀 수 없었던 이 매듭을 칼로 끊어 버렸다고 한다. 대담한 행동을 통해서만 풀 수 있는 문제를 일컫는다.

다. 이것이 모든 종교들의 공통된 가르침입니다. 그리고 베단타의 의무는 가장 고차원적인 종교부터 가장 저차원적인 종교까지 이 모든 열망들을 모두 조화시키는 것입니다.

우주의 출발점

베단타는 모든 종교들의 공통된 기반을 뚜렷이 드러내고자 합니다. 우리가 가장 터무니없는 미신이라 부르는 것과 가장 고차원적인 철학이라 부르는 것조차 사실은 하나의 공통된 목적을 추구하고 있습니다. 즉, 그들 모두 해방에 이르는 길을 보여주고자 노력하고 있습니다. 이 길은 자연의 법칙으로부터 벗어나 있는 자, 한마디로 '이미 자유로운 자'의 도움을 받아 모습을 드러냅니다.

단 하나의 자유로운 실재, 그것의 본성에 관한 다양하고 모순적인 견해들에도 불구하고(그것을 인격신으로 보든, 하나의 원리로 보든, 지각 있는 존재로 보든 간에) 우리는 그들 모두를 관통하는 황금 실을 찾아냈습니다. 베단타 철학은 이 황금 실을 추적하여 서서히 그 모습을 드러내 왔는데, 그중에서 가장 처음으로 밝혀낸 것이 '자유의 이상'입니다. 우리 모두가 자유를 향해 나아가고 있다는 진실 말입니다.

이 모든 기쁨과 슬픔, 고난과 투쟁의 한복판에, 우리가 자유를 향해 여행하는 중이라는 흥미로운 사실이 존재합니다. 언젠가 다음과 같은 질문이 처음으로 제기되었습니다.

"이 우주는 대체 무엇인가? 그것은 무엇으로부터 일어나는가? 그것은 무엇을 향해 나아가는가?"

이에 대한 답변은 다음과 같습니다.

"우주는 자유에서 일어나, 자유 속에 휴식하며, 자유 속으로 녹아든다."

당신은 자유라는 관념을 결코 포기할 수 없습니다. 자유가 없다면 당신의 행위와 삶 자체가 완전히 소멸되고 말 것이기 때문입니다. 자연은 우리가 노예이며 자유롭지 못하다는 사실을 매 순간 증명해 보입니다. 하지만 이와 동시에 완전히 다른 관념, 즉 우리가 여전히 자유로운 존재라는 관념도 함께 일어납니다. 우리는 내딛는 발걸음마다 마야에 걸려 넘어지고, 이를 통해 자신이 속박되어 있다는 사실을 알게 됩니다. 하지만 넘어지는 바로 그 순간, 속박을 느끼는 바로 그 순간, 이와 완전히 반대되는 느낌을 함께 경험하게 됩니다. 어떤 내면의 목소리가 우리의 자유로운 본성을 일깨워 주는 것입니다. 그렇지만 역시나 그 자유를 실현하고자 시도하는 순간, 우리는 다시 넘어설 수 없는 장벽과 마주하게 됩니다. 하지만 이런 난점들에도 불구하고, 그 내면의 목소리는 조용히 자기주장을 계속해 나갑니다. '난 자유롭다, 난 자유롭다.'고.

세상의 다양한 종교들을 탐색해 본다면, 당신은 모든 곳에서 자유라는 중심 원리를 발견하게 될 것입니다. 이는 종교의 영역에만 국한되지 않습니다.(종교라는 단어를 좁은 의미로 받아들여서는 안 됩니다.) 사회적 생활 전체가 자유라는 단 하나의 원리를 선언하고 있습니다. 모든 움직임이 그 자체로 자유의 선언입니다. 그 사실을 알든 모르든, 모든 사람이 그 목소리를 들어 왔습니다. 그 목소리는 '무거운 짐 진 자들아, 모두 내게로 오라.'고 선언합니다. 사용된 언어가 다르고, 표현 방식이 다를지 몰라도, 자유에 호소하는 그 목소리는 항상 우리와 함께 존재해 왔습니다.

그렇습니다, 우리가 이 세상에 태어난 건 바로 그 목소리 때문입니다. 우리가 하는 모든 행동은 그 목적을 향해 방향 지어져 있습니다. 우리는 모두 자유를 향해 돌진하고 있습니다. 그 사실을 알든 모르든 간에 모두 그 목소리를 따라가고 있습니다. 플루트 연주 소리에 매료된 아이들처럼, 우리도 알지 못하는 와중에 자유라는 선율을 따라가고 있습니다.

그 목소리에 순응할 때, 우리는 윤리적으로 변합니다. 지금껏 인간의 영혼뿐 아니라 가장 낮은 것에서 가장 높은 것에 이르는 모든 생명체가 그 목소리를 들어 왔습니다. 그들 역시 그 목적을 향해 돌진하고 있으며, 투쟁 중에 함께 협력하기도 하고, 서로를 길 밖으로 밀쳐내기도 합니다. 경쟁, 기쁨, 싸움, 삶, 쾌락, 죽음 등은 바로 이렇게 해서 생겨납니다. 전 우주는 그 목소리에 도달하고자 하는 미친 투쟁의 결과일 뿐입니다. 자연은 이런 식으로 현시됩니다.

그렇다면 이 목소리를 인식할 때 과연 어떤 일이 벌어질까요? 풍경 전체가 바뀌기 시작합니다. 자유의 목소리를 알고 의미를 이해하는 순간, 세상을 바라보는 시각 자체가 혁신됩니다. 창백한 전쟁터에 지나지 않았던 바로 그 세상이 이제는 선하고 아름다운 무언가로 보이기 시작합니다. 우리는 더 이상 자연을 저주하지 않습니다. 우리는 더 이상 세상이 끔찍하다고, 모든 것이 헛되다고 말하지 않습니다. 이제 더 이상 울거나 한탄할 필요가 없습니다. 그 목소리를 진정으로 이해하는 순간, 우리는 이 모든 투쟁이 대체 왜 필요한 것인지, 그 이유를 알게 됩니다. 싸움과 경쟁, 고난, 잔인함, 사소한 쾌락과 기쁨들, 그 모든 것의 의미를 이해하게 됩니다. 우리는 그런 것들이 사물의 본성 속에 내재되어 있음을 보게 됩니다. 이런 투쟁 없이는 목적을 향해 나아가는 과정 자체가 있을 수 없기 때문입니다. 하지만 어쨌든, 우리는, 그 사실을 알든 모르든, 결국 그 목소리에 도달하도록 운명 지어져 있습니다.

이처럼 모든 인간과 모든 자연이 자유를 얻기 위해 투쟁합니다. 태양 역시 그 목적을 향해 나아가고 있으며, 이는 태양을 도는 지구에 대해서도, 지구를 도는 달에 대해서도 마찬가지입니다. 별들도 그 목적을 향해 나아가고 있고, 바람도 그 목적을 위해 불고 있습니다. 모든 것이 자유를 위해 몸부림치고 있습니다. 성인도 그 목소리를 향해 나아가고 있으며, 그에게는 그것이 거의 당연한 일입니다.

누구에게나 목적은 같습니다. 자애로운 사람은 그 목소리를 향해 곧장 돌진하는데, 그 무엇에 의해서도 방해받을 수 없습니다. 이때 구두쇠 역시 똑같은 목적지를 향해 나아가는 중입니다. 좋은 의도를 지닌 위대한 일꾼도 내면의 그 소리를 듣습니다. 그는 그 소리에 저항할 수 없습니다. 그는 그 목소리를 향해 나아가야만 합니다.

하지만 범죄자나 가장 형편없는 게으름뱅이에게도 목적은 결국 같습니다. 길을 가는 사람들 중 한 사람이 다른 사람보다 더 많이 넘어집니다. 우리는 더 많이 넘어지는 사람을 악인이라 부르고, 더 적게 넘어지는 사람을 선인이라 부르지만 선과 악은 별개의 실체가 아닙니다. 그들은 하나의 동일한 실체이며, 둘 사이에는 종류의 차이가 아니라 정도의 차이만 존재합니다.

자유라는 힘이 정말로 전 우주를 지배한다면, 우리는 이 관념을 온갖 수준의 종교에서 다 찾아낼 수 있어야 할 것입니다. 가장 낮은 형태의 종교, 즉 조상이나 잔인한 신, 특정한 힘 등을 숭배하는 종교부터 살펴보기로 합시다.

그런 종교에서 조상이나 신들에 대해 품고 있는 주된 관념은 무엇일까요? 그것은 믿음의 대상들이 자연보다 우월하다는 관념, 자연의 제약에 얽매여 있지 않다는 관념입니다. 그런 신을 숭배하는 사람은, 두말할 것도 없이, 자연에 대한 통제권을 거의 갖지 못한 사람일 것입니다. 그는 벽을 통과할 수도, 하늘로 날아오를 수도 없습니다. 하지만 그가 숭배하는 신들은 이런 일들을 행할 수 있습니다. 이 사실은 철학적으로 무엇을 의미할까요? 우리는 거기에서 자유라는 관념을 발견할 수 있습니다. 그가 숭배하는 신들은 자연에 얽매여 있지 않습니다.

이는 더 고차원적인 존재를 숭배하는 자들에게도 그대로 적용됩니다. 이처럼 자연에 대한 개념이 확장됨에 따라, 자연보다 우월한 영혼에 대한 개념 또한 확장되고, 결국에 가서는 우리가 일신론이라 부르는 지점까지 도달하게 됩니다. 이 일신론은 마야 또는 자연의 존재와 동시에, 이 마야를 지배하는 어떤 힘의 존재도 함께 선언하게 됩니다.

베단타의 출발점

베단타는 바로 여기서부터, 일신론적 사상들이 처음 모습을 드러내는 이 지점에서부터 시작됩니다. 하지만 베단타 철학은 더 상세한 설명을 요구합니다.

베단타는 이렇게 말합니다.

"마야의 모든 현시를 뛰어넘은 존재가 있다는 설명, 마야를 초월해 독자적으로 존재하면서 우리를 그 자신Himself에게로 인도하는 존재가 있다는 설명은 아주 훌륭하다. 하지만 아직 불분명한 점이 많다. 이성에 직접적으로 반한다고는 할 수 없지만, 여전히 흐릿하고 모호해 보이는 건 어쩔 수 없다."

서구의 종교에는 이런 찬가가 있습니다.

"주여, 그대를 가까이 하게 함은."

베단타주의자도 이 찬가를 아주 좋아할 것입니다. 하지만 그는 단어를 조금 바꿔 이렇게 말할 것입니다.

"주여, 나 자신Me을 가까이 하게 함은."

절대자가 멀리 떨어진 곳에 있다는 관념, 자연을 훨씬 넘어선 곳에서 우리를 끌어당기고 있다는 관념은 교정되어야 합니다. 우리는 절대자라는 이상을 가까이, 더 가까이 가져와야 합니다. 그것의 가치를 떨어뜨리거나 손상시키지 않은 채로 말입니다. 그리하여 하늘에 있는 신은 자연에 내재된 신이 되고,

자연에 내재된 신은 자연 그 자체인 신이 되며, 자연 그 자체인 신은 인간의 몸이란 이 신전 속에 거주하는 신이 되고, 몸이란 이 신전 속에 거주하는 신은 결국 신전 그 자체가 됩니다. 마침 내 영혼과 인간 전체를 포괄하게 되는 것입니다. 베단타의 가 르침은 여기서 정점에 도달합니다.

베단타는 이렇게 말합니다.

"현자들이 사방을 돌아다니며 찾던 '그He'는 바로 너 자신의 심장 속에 존재한다. 네가 들은 그 목소리는 진리가 맞지만, 너 는 그 목소리의 출처를 잘못 설정했다. 네가 감지한 자유의 이 상은 진리가 맞다. 하지만 그 이상을 너 자신의 외부에 위치시 키는 실수를 범했다. 그러니 그것을 가까이, 더 가까이 가져오 라. 자신의 내면에 그것이 단 한순간도 빠짐없이 존재해 왔다 는 사실을 깨달을 때까지. 그것이 자신의 자아 배후에 존재하 는 자기Self란 사실을 깨달을 때까지. 자유야말로 너의 진정한 본성이다. 너는 마야에 구속당한 적이 없다."

자연은 결코 여러분에게 힘을 행사하지 않았습니다. 겁먹은 어린아이처럼, 여러분 스스로 자연의 힘에 질식당하고 있다고 상상해 왔을 뿐입니다. 이 불안으로부터 해방되는 것이 우리 의 목적입니다. 하지만 그것을 머리로만 이해해서는 안 됩니 다. 그것을 직접 지각하고, 실현시켜야 합니다. 우리가 이 세상을 지각하는 것보다 훨씬 더 명백하게 지각해야 합니다. 그러면 우리는 자신이 자유롭다는 사실을 알게 될 것입니다. 그리고 그때에만, 오직 그때에만 이 모든 어려움들이 사라지게 될 것입니다. 가슴을 옥죄던 혼돈은 일시에 제거되고, 다수성과 자연이라는 망상은 더 이상 힘을 쓸 수 없게 될 것입니다.

마야는 지금 그런 것처럼 끔찍하고 절망적인 꿈으로 나타나는 대신, 아름다운 모습을 취하게 될 것이고, 이 세상은 교도소로 경험되는 대신 우리의 놀이터로 변모하게 될 것입니다. 심지어는 위험과 고난, 고통조차 신성화되어 그들의 진정한 본성을 나타낼 것입니다. 이를 통해 그He가, 진정한 자기Self인 그가, 모든 것의 배후에, 모든 것의 실재로서 존재한다는 사실을 드러내 줄 것입니다.

당신이 아는 세상은 실재가 아닙니다

1896년 10월 27일,
런던에서 행한 연설

당신은 필요한 것을 지닐 수 있고, 심지어는
사치품조차도 지닐 수 있습니다. 원하는 것이라면
무엇이든 지녀도 좋습니다. 다만 재산에 관한 진실,
즉 그것이 그 누구에게도 속하지 않는다는 사실만 잊지
않도록 하십시오. 소유나 소유권과 관련된 그 어떤
관념도 지니지 말라는 뜻입니다.

머리와 가슴의 조화

우리는, 우리가 아무리 저항한다 하더라도, 인생의 크나큰 부분이 악으로 채워질 수밖에 없다는 사실을 잘 알고 있습니다. 그리고 악의 무더기에 사실상 끝이 없다는 사실도 알고 있습니다. 우리는 시간이 시작된 이래로 악을 없애기 위해 투쟁해 왔지만, 거의 모든 것이 예전 그대로입니다. 해결책을 더 많이 발견하면 발견할수록, 우리는 악이 더 미묘해져 되돌아오는 것을 발견하게 됩니다.

우리는 또한 종교가 이 어려움에서 벗어나기 위해 신을 가정한다는 사실을 보았습니다. 모든 종교는, 우리가 세상을 있는 그대로 받아들인다면 우리에게 남는 것은 악일 뿐이라고 말합니다.

한걸음 더 나아가, 종교들은 이 세상 너머에 또 다른 무언가가 존재한다고 주장합니다. 실제로, 오감이 지배하는 이 삶, 물질적 세상에 속하는 이 삶은 결코 전부가 아닙니다. 그것은 전체의 작은 한 조각, 순전히 피상적인 한 부분에 지나지 않습니다. 이 세상 너머에, 이 세상을 초월한 곳에 무한자Infinite가 존재합니다. 그 안에는 더 이상의 악이 존재하지 않습니다. 어떤 사람들은 그것을 신God이라 부르고, 어떤 사람들은 그것을 알라Allah, 여호와Jehovah 등으로 부릅니다. 베단타주의자는 그것을 브라흐만*이라 부릅니다.

> **브라흐만Brahman**
> 본래 '힘'이라는 뜻으로, 『우파니샤드』 철학에서 중심 사상이 되는 우주의 근본 원리. 세계의 근원적 창조 원리로, 우주 만물이 모두 브라흐만으로부터 나온다고 여겨졌다. 우주적 원리로서의 브라흐만과 개인적 혹은 우주적 영혼인 아트만이 동일하다는 범아일체 사상의 바탕이 된다.

이런 식의 종교적 권고를 처음 들으면, 우리는 차라리 자신의 존재를 제거해 버리는 편이 낫겠다는 인상을 받게 됩니다. 세상의 악을 어떻게 치유해야 할지 물었더니, 인생을 포기하라는 답을 듣게 되는 듯합니다. 이 답변은 오래된 이야기 하나를 떠올리게 해 줍니다. 모기 한 마리가 남자의 머리 위에 내려앉자, 그의 친구가 모기를 죽이겠답시고 방망이를 휘둘러 친구와 모기를 모두 죽여 버렸다고 합니다. 종교도 이와 유사한 행동을 권하는 양 보이는 것입니다.

인생은 진정 온갖 병폐로 가득차 있습니다. 이건 세상을 충분히 경험해 본 사람이라면 누구도 부인할 수 없는 사실입니다. 그런데 종교는 이에 대해 어떤 해결책을 제시해 주나요? 종교들은 그저 이 세상이 아무것도 아니라고, 이 세상 너머에 매우 진실된 무언가가 있다고 선언할 뿐입니다. 여기에 난점이 있습니다. 모든 것을 파괴하는 것이 해결책처럼 보이기 때문입니다. 하지만 그것이 어떻게 해결책일 수 있겠습니까? 다른 방도는 없는 것일까요?

베단타는 그러한 선언이 완벽한 진실이라고 말하지만, 그 의미를 제대로 이해해야 한다고 덧붙입니다. 실제로 종교적 가르침은 그 의미가 그다지 명료하지 못하기 때문에 종종 오해를 삽니다.

우리가 진정으로 원하는 것은 '머리와 가슴의 조화'입니다. 가슴은 정말로 위대합니다. 인생에 관한 뛰어난 영감이 흘러드는 통로이기 때문입니다. 저라면 가슴 없이 커다란 두뇌만 가진 것보다, 두뇌는 없지만 조그만 가슴을 가진 쪽을 100배는 더 선호할 것입니다. 가슴이 있는 사람에게는 삶의 발전이 있지만, 가슴이 없고 두뇌만 있는 사람에게는 죽음과 같은 건조

함만 남기 때문입니다.

이와 동시에, 우리는 가슴에만 휩쓸리는 사람들이 많은 고뇌를 겪는다는 사실을 알고 있습니다. 가슴에만 의지하다 보면 함정에 빠지기 쉽습니다. 우리는 두뇌나 가슴 중 어느 하나때문에 다른 쪽을 희생시키거나 해서는 안 되며, 가슴과 머리의 조화를 추구해야 합니다. 모든 사람에게 무한한 느낌을 허용하고, 이와 동시에 무한한 이성까지 허용해야 합니다.

우리가 끌어낼 수 있는 이성과 느낌에 과연 한계가 있을까요? 이 세계는 무한한 지식과 무한한 느낌을 제공할 수 있습니다. 그러니 이것들이 삶에 제한 없이 흘러들어 균형을 유지하면서 함께 흐를 수 있게 두어야 합니다.

대부분의 종교는 이 사실을 이해하고 있습니다. 하지만 그러면서도 매번 같은 방식으로 실수를 저지르는 듯합니다. 그들은 가슴에, 느낌에 너무 쉽게 휩쓸리고 맙니다.

"세상에는 악이 존재합니다. 그러니 세상을 포기하십시오."

이것은 위대한 가르침이고, 사실상 유일한 가르침입니다.

세상을 포기하라고 하면 우리에겐 선택의 여지가 없습니다. 진리를 이해하려면 우리 모두가 오류를 포기해야 합니다. 선택의 여지가 없습니다. 선해지기 위해서는 우리 모두가 악을 포기해야 합니다. 생명을 얻으려면 우리 모두가 죽음을 포기해야 합니다.

그러나 감각적 삶, 우리가 아는 대로의 이 삶을 포기해야 한다면, 대체 어떻게 살아야 할까요? 이 삶 말고 삶이라 할 게 또 뭐가 있나요? 우리가 이 삶을 포기하면 대체 무엇이 남을까요?

세상의 신성화

우리는 나중에, 베단타의 철학적인 부분을 다루는 장에서, 이 문제를 더 잘 이해하게 될 것입니다. 하지만 지금은 베단타가 이 문제에 대한 이성적 해법을 제시해 준다는 점만 언급해 두기로 합시다. 여기서는 베단타가 가르치고자 하는 내용의 결론, 즉 세상의 신성화에 대해 간단히 소개해 보려 합니다.

베단타는 사실 세상을 비난하지 않습니다. 그럼에도 포기라는 이상이 베단타의 가르침에서처럼 높은 지위를 차지한 경우는 찾아보기 힘들 것입니다. 하지만 그 이상은 냉담하고 자기 파괴적인 권고와는 거리가 상당히 멉니다. 그것이 진정으로 의도하는 바는 '세상의 신성화'이기 때문입니다. 우리가 생각하는 대로의 세상, 우리가 아는 대로의 세상, 우리에게 나타나는 대로의 세상을 포기하는 것이 바로 세상의 신성화입니다. 세상의 진정한 모습을 아는 것, 존재하는 것은 신뿐이라는 사실을 아는 것, 그것이 세상의 신성화입니다.

우리는 가장 오래된 『우파니샤드』의 서시 부분에서 이런 구절을 발견할 수 있습니다.

"이 우주에 존재하는 것은 무엇이든 '주Lord'에 의해 감싸여질 지어다."

우리는 모든 것을 주, 그 자신Lord Himself으로 감싸야 합니다. 그릇된 긍정성으로 뒤덮어서도 안 되지만, 그렇다고 악에 눈이 멀어서도 안 됩니다. 진정 모든 것 속에서 신을 봄으로써 그 모든 것을 감싸야 합니다. 우리는 이런 식으로 세상을 포기해야 합니다. 그렇다면 세상이 포기된 뒤에는 무엇이 남게 될까요?

"신만이 남습니다."

이게 무슨 말일까요? 예를 들어 봅시다.

당신은 아내와 함께 지낼 수 있습니다. 그녀를 포기할 필요는 전혀 없습니다. 하지만 당신은 아내의 내면에서 신을 볼 줄 알아야 합니다. 그렇다면 '자녀를 포기하십시오.'라는 말은 무슨 뜻일까요? 금수 같은 인간들이 하는 것처럼 그들을 문밖으로 내쫓아 버리란 말일까요? 절대 그렇지 않습니다. 그것은 악마주의지, 종교가 아닙니다. 다만 당신은 아이들 내면에서도 신을 볼 줄 알아야 합니다. 이는 모든 것에 다 적용됩니다. 삶 속에도, 죽음 속에도, 행복 속에도, 불행 속에도, '주'는 평등하게 존재합니다. 전 세계가 '주'로 가득 차 있습니다. 눈을 뜨고

'그'를 보면 됩니다.

베단타는 이렇게 가르칩니다.

"자신이 짐작해 온 대로의 세상을 포기하라. 너의 짐작은 매우 제한된 경험에, 매우 빈약한 추론에, 너 자신의 허약함에 기반을 둔 것이기 때문이다. 그 세상을 포기하라. 오랜 세월 동안 당연하게 여겨 온 그 세상, 오랜 세월 동안 집착해 온 그 세상은 스스로 창조해 낸 거짓 세상이다. 그 세상을 포기하라. 눈을 뜨고 그런 세상이 결코 존재한 적이 없다는 사실을 직시하라. 그것은 꿈, 마야다. 진정으로 존재하는 건 '그 자신'뿐이다. 아이의 내면에, 아내의 내면에, 남편의 내면에 존재하는 자가 바로 '그'다. 선함 속에, 악함 속에 존재하는 자가 바로 '그'다. '그'는 죄 속에도 있고, 죄인 속에도 있다. '그'는 삶 속에도 있고, 죽음 속에도 있다."

우리는 모든 것 속에서 신을 봄으로써 인생의 위험과 해악을 피할 수 있습니다. 그러니 그 어떤 것도 욕망하지 마십시오.

경악할 만한 주장이 아닐 수 없지만, 이것이 바로 베단타가 가르치고, 입증하고, 설파하고자 하는 주제입니다. 게다가 여기까지는 그저 서곡에 불과합니다.

욕망에 숨겨진 비밀

무엇이 우리를 불행하게 만드나요? 우리가 겪는 모든 불행의 원인은 욕망입니다. 무언가를 욕망하지만 그 욕망이 충족되지 않으면, 당신은 괴로움을 겪게 됩니다. 그러므로 욕망이 없으면 고통도 없을 것입니다. 하지만 여기에도 오해의 소지가 다분하기 때문에, 욕망을 포기한다는 말의 의미를 좀 더 자세히 설명하려고 합니다.

예컨대, 벽은 아무런 욕망도 품지 않으며 고통받을 일이 없습니다. 하지만 그것은 결코 진화하지 않습니다. 의자 역시 아무런 욕망도 품지 않고, 고통받을 일이 없습니다. 하지만 그것은 언제나 의자일 뿐입니다. 행복 속에는 은총이 있습니다. 하지만 은총은 고통 속에도 있습니다. 이렇게 말해도 된다면, 악에도 어떤 쓸모가 있습니다. 불행 속에 크나큰 교훈이 들어 있다는 점은 우리 모두가 잘 아는 사실입니다.

우리는 살면서 크게 후회할 만한 일들을 수백 가지는 저질러 왔지만, 그 실수들은 동시에 위대한 스승이기도 했습니다. 저로서는, 지금까지 살면서 좋은 일도 해 보고 실수도 많이 저질러 봤다는 사실이 너무나도 기쁩니다. 내가 올바른 일을 할 수 있었다는 사실도 기쁘지만, 많은 실수를 저질러 왔다는 사실 역시 기쁩니다. 그 모든 경험 하나하나가 위대한 교훈이 되어 주었기 때문입니다. 지금 이대로의 내 모습은, 지금까지 해 온 모든 생각들과 모든 행위들의 총합입니다. 각각의 생각과 행위가 나름의 영향력을 일으켰고, 그 영향력들이 장기간 축적되어 지금의 모습을 가능케 한 것입니다.

우리 모두는 욕망이 부정하다는 사실을 잘 압니다. 하지만 욕망을 포기한다면, 대체 어떻게 삶을 이어 나갈 수 있겠습니까? 때문에 욕망을 포기하라는 가르침은 욕망과 함께 인간을 죽이라는 자기 파괴적 권고처럼 들리기도 합니다. 하지만 이 말의 진정한 의미는 재산을 가지지 말라는 말이 아닙니다. 당신은 필요한 것을 지닐 수 있고, 심지어는 사치품조차도 지닐 수 있습니다. 원하는 것이라면 무엇이든 지녀도 좋습니다. 다만 재산에 관한 진실, 즉 그것이 그 누구에게도 속하지 않는다는 사실만 잊지 않도록 하십시오. 소유나 소유권과 관련된 그어떤 관념도 지니지 말라는 뜻입니다.

물건들은 당신에게도, 나에게도, 그 어느 누구에게도 속하지 않습니다. 모든 것은 '그'에게 속하기 때문입니다.『이사 우파니샤드Isa Upanishad』의 서시는 모든 것을 '그'로 감싸라고 가르칩니다. 신은 부유함 속에도 있고, 마음에 일어나는 욕망 속에도 있으며, 욕망을 만족시키기 위해 사는 물건들 속에도 있고, 당신이 지닌 아름다운 의복과 장식품들 속에도 있습니다.

사물들을 이러한 사고방식으로 바라보는 순간, 그 모든 것이 달라지기 시작할 것입니다. 당신이 모든 사물과 모든 움직임과 모든 대화들 속에 신을 위치시킬 수 있다면, 그 풍경 전체가 변하게 될 것입니다. 그러면 이 세상은 비탄과 고뇌의 장소가 아닌, 천국으로 모습을 드러내게 될 것입니다.

예수는 "천국은 너희들 내면에 있느니라."고 말했습니다. 베단타와 모든 위대한 스승들도 같은 말을 합니다.

"눈이 있는 자는 보라. 귀가 있는 자는 들으라."

베단타는 우리가 찾아 온 진리가 지금 우리 내면에 있고, 항상 거기 있어 왔다고 말해 줍니다. 우리의 무지로 인해 스스로 그것을 잃어버렸다고 생각한 것뿐입니다. 우리는 세상을 돌아다니면서 진리를 찾고자 눈물겨운 투쟁을 벌여 왔지만, 그것은 항상 우리 자신의 심장 속에 머물고 있었습니다. 우리는 오직 거기에서만 진리를 찾아낼 수 있습니다.

세상을 포기하라는 가르침을 낡고 투박한 의미로 해석하면 다음과 같은 결론이 나올 것입니다.

"일을 해서는 안 된다. 흙덩이처럼 가만히 앉아서 생각도 하지 말고, 그 어떤 행위도 하지 말아야 한다. 우리는 숙명론자가 되어, 환경에 휘둘리고 자연의 법칙에 지배받으면서 이곳저곳 떠밀려 다녀야 한다."

하지만 그것은 가르침의 진정한 의도가 아닙니다. 우리는 일을 해야 합니다. 물론, 평범한 사람들도 그릇된 욕망에 이끌려 일을 합니다. 하지만 그들이 일에 대해 뭘 알 수 있겠습니까? 자신의 충동과 욕망과 감각에 이끌리는 자가 일에 대해 뭘 알 수 있겠습니까?

욕망에 휩쓸리지 않고 일하는 자, 어떤 이기심에도 사로잡히지 않은 채 일하는 자, 그가 진정으로 일하는 사람입니다. 은밀한 기대를 품지 않고 일하는 자, 일로부터 그 무엇도 기대하지 않은 채 일하는 자, 그가 진정으로 일하는 사람입니다.

판매자와 감상자 중 그림을 즐기는 자는 누구일까요? 판매자는 계산하느라 늘 바쁩니다. 그는 자신의 소득이 얼마나 될지, 그림으로 얻어낼 수 있는 수익이 얼마나 될지 항상 계산해야 합니다. 그의 머리는 이 생각으로 꽉 차 있습니다. 그는 경매에 걸린 판돈과 진행자의 나무망치만 바라보고 있습니다. 그는 판돈이 얼마나 빨리 올라가는지에만 관심을 쏟습니다. 반면 그림을 즐기는 자는 그것을 사려는 의도도, 팔려는 의도도 지니지 않은 채 경매장에 간 사람입니다. 그만이 그림을 보면서 그것을 즐길 수 있습니다.

모든 것이 이와 같습니다. 전 우주도 하나의 그림입니다. 따라서 온갖 욕망들이 소멸된 후에야 인간은 진정 세상을 즐기게 될 것입니다. 오직 그때에만 구입, 판매, 소유 같은 어리석은 관념들이 사라지게 될 것입니다. 그렇게 대금업자도, 구매자도, 판매자도 사라지고 나면, 이 세상은 하나의 그림으로, 한 폭의 아름다운 작품으로 남게 될 것입니다.

다음 구절에는 신 개념이 더 없이 아름다운 형태로 구현되어 있습니다.

"그는 위대한 시인, 고대의 시인이다. 전 우주가 그의 시, 무한한 지복의 언어로 쓰인 시다."

우리가 욕망을 포기할 때, 오직 그때에만 우리는 신의 우주를 읽고 즐길 수 있게 될 것입니다. 그때가 되면 모든 것이 신성화될 것입니다. 우리가 어둡고 부정하다고 여기는 구석, 모퉁이, 샛길, 음지조차도 모두 신성화될 것입니다. 그것들은 자신의 진정한 본성을 드러내게 될 것이고, 그렇게 되면 우리는 우리 자신에게 미소 지으면서, 그 모든 한탄과 울부짖음이 애들 장난에 지나지 않았다고 생각하게 될 것입니다.

베단타는 이렇게 말합니다.

"그러니 그대의 일을 수행하라."

베단타는 우리에게 환영 같은 세상을 포기하면서 일하라고 조언해 줍니다. 이 말은 모든 곳에서 신을 보고, 그런 태도로 자신의 일을 수행하라는 뜻입니다. 원한다면 100년 동안 살기를 바라도 좋고, 모든 세속적 욕망을 지녀도 좋습니다. 다만 그것들을 신성화시켜 천상의 것으로 만드십시오. 이 세상에서 오래도록 머물면서 남에게 도움을 줄 수 있기를, 지복에 잠긴 채 활동적인 삶을 살 수 있기를 소망하십시오. 이런 태도로 일한다면, 당신은 결국 세상에서 해방되는 길을 발견하게 될 것입니다.

이 밖의 다른 방도는 없습니다. 진리에 대해 알지도 못한 채, 세상의 어리석은 향락들 속으로 뛰어드는 자는 길을 잘못 든 것입니다. 그런 자는 목표에 도달할 수 없습니다. 한편, 세상에 원한을 품고 숲속으로 들어가, 금욕을 하고 단식을 하면서 자기 자신을 서서히 죽이는 자, 모든 감성을 죽이고, 가슴을 메마른 황무지로 만들어 엄격하고 가혹한 성품을 지니게 된 자 역시 길을 잘못 든 것입니다. 이러한 두 극단은 다른 종류의 실수입니다. 이 둘 모두 길을 잃고 목표에서 빗나갔습니다.

"그러니 일을 하라. 모든 것 속에 '그'가 있음을 알고, 모든 것 속에 신을 위치시키라."

삶을 신성한 것으로, 신 그 자체로 받아들이면서 부단히 일하는 것이 우리가 알고 행해야 할 모든 것임을 베단타 철학은 알려 줍니다. 신은 모든 것 속에 존재합니다. 그 밖의 어느 곳에서 '그'를 찾을 수 있겠습니까? 그는 이미 모든 것 속에, 모든 생각 속에, 모든 느낌 속에 현존하고 있습니다. 이 사실을 기억하면서 우리는 일해야 합니다. 이것이 유일한 길입니다. 그러면 우리는 더 이상 행위와 결과에 구속당하지 않게 될 것입니다.

이상을 가지고 산다는 것

우리는 욕망이 모든 불행과 악의 원인임을 보았습니다. 하지만 신을 통해 그 욕망을 신성화하고 나면, 그것은 더 이상 아무런 불행도, 아무런 악도 불러들이지 않게 될 것입니다. 이 비밀을 배우지 못한 사람들은 그것을 발견할 때까지 악마적인 세상 속에서 살아가게 됩니다. 많은 이들이 자신 속에, 자기 주위에, 모든 곳에, 무한한 지복의 광맥이 놓여 있다는 사실을 모르고 있습니다. 그들은 아직 그 광맥을 발견하지 못했습니다. 베단타에 의하면 악마적인 세상이란 단지 '무지'에 불과합니다.

우리는 무한의 강가에 앉아 있으면서도 목마름으로 죽어 가고 있습니다. 우리는 산더미 같은 음식 근처에 있으면서도 굶주림으로 죽어 가고 있습니다. 여기 축복에 찬 우주가 있지만, 우리는 그것을 발견하지 못합니다. 우리는 항상 그것 속에 있으면서도, 항상 그것을 잘못 이해합니다.

하지만 이 축복에 찬 우주를 향한 열망은 모든 이들의 가슴 속에 존재해 왔습니다. 그리하여 종교는 우리에게 그것을 찾아 주겠노라 선언합니다. 그것은 모든 국가의 이상이었고, 종교의 유일한 목적이었습니다. 이 이상은 다양한 종교들 내에서 서로 다른 언어로 표현되어 왔습니다. 표면적인 불일치가 생겨난 건 그저 사용한 언어가 달랐기 때문입니다. 하나의 사상을 어떤 종교는 이런 방식으로 표현하고, 다른 종교는 저런 방식으로 표현하지만, 각각의 표현이 궁극적으로 의도하는 바는 아마도 완전히 같을 것입니다.

이 주제와 관련해 더 많은 의문들이 제기됩니다. 말하기는 쉽지만 실천하기는 어려운 내용들이기 때문입니다. 저는 어렸을 때부터, 모든 곳에서, 모든 것 속에서 신을 봐야 한다는 말을 들어 왔습니다. 그러면 세상을 진정으로 즐길 수 있다고 말입니다. 하지만 세상 속으로 섞여 들어가 상처를 좀 받자마자, 이런 가르침은 저의 뇌리에서 사라지고 말았습니다.

한번은 이런 일도 있었습니다. 모든 사람의 내면에 신이 있다는 생각을 하면서 걷고 있는데, 몸집이 큰 남자가 저를 밀치고 지나갔습니다. 저는 인도 위에 꼴사납게 엎어졌고, 재빨리 일어섰지만, 머리에서 흘러내리는 피를 보고는 완전히 분별력을 잃고 말았습니다. 그의 내면에서 신을 발견하기는커녕, 저는 악마와 마주하고 있었습니다. 광분하여 그 모든 가르침을 순식간에 잊어버린 것입니다.

인도인들은 태어난 순간부터, 모든 것 속에서 신을 보라는 가르침을 들으면서 성장합니다. 모든 것 속에서 신을 찾으라는 이 가르침은 모든 종교에 공통됩니다. 신약성서에서 예수가 한 말씀을 기억하십니까? 우리 모두는 이 가르침을 받아 왔습니다. 하지만 현실의 영역으로 내려오는 순간부터 어려움이 시작됩니다.

이솝 우화에도 이런 이야기가 나옵니다. 하루는 수사슴이 호수에 비친 자신의 모습을 보며 "이 모습, 얼마나 강렬한가! 눈부신 머리를 보거라. 튼튼한 다리를 보거라. 나는 이 몸으로 바람처럼 내달린다!" 하고 말했습니다. 그때 멀리서 개 짖는 소리가 들려왔고, 수사슴은 즉시 내달렸습니다. 먼 곳까지 도망갔다 돌아오면서 숨을 헐떡거리자 아들이 물었습니다. "방금 힘 좋다고 자랑하셨잖아요. 그런데 왜 개 짖는 소리에 도망가셨나요?" 수사슴은 이렇게 답했습니다. "아들아, 그건 말이다. 개 짖는 소리가 내 자신감을 모두 없애 버렸기 때문이란다."

우리도 이런 모습으로 살아갑니다. 우리는 인류를 높이 평가합니다. 우리가 강하고 용맹스러우며, 숭고한 결단도 내릴 줄 아는 존재라고 생각합니다. 하지만 시련과 유혹이 닥칠 때면 마치 위의 수사슴처럼 행동합니다.

사정이 이렇다면, 지금까지 말한 가르침은 과연 쓸모가 있을까요? 물론입니다. 그것은 가장 고차원적인 쓸모가 있습니다. 끊임없는 노력을 통해 결국 궁극적인 목적에 이를 수 있음을 선포하기 때문입니다. 하루아침에 이루어지는 일은 아무것도 없습니다.

"우선 자기Self에 대해 들어야 하고, 그 뒤 그것에 대해 숙고해야 하며, 이후 그것을 대상으로 명상해야 한다."

모든 사람이 하늘을 볼 수 있습니다. 심지어 땅에 기어 다니는 벌레조차 푸른 하늘을 볼 수 있습니다. 하지만 하늘은 너무나도 멀리 떨어져 있습니다. 우리의 이상도 이와 마찬가지입니다. 그것은 두말할 것도 없이 높은 이상입니다. 하지만 동시에 우리는 그곳에 도달해야 한다는 사실을 잘 알고 있습니다. 우리는 최고의 이상을 성취해야 하지만, 안타깝게도 현실에서는 대다수의 사람들이 아무 이상도 없이 어둠 속을 헤매고 있습니다.

하지만 이상을 품은 사람이 1,000번 실수한다면, 이상 없이 사는 사람은 50,000번 실수한다고 저는 확신합니다. 그러므로 이상을 갖는 편이 더 좋습니다. 그리고 우리는 이 이상에 대해 가능한 한 많이 들어야 합니다. 그것이 우리의 가슴과 뇌와 혈관 속으로 침투하여, 모든 핏방울을 자극하고 모든 땀구멍을 적실 때까지 말입니다. 또한 우리는 그것에 대해 명상해야 합니다. 가슴이 충만해져 입으로 말할 때까지, 그리고 가슴의 충만함으로 손이 일할 때까지 말입니다.

온 우주가 하나다

생각은 우리 내면에서 추진력으로 작용하는 힘입니다. 그러니 내면을 가장 고차원적인 생각들로 채워야 합니다. 그것을 매일같이 듣고 숙고하십시오. 실패는 신경 쓰지 않아도 됩니다. 아주 자연스런 일이기 때문입니다. 사실 실패들은 삶의 아름다움 자체입니다. 실패가 없다면 삶은 대체 뭐가 되겠습니까? 만일 삶에 투쟁이 없다면 산다는 것에는 별 가치가 없을 것입니다. 시적인 측면이 사라져 버리기 때문입니다. 그러니 실수와 투쟁 같은 것들은 신경 쓰지 마십시오.

저는 소가 거짓말하는 것을 들어 본 적이 없습니다. 하지만 소는 인간이 아니며, 그저 소에 불과합니다. 그러니 인간적인 실수나 작은 퇴보들에는 신경 쓰지 마십시오. 단지 이상을 위해 1,000번 시도하고, 만일 1,000번 다 실패한다 해도 한 번 더 시도하십시오. 인간의 이상은 모든 것 속에서 신을 보는 것임을 잊지 마십시오.

하지만 당신이 모든 것에서 '그'를 볼 수 없다면, 가장 좋아하는 한 가지 것에서 '그'를 보는 법부터 배우기를 권합니다.

그 뒤 다른 것들로 시야를 점차 넓혀 가면 됩니다. 영혼 앞에는 무한의 삶이 펼쳐져 있습니다. 그러니 조바심내지 말고 실천해 보십시오. 그러면 당신은 목적을 달성하게 될 것입니다.

베단타는 다음과 같이 말합니다.

"생각으로는 '그'를 이해할 수 없다. '그'는 마음보다 더 섬세히 진동하고, 마음보다 더 빠르게 움직이며, 신들조차 도달하지 못한다. '그'가 움직임으로 인해서 모든 것이 움직인다. 모든 것은 '그' 안에 존재한다. '그'는 움직이지만, 또한 부동이다. '그'는 가까우나, 또한 멀리 있다. '그'는 모든 것 안에 있으나, 또한 모든 것 밖에 있다. 모든 존재 속에서 아트만을 보고, 아트만 속에서 모든 존재를 보는 자는 결코 아트만에서 멀어지지 않는다. 인간이 이 아트만 속에서 삶과 우주를 볼 때, 그는 모든 은폐를 벗어던질 수 있다. 그에게는 더 이상의 미망이 존재하지 않는다. 우주 속에서 '하나'를 보는 자에게, 어찌 더 이상의 고통이 있을 수 있겠는가?"

생명의 일체성, 모든 것이 하나라는 이 주제는 베단타 철학의 또 다른 축을 형성합니다. 베단타는 우리의 모든 불행이 무지로부터 비롯된다는 사실을 입증해 내는데, 사실 이 무지라는 것도 결국은 다수성의 관념에 지나지 않습니다. 인간과 인간, 나라와 나라, 지구와 달, 달과 태양 사이에 분리가 존재한다는 관념, 그것이 바로 무지입니다. 원자와 원자 사이에 분리가 존재한다는 이 관념으로부터 그 모든 불행이 초래됩니다. 하지만 베단타는 이 분리가 존재하지 않는다고, 분리의 관념은 거짓된 것이라고 선언합니다. 그것은 그저 표면적인 겉모습에 지나지 않습니다.

사물들의 심장부에는 어떤 단일성Oneness이 존재합니다. 표면 아래로 파고들 수만 있다면, 당신은 인간과 인간 사이, 인종과 인종 사이, 높음과 낮음 사이, 부자와 빈자 사이, 신과 인간 사이, 인간과 동물 사이에 존재하는 공통된 단일성을 발견하게 될 것입니다. 충분히 깊이 들어갈 수만 있다면, 당신은 모든 것이 '하나'의 변형체에 지나지 않음을 보게 될 것입니다.

단일성의 개념을 체득한 사람에게는 더 이상의 미망이 존재할 수 없습니다. 대체 무엇이 그를 더 현혹시킬 수 있겠습니까? 그는 모든 것의 실상, 모든 것의 비밀을 알고 있는 사람입니다. 그에게 어떻게 불행이 있을 수 있겠습니까? 욕망할 것이 뭐가 더 있겠습니까? 그는 모든 것의 실상을 추적하여, 그 모두의 중심인 '주', 영원한 존재Eternal Existence이자, 영원한 의식Eternal Knowledge이자, 영원한 지복Eternal Bliss인 '주'에 이르렀습니다.

그곳에는 죽음도, 질병도, 슬픔도, 불행도, 불만족도 존재하지 않습니다. 모든 것이 완벽한 합일, 완벽한 지복 그 자체입니다. 대체 그가 누구를 위해, 무엇을 위해 해야 할 한탄이 남아 있을까요? 실재 속에는 죽음도, 불행도 존재하지 않습니다. 실재 속에는 애도할 사람도, 미안해할 사람도 없습니다. 그는 모든 것을 꿰뚫어봤습니다. 형상도 없고, 신체도 없고, 결함도 없는 '그', 순수한 자이자, 모든 것을 아는 '그', 위대한 시인이자, 스스로 존재하는 자인 '그', 모든 사람에게 합당한 것을 제공하는 '그'의 모든 것을 꿰뚫어봅니다.

"진리의 문이 황금 원반에 가려져 있구나. 양육자Nourisher여, 그것을 벗겨 주십시오! 그것을 제거하여 진리를 숭배해 온 내가 그 문을 볼 수 있게 해 주십시오."

무지에 의해 생성된 이 세계에서 물질적 세계를 숭배하는 자들은 어둠 속을 헤매게 됩니다. 이 세상 속에 빠져 살면서 더 나은 것이나 더 높은 것을 찾지 않는 자들은 더 깊은 어둠 속을 헤매게 됩니다. 하지만 자연의 비밀을 아는 자, 자연 너머의 '그것'을 아는 자는 자연의 도움으로 죽음을 초월하고, 영원한 지복을 누리게 됩니다.

"양육자여, 고독한 하늘의 방랑자여! 프라자파티*의 자손인 태양이여, 통제자여! 당신의 빛을 모아 거두어 주십시오. 당신의 은총으로 티 없이 순수한 당신의 형상을 볼

> **프라자파티**Prajapati
> 힌두교의 창조신. 훗날 브라흐만과 동일시되었다.

수 있도록. 진실로 나는 그곳에 거주

하는 푸루샤*, 즉 '그'입니다."

푸루샤Purusha

자신의 몸을 희생하여 우주를 만들어 낸
우주적 거인. 4분의 1은 피조물의 영역
에 속하고, 4분의 3은 천상의 영역에 머
문다고 한다.

『베다』의
성스러운 구절,
그대가 바로 '그'입니다

1896년 11월 3일,
런던에서 행한 연설

모든 행복에는 불행이 그림자처럼 뒤따릅니다.
삶에 항상 죽음이라는 그림자가 드리우듯,
이 둘은 함께 갈 수밖에 없습니다. 동일한
실체의 두 측면이기 때문입니다. 하나의 실체가 삶과
죽음, 슬픔과 행복, 선과 악 등으로 모습을 드러내는
것입니다. 선과 악이 두 개의 분리된 개체라는 관념,
이 각각의 개체가 영원히 지속된다는 이원론적 관념은
전혀 합리적이지 않습니다. 하나의 동일한 실체가 한
번은 나쁘게, 다른 한 번은 좋게 구현된 것뿐입니다.
그들은 모순되는 두 개의 실체가 아니며, 그들 사이에는
종류의 차이가 아닌 정도의 차이만이 존재합니다.

천국도 무한하지 않다

"스스로 존재하는 자Self-Existent One가 감각들을 밖으로 투영했나니, 인간이 자신을 들여다보지 않고 밖을 내다보는 것도 그 때문이라네. 하지만 불멸을 열망하는 현자는 감각을 안으로 모아들여 내면에 존재하는 '자기Self'를 인식한다네."

이미 말했듯이, 『베다』가 제기한 최초의 의문은 외적 대상들과 관련된 것이었습니다. 하지만 곧 새로운 관념이 싹텄습니다. 외적 세계에서는 사물들의 실상을 발견할 수 없었기 때문입니다. 진리는 밖을 내다봄으로써 발견되는 것이 아니라, 눈을 내면으로 돌림으로써만 발견된다는 관념이 그것입니다.

이때 영혼Soul을 나타내기 위해 사용된 단어들은 매우 의미심장합니다. 그것은 내면으로 들어간 '그', 우리 존재 심연의 실재인 '그', 심장 중심으로서 모든 것을 산출해 내는 '그'입니다. 또한 마음과 몸, 감각기관 등 우리가 지닌 모든 것을 광선처럼 뿜어내는 근원적 '태양'이라고도 합니다.

"지력이 부족하고 무지한 사람들은 외적인 욕망들을 좇아가다 서서히 진행되는 죽음이란 덫에 걸려든다. 하지만 불멸을 이해한 현자들은 유한한 대상들로 뒤덮인 이 삶 속에서 영원을 찾으려 들지 않는다."

여기에도 같은 관념, 곧 유한한 것들로 가득찬 외적 세계에서 무한자를 발견하는 것은 불가능하다는 관념이 명시되어 있습니다. 무한자는 오직 무한한 것 속에서만 추구될 수 있기 때문입니다. 그리고 우리에게 있어 무한한 것은 우리 내면에 있는 것, 즉 우리 자신의 영혼뿐입니다.

몸도 마음도 유한하고, 심지어는 우리의 생각이나 우리가 경험하는 세계조차 유한합니다. 오직 이 모든 유한한 것들을 바라보고 있는 관조자Seer만이, 인간 내면에 깨어 있는 인간의 진정한 영혼만이 무한합니다. 따라서 이 우주 전체의 무한한 원인Cause을 찾고자 한다면, 우리는 오직 무한한 영혼에서만 발견할 수 있습니다.

"여기 있는 것은 거기에도 있고, 거기 있는 것은 여기에도 있다. 하지만 다수성을 보는 자는 죽음에서 죽음으로 옮겨다닌다."

우리는 천국에 가고자 하는 소망이 처음에 어떻게 생겨났는지 보았습니다. 고대 아리아인들이 주변 세상에 불만을 품기 시작했을 때, 그들은 자연히 죽고 나면 다른 곳에 가게 될 것이라고, 어떤 불행도 없고 오직 행복만이 존재하는 어떤 곳으로 가게 될 것이라고 생각했습니다. 그들은 스바르가Svargas라고 불리는(천국으로 번역될 수 있을 것입니다.) 땅에서 영원토록 기쁨을 누릴 수 있을 것이라고, 완벽한 몸과 마음을 갖추고 선조들과 함께 살 수 있을 것이라고 믿었습니다.

하지만 철학이 생겨나자마자 사람들은 이것이 불가능하고 터무니없는 발상임을 깨달았습니다. 시작과 끝이 있는 유한한 장소에 무한한 무언가가 존재한다는 생각은 그 자체로 모순된 것이기 때문입니다. 따라서 그들은 무한이란 관념을 포기할 수밖에 없었습니다. 그리하여 천국에 사는 신들은 지상에서의 선행을 통해 신성을 얻은 인간들이며, 다양한 신격들은 각각 서로 다른 지위와 계급을 나타내는 것으로 이해되었습니다.

그러므로 『베다』에 언급된 신들 중 그 어떤 신도 영속성을 지니지 않습니다. 예컨대, 인드라*나 바루나*는 하나의 특정한

인드라Indra

산스크리트어로 '강력한', '강한'이라는 뜻이며, 인도 신화에 나오는 전쟁의 신이다. 인도에 침입해 원주민들을 정복한 아리아인들의 수호신으로서, 천둥과 번개를 지휘하고 비를 관장한다.

바루나Varuna

고대 인도 신화에 나오는 물의 신. 원래 '만물을 감싸는 창공'이라는 뜻으로, 하늘의 신으로서 자연 질서를 수호하는 역할을 했으나, 후에 강과 바다를 관장하는 물의 신으로 권력이 대폭 축소되었다.

신을 지칭하지 않습니다. 그것은 '주지사'처럼 지위를 나타내는 명칭입니다. 전에 있었던 인드라는 지금 살고 있는 인드라와 같은 신이 아닙니다. 이전의 인드라는 이미 죽었고, 지상에서 온 다른 사람이 그의 자리를 대신 메운 것입니다. 다른 신들도 마찬가지입니다. 신은 특정 지위를 나타내는 명칭일 뿐이며, 이 지위는 신이라는 조건에 맞도록 스스로를 고양시킨 인간 영혼들에 의해 차례로 메워집니다. 하지만 그들조차도 결국은 죽게 되어 있습니다.

고대의 『리그 베다』를 보면, 신들과 관련해 '불멸'이라는 표현이 쓰인 것을 발견할 수 있습니다. 하지만 이 표현은 훗날 완전히 폐기되었습니다. 시간과 공간을 초월하는 진정한 불멸은 그 어떤 물리적 형상과도 관련되지 않는다는 점에 모두가 공감했기 때문입니다. 아무리 섬세하고 미묘하다 해도 형상인 이상, 그것은 소멸할 수밖에 없습니다. 형상은 시간과 공간상의 특정 지점에서 시작되었음에 틀림없습니다. 공간 없는 형상을 상상하려 시도해 보면, 그것이 불가능하다는 것을 알 수 있습니다. 공간도 형상을 구성하는 물질들 중 하나이며, 그 형상은 끊임없는 변화를 거듭하고 있습니다.

"공간과 시간은 마야 속에 있고, 여기 있는 것은 거기에도 있다."

따라서 이 신들이 어딘가에 존재한다면, 그들 역시 같은 법칙에 종속되어야 합니다. 이 법칙에는 끊임없는 파괴와 재생도 포함됩니다. 태어난 모든 것은 죽을 수밖에 없는 것입니다. 따라서 만일 천국이 존재한다면, 그곳에도 같은 법칙이 적용되어야 할 것입니다.

행복의 그림자

모든 행복에는 불행이 그림자처럼 뒤따릅니다. 삶에 항상 죽음이라는 그림자가 드리우듯, 이 둘은 함께 갈 수밖에 없습니다. 동일한 실체의 두 측면이기 때문입니다. 하나의 실체가 삶과 죽음, 슬픔과 행복, 선과 악 등으로 모습을 드러내는 것입니다. 선과 악이 두 개의 분리된 개체라는 관념, 이 각각의 개체가 영원히 지속된다는 이원론적 관념은 전혀 합리적이지 않습니다. 하나의 동일한 실체가 한 번은 나쁘게, 다른 한 번은 좋게 구현된 것뿐입니다. 그들은 모순되는 두 개의 실체가 아니며, 그들 사이에는 종류의 차이가 아닌 정도의 차이만이 존재합니다.

실제로, 우리는 동일한 신경계가 쾌감과 불쾌감 모두를 실어 나른다는 점을 알고 있습니다. 특정 신경이 손상되거나 마비되면, 그곳으로 전달되던 쾌감뿐만 아니라 불쾌감까지 함께 차단됩니다. 이렇듯 쾌감과 불쾌감의 차이는 본질적인 것이 아닙니다. 또한, 경험되는 시기에 따라 동일한 자극이 쾌락으로 다가올 때도 있고, 고통으로 다가올 때도 있습니다. 마찬가지로, 고기를 먹는 동안 인간은 쾌락을 느끼지만 먹히는 동물은 고통을 느낍니다. 동일한 현상이 한 사람에게는 쾌락을, 다른 한 사람에게는 고통을 일으킵니다. 모두에게 똑같이 쾌락을 선사하는 것은 지금까지 단 하나도 없었습니다. 어떤 것이든 일부에게는 쾌락을, 다른 일부에게는 고통을 주게 되어 있습니다. 이런 사정은 앞으로도 변치 않을 것입니다.

우리는 방금 존재의 이원성을 거부했습니다. 이처럼 베단타는 외부 세계에서 단일성을 찾는 것, 그 자신을 온갖 방식으로 현현시키는 '단 하나의 존재'를 발견하는 것을 사상의 근간으로 삼습니다. 그러면 이제 남는 것은 무엇이겠습니까? 저는 지난 강연에서 이렇게 말한 바 있습니다.

"이 세상에서 나쁜 것을 모두 제거하고 좋은 것만 남긴다는 건 애초에 불가능한 일입니다."

이 말에 실망하거나 두려움을 느낀 사람도 있을 것입니다.

하지만 저로서는 어쩔 도리가 없습니다. 누군가 이 견해를 정당하게 논박한다면, 저는 귀 기울여 듣고 기꺼이 잘못을 시인할 것입니다. 하지만 그때까지는 제 견해를 고수할 것입니다.

물론 이러한 견해에 대한 매우 설득력 있어 보이는 반론도 있습니다.

"진화를 통해 우리 주변에 있는 악이 점차 제거되고 있습니다. 이 과정이 수백만 년 동안 지속된다면, 모든 악이 근절되고 선한 것만 남게 될 것입니다."

이 주장은 얼핏 보기에 매우 견실해 보입니다. 저도 그것이 진실이었으면 합니다만, 이 견해에는 선과 악을 영원히 고정된 개체처럼 취급한다는 오류가 있습니다. 이 견해를 지지하는 사람들은 선과 악의 양이 한정되어 있다고 전제한 뒤, 악이 매일같이 제거되고 있으므로 결국 선만 남게 될 것이라고 주장합니다. 하지만 인류의 역사는 선의 양과 더불어 악의 양도 끊임없이 증가하고 있다는 사실을 보여 줍니다.

예를 들어 가장 미개한 인간을 떠올려 보도록 합시다. 숲속에 사는 그는 쾌락에 대한 감수성뿐만 아니라 고통에 대한 감수성 또한 매우 무딥니다. 충분한 식량을 얻지 못하면 그는 불행해집니다. 하지만 충분한 식량과 사냥하며 돌아다닐 자유만 주어진다면, 그는 완벽한 행복을 누릴 수도 있습니다. 그의 행복은 오직 감각 영역에서만 발생하고, 이는 불행에 대해서도 마찬가지입니다. 만일 그의 지성이 개발되고 앎이 증가한다면, 그가 누리던 감각적 쾌락은 지적 쾌락으로 진화하게 될 것입니다. 그는 아름다운 시를 읽는 데서 기쁨을 느낄 것이고, 수학 문제에도 상당한 흥미를 갖게 될 것입니다. 하지만 이와 동시에, 그는 섬세해진 신경으로 인해 정신적 고통에 점점 더 취약해질 것입니다. 야만인에게는 이런 고통이 없었습니다.

아주 간단한 예 하나를 더 살펴보기로 합시다. 티베트의 어떤 지역에는 결혼이란 제도가 없고, 따라서 그곳 사람들에게는 질투도 잘 일어나지 않습니다. 하지만 우리는 결혼이 훨씬 더 고차원적 상태라는 것을 알고 있습니다. 반면 티베트인들은 순결함의 기쁨도, 정조와 덕을 갖춘 배우자가 되는 행복도 알지 못합니다. 그들은 그런 감정을 느낄 수 없으며, 상대가 부정을 저질렀을 때 닥치는 강도 높은 질투심에 대해서도 알지 못합니다. 그들에게는 심장이 불타는 듯한 느낌과 슬픔이 일어나지 않습니다. 정신적인 고양이 행복을 가져다주기도 하지만, 불행을 일으키기도 하는 것입니다.

여러분의 나라, 세계에서 가장 부유하고 호화로운 여러분의 나라를 보십시오. 그 어떤 나라보다도 정신적 불행과 광기의 강도가 높습니다. 욕망이 지극히 예민해졌기 때문입니다. 영국인들은 높은 생활수준을 유지하기 위해 안간힘을 쓰며, 1년 동안 소비하는 돈은 인도인의 상상을 초월할 정도로 많습니다. 이제 영국인에게 단순한 삶을 설교하는 건 불가능에 가깝습니다. 사회가 국민들에게 너무 많은 것을 요구하기 때문입니다. 사회의 수레바퀴는 계속해서 굴러가고, 그것은 미망인의 눈물을 위해서도, 고아의 울부짖음을 위해서도 멈추지 않습니다. 모든 것이 이와 같습니다. 여러분의 향유 능력은 고양되었습니다. 오늘날 영국 사회는 그 어떤 사회보다도 아름답고, 즐길 거리가 훨씬 더 많습니다. 하지만 적게 가진 자들이 불행 역시 훨씬 적게 겪습니다.

이런 식으로 계속 나아갈 수 있습니다. 높은 이상을 지닐수록 향유의 수준도 더 높아지지만, 불행의 깊이도 더 깊어집니다. 하나는 다른 하나의 그림자이기 때문입니다. 악이 제거되고 있다는 말은 진실일지 모릅니다. 하지만 그렇다면 선 역시 소멸되고 있음에 틀림없습니다. 혹시 악이 너무 빨리 늘어나 선이 상대적으로 줄어드는 건 아닐까요? 선이 산술적으로 증가할 때, 악은 기하급수적으로 증가하는 것만 같습니다. 이것이 마야입니다.

이건 낙관론도, 비관론도 아닙니다. 베단타는 이 세상이 비참한 곳이라는 입장을 채택하지 않습니다. 그것은 진실이 아닐 것입니다. 하지만 반대로, 이 세상이 행복과 축복으로 가득한 곳이라는 말도 진실이 아닐 것입니다. 그러므로 아이들에게 이 세상이 좋기만 한 곳이라고, 꽃과 우유와 꿀로 가득찬 곳이라고(우리 모두가 그런 세상을 꿈꿔 왔습니다만) 말해 봐야 아무 소용도 없습니다.

이와 동시에, 다른 사람들보다 더 많은 고통을 겪었다고 해서 모든 것을 악으로 단정짓는 것도 잘못된 태도입니다. 선과 악을 비롯한 이 같은 이원성의 유희야말로 우리의 경험 세계를 구성하는 기반이기 때문입니다. 베단타는 선과 악을 분리된 별개의 것으로 간주하지 말라고 충고합니다. 그것은 다양한 강도와 외관을 지닌 채 나타나 마음에 온갖 느낌들을 일으키는 하나의 동일한 실체이기 때문입니다.

고대 페르시아인들의 세계관을 떠올려 보십시오. 그들은 두 명의 신이 이 세계를 창조했다고 생각했습니다. 선한 신은 모든 선행을 주관하고 악한 신은 모든 악행을 주관한다는 것입니다. 하지만 이건 말도 안 되는 생각입니다. 이 견해를 계속 밀고 나가면 자연의 모든 법칙이 반 토막 나기 때문입니다. 같은 세계를 다스리는 두 명의 신이, 한 부분에는 해를 끼치고 다른 한 부분은 이롭게 하면서 조화를 이룬다는 생각은 받아들이기 힘듭니다. 물론 이건 존재의 이원성을 표현하는 가장 투박한 사례입니다만, 좀 더 추상적이고 진보된 이론, 즉 이 세상의 일부는 선하고 일부는 악하다는 이론도 말이 안 되기는 마찬가지입니다. 동일한 하나의 힘이 우리에게 음식 등을 베풀기도 하고, 사고나 재앙을 몰고 오기도 한단 말인가요?

따라서 우리는 결국, 이 세상이 선하지도, 악하지도 않다는 결론에 도달하게 됩니다. 그것은 두 종류의 가능성 모두를 품고 있습니다. 앞으로 우리는, 베단타가 그 모든 책임을 자연으로부터 벗겨내 우리 자신의 어깨 위에 지운다는 사실을 보게 될 것입니다.

베단타의 해결책

베단타는 그 어떤 것도 은폐하지 않고, 결코 악을 무시하지 않으며, 있는 그대로의 진실을 대범하게 분석합니다. 베단타는 체념의 신앙도 아니고, 불가지론도 아닙니다. 그것은 확고부동한 기반 위에 선악 문제에 대한 해결책을 세워 놓았습니다. 따라서 그럴듯한 말로 기만할 필요도(인간을 아이처럼 취급하면서), 진실이 아닌 것으로 눈가림할 필요도 없습니다.

예전에 아버지를 여읜 한 청년이 대가족을 홀로 부양할 처지에 놓이게 되었습니다. 아버지의 친구들도 도와줄 기색을 보이지 않았다고 합니다. 그래서 그는 사제에게 상담을 요청했고, 사제는 청년에게 "아, 다 잘된 일입니다. 그 모든 게 우리의 선을 위해 이루어진 일이지요."라고 말해 주었습니다. 황금잎으로 상처를 덮어 보고자 하는 낡은 시도였지만, 이는 사실 무지와 나약함의 고백에 지나지 않습니다. 어쨌든, 젊은이는 집으로 돌아갔습니다. 그로부터 6개월 후, 사제에게 아이가 태어났습니다. 사제는 이렇게 기도했습니다. "자비로우신 신께 감사드립니다." 그러자 축하연에 초대받은 그 청년이 일어나 말했습니다. "멈추십시오! 이 모든 게 비극입니다." 사제가 이유를 물었습니다. 청년이 답했습니다.

"아버지가 돌아가셨을 때 당신은 그것이 좋은 일이라고 말하셨지요. 표면적으로만 악한 일이라면서. 그러니 이 일은 표면적으로만 좋아 보일 뿐, 사실은 악한 일임이 분명합니다."

이것이 세상의 불행을 치유하는 방법일까요? 그런 식으로는 결코 치유할 수 없습니다. 세상의 상처를 치유하려면 이 세상을 넘어서야 합니다.

이곳은 선과 악이 지배하는 세상입니다. 선이 있는 곳에는 악도 있습니다. 하지만 베단타는 이 모든 모순들을 넘어선 곳에서, 이 모든 현상들의 배후에서 단일성Unity을 발견해 냅니다.

베단타는 말합니다.

"악한 것을 포기하고, 선한 것도 포기하십시오."

그러면 무엇이 남을까요? 선과 악의 배후에는(모든 선과 모든 악을 넘어선 곳에는) 당신의 것, 진정한 '당신'이 자리 잡고 있습니다. 자신을 선과 악으로 현현시키는 건 바로 그것입니다.

먼저 이 진리를 알아야 합니다. 그때에만, 오직 그때에만, 당신은 진정한 낙관론자가 될 수 있을 것입니다. 그때가 되면 모든 것을 통제할 수 있기 때문입니다. 당신은 외부에서 흘러가는 현상들을 통제하면서, 진정한 '당신'을 자유로이 현현시키게 될 것입니다. 그러니 우선, 당신 자신의 주인이 되어야 합니다. 일어나서 자유를 선언하십시오. 법칙들의 굴레를 벗어던지십시오. 이 법칙들은 당신을 결코 완전히 지배하지 못합니다. 그것들은 당신 존재의 일부분일 뿐입니다. 그러니 우선, 당신이 자연의 노예가 아니라는 사실을 깨달아야 합니다. 그랬던 적도 없고 그렇게 될 수도 없다는 사실을 깨달아야 합니다. 무한한 것처럼 보이는 이 자연은 사실 바다 속 물방울에 불과합니다. 하지만 당신의 진정한 영혼은 그 바다 자체입니다. 당신은 태양과 달, 별들을 넘어서 존재합니다. 그런 것들은 당신의 무한한 존재에 비하면 거품에 불과합니다. 이것이 진리입니다. 이것을 알면 당신은 선과 악 모두를 통제하게 될 것입니다. 이 진리와 함께 당신의 전 세계는 혁신될 것이고, 당신은 일어서서 이렇게 외치게 될 것입니다.

"선을 보라, 이 얼마나 아름다운가! 악을 보라, 이 얼마나 아름다운가!"

이것이 베단타의 가르침입니다. 그것은 결코 너저분한 치유책을 제시하지 않습니다. 상처가 곪아 터질 때마다 더 많은 황금 잎을 뒤덮는 건 치유책이라 할 수 없습니다. 이 삶은 엄연한 현실입니다. 당신은 그것을 대담하게 뚫고 나아가야 합니다. 삶이 앞길을 단단히 가로막을 수도 있지만, 그래도 상관없습니다! 영혼이 더 강력합니다.

베단타는 결코 이런저런 신들에게 책임을 떠넘기지 않습니다. 당신의 운명을 결정짓는 건 바로 당신 자신이기 때문입니다. 스스로에게 고통을 가하는 것도, 선과 악을 불러들이는 것도 바로 당신입니다. 눈앞을 손으로 가린 채 어둡다고 불평하는 것도 바로 당신입니다. 그러니 눈앞에서 손을 치우고 빛을 직시하십시오. 당신은 찬란한 존재입니다. 당신은 이미 완벽한 존재입니다. 이는 태초부터 그러했습니다.

우리는 이제 이 구절을 이해할 수 있습니다.

"다수성을 보는 자는 죽음에서 죽음으로 옮겨 다닌다."

그러니 단일성을 보고, 자유를 얻으십시오. 어떻게 하면 그것을 볼 수 있을까요? 너무 혼란스럽고, 너무 약하고, 너무 쉽게 끌려 다니는 이 마음조차 강인해질 수 있고, 이를 통해 그 단일성을, 그 지혜를 일별할 수 있습니다. 그 일별이 우리를 끊임없는 죽음으로부터 구해 줄 것입니다.

산 위에 내리는 비가 산의 여러 면을 따라 흐르며 강줄기를 형성하듯, 우리가 여기서 보는 그 모든 힘들도 단일한 하나의 중심Centre으로부터 비롯되었습니다. 그것은 마야에 떨어짐으로써 다수성을 얻게 되었습니다. 그러니 다수성을 좇아가지 말고 그 '하나'를 향해 나아가야 합니다.

'그'는 움직이는 모든 것들 속에 존재합니다. '그'는 순수한 모든 것들 속에 존재합니다. '그'는 우주를 가득 채우고 있습니다. '그'는 집을 찾는 손님이고, 사람 속에도, 물 속에도, 동물 속에도, 진실 속에도 존재합니다. '그'는 '위대한 하나'입니다. 이 세상에 나타나는 불이 다양한 형상들을 취하듯, 우주의 진정한 영혼인 '그'도 그 자신을 이 모든 다양한 현상들로 현현시킵니다. 우주에 나타나는 공기가 다양한 형상들을 취하듯, 모든 영혼과 모든 존재들의 진정한 영혼인 '그'도 그 자신을 이 모든 현상들로 현현시킵니다.

단일성을 이해하고 나면, 당신은 이 말이 진실임을 알게 될 것입니다. 이 말의 진실성을 깨달을 때라야 비로소, 당신은 모든 것을 낙관적으로 보게 될 것입니다. 모든 곳에서 '그'가 보이기 때문입니다.

천국은 우리 자신 속에

이런 질문이 떠오를 수 있습니다. 순수한 자Pure One, 궁극적 자기Self, 무한자Infinite가 이 모든 것 속으로 들어간 것이 사실이라면, '그'는 대체 왜 고통을 겪는 것일까요? '그'는 대체 왜 불행해지고, 불순해진 것일까요? 『우파니샤드』는 '그'가 고통을 겪는 것도, 불행해진 것도, 불순해진 것도 아니라고 답합니다.

"태양은 모든 시각의 원인이지만, 눈의 결함에 의해 손상되지 않듯이, 모든 존재의 진정한 자기Self도 몸과 세상의 불행에 의해 영향을 받지 않는다."

내 눈이 병에 걸려 모든 것을 노랗게 본다 해도, 태양은 그질병에 아무 영향도 받지 않습니다.

'그'는 모든 것의 창조자이자, 모든 것의 통치자이자, 모든 존재의 내적 영혼입니다. '그'는 자신의 단일성을 다수성으로 만드는 '하나'입니다. 그런 '그'를 외부 세계에서 어떻게 찾을 수 있겠습니까? '그'를 태양이나 달이나 별들에서 어떻게 찾을 수 있겠습니까? 무상한 이 세상 속에서 결코 변치 않는 '그'를 발견하는 자, 죽음이 지배하는 이 우주 속에서 '하나의 생명'을 찾아내는 자, 이 모든 다수성 속에서 단일성을 찾아내는 자, '그'가 자기의 영혼임을 깨닫는 자, 오직 그에게만 영원한 평안이 찾아듭니다.

"그곳에서는 태양도, 달도, 별도 빛을 잃는다. '그'는 번개의 섬광으로도 밝혀지지 않는다. 영혼의 불은 말할 것도 없이, 그가 빛남으로써 모든 것이 빛난다. 모든 것이 그로부터 빛을 빌려다 쓴다. '그'는 그 모든 것을 통해 빛을 발한다."

『카타 우파니샤드』의 아름다운 구절들 중에는 다음과 같은 것도 있습니다.

"이것이 영원한 아슈밧타 나무*다. 나무는 뿌리를 위로, 가지를 아래로 향해 뻗고 있다. 그 뿌리는 '광휘 Bright'라 불린다. 그것이 브라흐만이고, 그것만이 불멸자다. 그 속에 세계가 다 들어 있고, 그 누구도 '그것'을 넘어설 수 없다."

> **아슈밧타 나무**Asvattha tree
> 성스러운 무화과 나무. 가끔씩 우주의 상징으로 언급되기도 한다.
>
> **브라흐마나**Brahmana
> 희생 의식에 사용되는 찬가의 기원과 의미, 활용 규칙 등을 설명해 놓은 『베다』의 주석집. 『베다』의 찬가를 모아 놓은 만트라Mantra와는 구분된다.

『베다』의 주석집인 『브라흐마나*』는 다양한 천국들에 대해 언급합니다. 하지만 『우파니샤드』의 철학적 가르침들은 천국에 간다는 관념 자체를 부인합니다. 행복은 이런저런 천국에 있지 않기 때문입니다. 행복은 영혼 속에만 존재합니다. 따라서 장소 같은 건 아무래도 상관없습니다.

깨달음의 상태들을 보여 주는 또 다른 구절이 있습니다.

"선조들의 천국에서는 궁극적 진리가 꿈속의 사물들처럼

모습을 드러낸다."

꿈속에서는 사물들을 어렴풋이 지각하듯, 그곳에서도 실재가 불분명하게 모습을 드러냅니다. 한편, '간다르바로카 Gandharvaloka'라고 불리는 천국도 있습니다. 이곳에서는 실재가 물에 비친 영상처럼 모습을 드러냅니다. 힌두인들이 최고의 천국으로 여기는 곳은 '브라흐마로카*'입니다. 이곳에서는 진리가 훨씬 더 뚜렷하게 모습을 드러내지만, 아직 완전히 명백하지는 않습니다.

> **브라흐마로카Brahmaloka**
> 브라흐마의 영역이란 뜻. 이원론적 종교의 최상위층 천국과 유사한 곳으로, 행운 있는 영혼들이 가서 인격신과의 교감을 즐긴다고 한다.

하지만 인간의 영혼 속에서는, 거울을 통해 얼굴을 볼 때처럼, 진리가 완벽하고, 분명하고, 선명하게 빛을 발합니다. 이처럼 최고의 천국은 우리 자신의 영혼 속에 존재합니다. 베단타는 인간의 영혼이 가장 위대한 신전이라고 말합니다. 그것은 모든 천국들보다 더 위대합니다. 그 어떤 천국도 영혼만큼 실재를 뚜렷하고 명백하게 드러내지 못하기 때문입니다. 실재는 이 삶 속에서, 우리 자신의 영혼 속에서 가장 분명히 모습을 드러냅니다.

그래서 장소를 바꾸는 건 사실 별 도움이 안 됩니다. 인도에 있을 때, 저는 동굴에서라면 더 명료한 시각을 얻을 수 있을 것이라고 생각했습니다. 하지만 사실은 그렇지 않았습니다. 그다음에는 숲이 도움이 될 것이라고, 그 후에는 베나레스Benares가 도움이 될 것이라고 생각하며 차례로 장소를 바꿔 봤습니다. 하지만 그 모든 곳에 똑같은 어려움이 존재했습니다. 자신의 세상을 만들어 내는 건 바로 우리 자신이기 때문입니다. 만일 내가 사악하다면, 내게는 전 세계가 사악해 보일 것입니다.

『우파니샤드』가 말하고자 하는 게 바로 이것입니다. 그리고 이 원리는 모든 세계에 다 적용됩니다. 만일 죽어서 천국에 간다면, 나는 그곳에서도 똑같은 문제를 발견하게 될 것입니다. 내가 순수해지기 전까지는 동굴에 가든, 숲에 가든, 베나레스에 가든, 천국에 가든 아무 소용도 없기 때문입니다. 하지만 만일 내가 나의 거울을 닦는다면, 사는 장소 같은 건 아무 문제도 안 될 것입니다. 실재를 있는 그대로 직시하기 때문입니다. 그러므로 쓸데없이 힘을 쓰면서 여기저기 돌아다닐 필요가 없습니다. 그 힘은 오로지 거울을 닦는 데만 사용되어야 합니다. 이러한 관념은 경전에 잘 드러나 있습니다.

"눈으로는 그 누구도 '그'의 형상을 볼 수 없다. '그'는 마음속에서만, 순수한 마음속에서만 모습을 드러낸다. 불멸은 이렇게 얻어진다."

다가오는 큰 변화

언젠가 라자 요가*에 관한 강연을 들은 사람이라면 지금 다루는 즈냐나 요가Jnana Yoga와의 차이점에 흥미를 느낄지도 모르겠습니다. 즈냐나 요가는 감관을 제어하는 것에 중점을 둡니다. 감각들이 인간의 영혼에 의해 제압될 때, 감각들이 마음을 더 이상 어지르지 못하게 될 때, 즈냐나 요기*는 궁극의 목적을 달성합니다.

"가슴의 헛된 욕망들을 모두 포기할 때, 필멸자는 불멸을 얻게 된다. 그는 이곳에서 신과 하나가 된다. 가슴의 모든 매듭을 잘라 버릴 때, 필멸자는 불멸을 얻게 된다. 그는 이곳에서 브라흐만을 향유한다."

이런 일은 지금 여기, 이 세상에서만 가능합니다.

여기서 잠시 몇 마디하고 넘어가겠습니다. 어떤 사람들은 베단타 철학을 비롯한 여타 동양 사상들이 인생의 향락과 투쟁을 내버려 둔 채 초월적인 것만을 추구한다고 불평합니다. 하지만 이 말은 완전히 잘못된 것입니다. 여러분에게 그런 말을 하는 사람들은 사실 동양사상에 관해 아무것도 모르거나,

가르침의 진정한 의미를 이해할 만큼 현명하지 못한 것이 분명합니다. 그들의 주장과는 정반대로, 인도 경전들은 우리의 철학자들이 다른 세상으로 가는 것을 장려하지 않는다고 선언합니다. 인도의 철학자들은 천국을 잠시 즐기는 장소쯤으로 비하시켜 생각합니다.

정신이 나약한 이상, 우리는 천국과 지옥 같은 온갖 경험들을 거쳐 가야 할 것입니다. 하지만 어쨌든, 진실한 것은 바로 여기에 있습니다. 인간의 영혼이 그것입니다. 경전들은 이 사실을 분명히 선언합니다. 스스로 목숨을 끊어봤자 탄생과 죽음의 사슬에서 벗어날 수는 없습니다. 하지만 올바른 길을 찾는 것도 결코 쉬운 일은 아닙니다.

힌두인들도 서구인들만큼 실용적입니다. 다만 인생을 바라보는 관점이 조금 다를 뿐입니다. 서양인은 이렇게 말합니다.

"좋은 집을 짓고, 좋은 옷과 음식을 마련하고, 지적인 문화를 건설하십시오. 그것이 인생의 전부이기 때문입니다."

이런 측면에서 그들은 고도로 실용적입니다. 하지만 힌두인은 다음과 같이 말하며, 그런 삶을 즐기고 싶어 합니다.

"세계에 대한 진정한 지식은 영혼에 대한 지식, 즉 형이상학입니다."

미국에 뛰어난 회의론자가 있었습니다. 그는 매우 고상하고 훌륭한 사람으로서, 아주 탁월한 연설가이기도 했습니다. 그는 종교에 대해 강연하면서, 종교가 아무런 쓸모도 없다고 비판했습니다. 다른 세계에 대해 생각하며 골머리 썩힐 필요가 없었습니다. 그는 이런 은유를 동원했습니다.

"우리는 여기, 오렌지 하나를 손에 쥐고 있습니다. 우리가 원하는 건 그것으로부터 과즙을 가능한 만큼 많이 짜내는 것입니다."

저는 그를 만나 이렇게 말했습니다.

"당신의 의견에 전적으로 동의합니다. 제게도 열매가 하나 있고, 저도 그것으로부터 과즙을 짜내길 바랍니다. 하지만 우리는 서로 다른 과일을 선택했습니다. 당신은 오렌지를 선호하지만, 저는 망고를 더 좋아합니다.

당신은 살면서 먹고 마시고 과학적 지식을 조금 습득하는 것으로 충분하다고 생각하지만, 그 견해를 모두에게 강요할 권리는 없습니다. 그런 생활 방식은 제게 아무런 가치도 지니지 못합니다. 만일 모든 사람이 사과가 땅에 어떻게 떨어지는지, 또는 전류가 신경을 어떻게 흔들어 놓는지에 대해서만 배워야 한다면, 저는 차라리 그냥 죽어 버리고 말 것입니다.

저는 사물들의 본질을, 그것들의 핵심을 이해하고 싶습니다. 당신은 삶이 만들어 내는 것들을 탐구하지만, 저는 이 삶의 핵심을, 그것의 정수 그를 깨달으려 합니다. 그저 그것의 작용 방식들을 식별하는 것만으로는 부족합니다. 저는 이 모든 것이 존재하는 '이유Why'를 알고자 합니다. 그것이 '어떻게How' 존재하는지 탐구하는 건 다른 이들의 몫이지요. 어떤 미국인은 "담배를 피울 때 어떤 느낌이 드는지에 관해 책을 한 권 쓴다면, 그것은 담배의 과학이 될 것이다."라고 말했다지요.

물론 과학적인 태도를 취하는 것도 아주 훌륭하고 좋습니다. 신께서 과학자들을 축복하시기를! 하지만 삶의 의미를 알려고 하지도 않고, 존재 그 자체를 탐구하지도 않은 채 과학만이 전부라고 한다면, 그는 어리석은 소리를 하는 겁니다. 저는 당신의 모든 지식이 터무니없는 것임을, 아무 기반도 없이 세워진 것임을 증명할 수 있습니다. 당신은 삶의 구현체들을 탐구하지만, 삶이 무엇인지 물으면, 그저 모른다고만 답합니다. 당신은 당신의 탐구를 계속해 나가도 좋습니다. 하지만 남의 탐구까지 방해하지는 마십시오."

저는 나름의 방식대로 아주 현실적입니다. 오직 서양인들만이 현실적이고 실용적이라는 생각은 말도 안 되는 것입니다. 세상에는 다양한 유형의 사람들이 존재합니다. 동양에 사는 누군가가, 평생 동안 한 다리로만 서 있으면 진리를 깨닫게 된다는 말을 들었다고 해 봅시다. 그는 그 방법대로 실천할 것입니다. 마찬가지로 서양에 사는 사람들에게 어느 나라에 금광이 있다는 말을 한다면, 수천 명이 달려들어 금을 얻기 위해 위험을 무릅쓸 것입니다. 그리고 아마도 오직 한 명만이 성공을 거둘 것입니다. 이들도 영혼이 존재한다는 말을 듣겠지만, 그들은 그 문제를 교회에 떠넘기는 것만으로 만족할 것입니다.

동양인들은 미개척지를 위험스럽게 여기며 접근을 꺼립니다. 하지만 동양인들에게, 높은 산 정상에 사는 어떤 현자가 영혼에 관한 지혜를 전해 줄 수 있다고 말하면, 그들은 죽음을 무릅쓰고서라도 그 산을 기어오를 것입니다. 두 부류의 인간들 모두 실용적입니다. 하지만 이 세상이 삶의 전부라고 생각하는 건 큰 실수입니다. 서양인들은 감각의 향유라는 덧없는 즐거움을 추구하지만, 그 속에서는 영속적인 것을 결코 발견해 낼 수 없습니다. 그것은 오직 점차 늘어나는 불행을 끌어들일 뿐입니다. 하지만 동양인들이 추구하는 건 영원한 평화입니다.

나는 여러분의 견해가 잘못됐다고 말하지 않았습니다. 그런 식으로 사는 것도 괜찮습니다. 그로부터 크나큰 선과 축복을 끌어낼 수 있기 때문입니다. 하지만 그렇다고 나의 견해를 헐뜯지는 마십시오. 이 견해도 그 나름의 방식대로 실용적입니다. 우리 모두 자신의 방식대로 노력해 나가도록 합시다.

저는 부디 우리 모두가 양쪽 측면 모두에서 실용적일 수 있기를 바랍니다. 저는 과학과 종교 양 측면 모두에서 매우 실용적인 과학자들을 일부 보아 왔습니다. 조만간 인류 전체가 그와 같이 될 것이라고 믿습니다. 그것이 저의 크나큰 희망입니다.

솥에서 물이 끓기 시작할 때 어떤 일이 벌어지는지 보십시오. 처음에 거품 하나가 솟아오르고, 이어서 또 다른 거품 하나가 솟아오릅니다. 그러다가 마침내 그 모든 거품들이 한데 합쳐지며 엄청난 동요가 일어납니다. 세상도 이와 매우 유사합니다. 각각의 개인은 하나의 거품과도 같고, 국가는 거품들의 집합체를 닮았습니다. 그리고 이 국가들은 서서히 하나로 합쳐지고 있습니다.

단언컨대, 머지않아 이 모든 분리가 사라지고 모든 사람이 추구하는 단일성이 실현될 날이 올 것입니다. 모든 사람이 과학에서처럼 종교 영역에서도 고도의 효율성을 발휘하는 날이 올 것입니다. 그때가 되면 그 단일성과 합일의 화음이 세계를 가득 메울 것이고, 전 인류는 지반무크타Jivanmuktas, 즉 살아 있는 동안 해방을 얻은 자의 지위에 오를 것입니다.

우리 모두가 질투와 미움을 통해, 사랑과 협력을 통해, 그 하나의 목적을 향해 나아가고 있습니다. 우리 모두를 실은 엄청난 흐름이 그 바다를 향해 흘러들고 있습니다. 물론, 가끔씩은 지푸라기나 종잇조각처럼 무의미하게 떠돌기도 하겠지만,

결국에 가서는 우리 모두가 생명과 지복의 바다에 도달하게 될 것입니다. 이것은 틀림없는 사실입니다.

영혼의
자유를
확신하십시오

**1896년 11월 5일,
런던에서 행한 연설**

만일 자유가 당신의 본성이 아니라면,
당신은 그 어떤 방법으로도 자유로워질 수 없을
것입니다. 만일, 한때 자유로웠지만 그 자유를
잃어버렸다고 생각한다면, 당신은 애초부터 자유롭지
못했을 것입니다. 자유로웠다면, 대체 무엇이
당신으로부터 그것을 앗아갈 수 있었겠습니까?
독립적인 것은 결코 의존적으로 될 수 없습니다. 만일
그것이 정말로 의존적이라면, 최초의 독립성은 환상에
지나지 않을 것입니다.

오래된 경전에 접근하기

지금까지 『카타 우파니샤드』를 살펴보았습니다. 앞으로 다루게 될 『챤도가 우파니샤드Chhandogya Upanishad』보다 『카타 우파니샤드』가 훨씬 나중에 쓰여져 언어가 더 현대적이고, 사상도 더 잘 조직되어 있습니다. 오래된 『우파니샤드』의 경우 『베다』의 찬가들처럼 언어가 아주 예스러워서, 불필요한 내용들을 수없이 헤치고 들어간 뒤에야 핵심 의미가 드러나는 경우도 있습니다.

의례를 강조한 베다의 문헌들은 오래된 『우파니샤드』에 엄청난 영향을 끼쳐 왔는데, 그래서인지 오래된 챤도가 『우파니샤드』의 내용 중 절반 이상이 의례적인 내용을 다루고 있습니다. 하지만 오래된『우파니샤드』를 탐구하는 것도 매우 의미 있는 일입니다. 종교적 관념이 어떤 과정을 거치며 숙성되어 왔는지 추적해 볼 수 있기 때문입니다.

훗날 쓰여진『우파니샤드』는 흩어져 있던 종교적 관념들을 수집하여 한자리에 정돈해 놓은 것입니다. 최후의『우파니샤드』라 할 수 있는『바가바드 기타*』가 대표적인 예인데, 여기에는 의례의 흔적조차 남아 있지 않습니다.『바가바드 기타』는『우파니샤드』에서 수집한 종교적 진리들을 엮어 낸 아름다운 꽃다발과도 같습니다. 하지만『바가바드 기타』만 봐서는 종교적 관념의 숙성 과정을 탐구할 수 없고, 그 관념들의 원천을 추적해 들어갈 수도 없습니다. 이를 위해서는, 수많은 사람들이 지적해 왔듯이, 오래된『베다』문헌들을 탐구해야만 합니다.

『베다』문헌들이 엄청나게 신성시되어 온 덕에, 그 책들은 세상의 그 어느 경전보다도 더 온전한 형태로 보존될 수 있었습니다. 그 문헌들 속에는 가장 고차원적 사상뿐만 아니라 가장 저차원적인 사상까지도 모두 그대로 보존되어 있습니다.

> **바가바드 기타**Bhagavad Gita
> 『베다』,『우파니샤드』와 함께 힌두교 3대 경전의 하나로 꼽히는 철학서. 산스크리트어로 '거룩한 자의 노래'란 뜻으로, 고대 인도의 왕자 아르주나가 스승인 크리슈나에게 고뇌를 털어놓으면서 나눈 대화와 가르침을 담고 있다. 대서사시『마하바라타』의 한 부분으로, 그중에서 700구의 시를 가려 엮었다.

책을 보면 핵심적인 내용과 부수적인 내용, 가장 고귀한 가르침과 가장 단순한 문제들이 나란히 배치되어 있는 것을 볼 수 있습니다. 그 누구도 감히 손대지 못한 것입니다. 물론, 주석가들이 나타나 경전의 의미를 풀어내고, 오래된 내용으로부터 새롭고 탁월한 의미들을 이끌어 내고자 하는 시도도 했습니다. 그들은 가장 일상적인 진술들에서조차 종교적 진리를 발견해 내고자 했습니다. 하지만 그럼에도 문서 자체는 원형 그대로 보존되었습니다. 따라서 이 문서들은 사상의 성숙과정을 탐색하기에 더없이 적절합니다.

우리는 종교의 경전들이 후세의 정신적 성숙도에 맞게 변형을 거듭한다는 사실을 잘 알고 있습니다. 여기서 단어 하나가 교정되고, 저기서 단어 하나가 첨가되는 식입니다. 하지만 아마도 『베다』 문헌들은 이런 변형을 겪지 않았을 것이고, 겪었다 해도 거의 알아챌 수 없는 정도의 변형만 겪었을 것입니다. 따라서 우리는 이로부터 사상의 본래적 의미를 탐색하면서 그 발달 과정을 파악해 낼 수 있습니다. 우리는 이 문헌들을 통해, 유물론적이었던 관념이 어떻게 점점 더 섬세한 종교적 관념으로 진화해 나갔는지 알아볼 수 있습니다. 『베다』 문헌들에서는 관례적인 구식 표현들도 많이 발견되지만, 종교적 관념의 절정을 표현한 『우파니샤드』에서는 그런 표현들을 거의 찾아볼 수 없습니다.『우파니샤드』의 언어는 기묘할 정도로 간결해서 기억하기도 아주 쉽습니다.

『베다』문헌의 저자들은 이미 잘 알려진 사실들의 기억을 돕기 위한 목적으로 구절들을 적어 내려갔습니다. 그들은 아마도 그 이야기가 독자들에게 이미 널리 알려져 있다고 가정했을 것입니다. 어려움은 여기서 시작됩니다. 우리는 그 이야기의 진정한 의미를 잘 모르기 때문입니다. 전통은 거의 다 사라져 버렸고,『베다』에 남아 있던 약간의 흔적들조차 시간이 지나면서 지나치게 과장된 형태를 취하게 되었습니다. 게다가 새로운 해석들까지 여기저기 덧붙여져서, 훗날의 경전인『푸라나*』를 보면 서정시하고 거의 구분이 안 될 지경입니다.

푸라나Puranas
산스크리트어로 '오래된 이야기'를 의미하며, 힌두 신화를 모아 놓은 책이나 일군의 힌두교 성전을 가리킨다.

서양 정치의 발전 과정에서 발견되는 한 가지 두드러진 사실은, 사람들이 절대군주의 지배를 도저히 못 견뎌 한다는 것입니다. 그들은 한 사람이 다수의 지배자로 군림하지 못하도록 끊임없이 투쟁하면서, 민주주의적 관념과 신체적 자유의 관념을 서서히 진화시켜 왔습니다.

인도 형이상학에서도 이와 완전히 똑같은 현상이 발견됩니다. 여러 신들은 전 우주를 통치하는 단 한 명의 신에게 자리를 내주었고, 『우파니샤드』에 이르면 그 한 명의 신조차도 도전의 대상이 됩니다.

인도 철학은 인간의 운명을 지배하는 통치자가 여럿이라는 관념뿐만 아니라, 전 우주를 지배하는 하나의 인격신이 존재한다는 관념에까지 도전합니다. 이런 태도는 우리에게 충격을 안겨 줍니다. 하지만 이것이 전부가 아닙니다. 이 관념은 점점 더 정제되다가 절정에 도달합니다. 인격신을 폐위하는 것입니다. 대부분의 『우파니샤드』는 마지막에 가서 우주를 지배하는 이 인격신을 폐위시킵니다. 신의 인격성이 사라지고 비인격적 측면이 부각되는 것입니다. 신은 더 이상 이 우주를 지배하는 인격적 존재(무한히 비대해진 형태의 인간)가 아닙니다. 그는 이제 모든 존재와 전 우주에 내재하는 원리가 됩니다.

인격신을 비인격적 원리로 대체하면서, 나머지 인격적인 부분을 그대로 남겨 두는 건 비논리적일 것입니다. 따라서 인격적 인간이 제거되고, 원리로서의 인간이 새로 건립됩니다. 이제 인간은 그저 하나의 현상일 뿐입니다. 진정한 원리는 그의 배후에 존재합니다. 인격에서 원리로의 이행은 이처럼 양쪽에서 동시에 진행됩니다. 인격신이 비인격적 원리로 대체됨과 동시에, 인격적 인간도 비인격적 인간으로 변형되는 것입니다.

그런 뒤 다음 단계가 전개됩니다. 비인격적 신과 비인격적 인간의 점진적으로 합일됩니다. 『우파니샤드』는 이 두 개의 노선이 마침내 하나로 합일되는 전 과정을 묘사합니다. 그리고 각 『우파니샤드』의 결론 부분에는 '그대가 그것이다Thou art That.'라는 선언이 담겨 있습니다. 실제로, 존재하는 것은 영원히 지복에 차 있는 하나의 원리Principle뿐이고, 이 모든 현상들은 그 하나One의 현현에 지나지 않습니다.

진정한 본성을 향한 철학적 접근

우파니샤드에 의해 커다란 윤곽이 잡혔으니, 이제 철학자들이 세목들을 채워 넣어야 합니다. 다음과 같은 무수한 질문들이 일어났을 것입니다.

"그 자신을 다양한 형상들로 나타내는 하나의 비인격적 원리가 존재한다면, 대체 어떻게 해서 하나One가 다수의 형상들을 취하게 되었는가?"

이 질문 역시 '세상에 악이 존재하는 이유는 무엇인가? 악의 원인은 무엇인가?'를 묻는 질문과 근본적으로 동일한 질문입니다.

하지만 여기서는 질문이 좀 더 정제되고 추상화되었습니다. 이들은 불행의 원인을 더 이상 감각 영역에서 탐색하지 않고, 철학의 영역에서 탐색합니다.

"이 하나의 원리는 대체 왜 다수성을 취하는가?"

이에 대한 해답은, 우리가 보아 왔듯, 마야 이론입니다. 그것은 인도가 발견해 낸 최상의 해답입니다. 이 이론에 의하면, '그것'은 사실 다수성을 취하지 않았고, 그 자신의 진정한 본성을 잃지도 않았습니다. 다수성은 단지 겉모습에 지나지 않습니다. 인간은 오직 표면적으로만 인간이며, 실제로는 비인격적 존재 자체입니다. 신도 오직 표면적으로만 인격신이며, 실제로는 비인격적 존재 자체입니다.

하지만 이 해답을 발견했음에도 탐구는 계속되었고, 철학자들은 서로 의견을 달리했습니다. 모든 인도 철학자들이 마야 이론을 받아들인 건 아니었습니다. 아마 그들 대부분이 받아들이지 못했을 것입니다.

우선, 가장 투박한 이원론을 받드는 이원론자들이 있었습니다. 그들은 질문 자체를 허용하지 않고, 의문이 일어나면 그것을 그 자리에서 억눌러 버렸습니다. 그들은 경전을 인용하여 어떻게든 그 교리를 정당화시키고 싶어 합니다. 그들은 이렇게 말합니다.

"당신에겐 그런 질문을 할 권리가 없고, 설명을 요청할 권리도 없습니다. 그건 그저 신의 뜻일 뿐입니다. 그러니 우리는 그것을 순순히 받아들여야 합니다. 인간의 영혼은 자유롭지 못하고, 모든 것(우리가 하고, 갖고, 즐기고, 고통받는 것 등)은 이미 예정되어 있습니다. 고통이 일어나면, 우리는 그것을 인내해야만 합니다. 그것이 우리의 임무입니다. 그렇게 하지 않으면 우리는 더 많은 벌을 받게 될 것입니다. 『베다』에 그렇게 적혀 있기 때문입니다."

마야 이론을 완전히 인정하지는 않고, 중간적인 입장을 취하는 사람들도 있습니다. 그들은 이 창조물 전체가, 이른바, 신의 몸을 형성해 낸다고 말합니다. 신은 모든 영혼들과 자연 전체의 진정한 영혼입니다. 누군가가 악한 행동을 하면 그의 개인적 영혼은 수축되고, 그의 힘도 줄어들기 시작합니다. 하지만 선한 행동을 하면, 그 순간부터 그의 영혼도 다시 팽창되기 시작합니다.

모든 인도 철학이 하나의 관념을 공유하는 듯합니다. 저는 사실 세상의 모든 사상 체계가, 그 사실을 스스로 알든 모르든, 이 관념을 공유한다고 생각합니다. 그것은 바로 '인간의 신성'이라는 관념입니다. 인간의 영혼을 어떻게 정의하든, 그것과 신의 관계를 어떻게 설정하든, 인간의 영혼이 본질적으로 순수하고 완전하다는 이 관념은 세상의 모든 종교와 사상에 의해 지지되어 왔습니다.(그것은 신화와 비유의 언어로 표명되기도 하고, 철학적으로 서술되기도 합니다.)

인간의 진정한 본성은 나약함과 불행이 아닌, 신성과 권능입니다. 그럼에도 어쨌든 현세의 고통은 일어났고, 투박한 사상 체계들은 그 불행의 원인을 설명하기 위해 인격화된 악, 즉 악마Devil와 아리만Ahriman 등을 끌어들였습니다. 신과 악마를 하나로 합치려고 시도한 사상 체계도 있습니다. 그 합일체는, 아무 이유도 없이, 일부 사람들에게는 불행을, 다른 일부 사람들에게는 행복을 가져다줍니다.

한편, 좀 더 사려 깊은 다른 사상 체계들은 마야 이론 같은 것들을 내세웁니다. 이 차이들에도 불구하고 뚜렷이 부각되는 단 하나의 사실이 있으니, 우리가 다뤄야 할 건 바로 그런 점들입니다. 이 철학적 관념과 체계들은 지적 훈련을 도와주는 체육관에 지나지 않습니다. 모든 나라와 모든 종교를 통해 전달되는 단 하나의 위대한 관념, 찬란히 빛을 발하는 그 관념은, 우리의 본성이 바로 신성이라는 관념입니다. 제게는 인간의 신성이란 이 관념이 더 없이 뚜렷해 보입니다.

베단타가 말하듯, 그 밖의 것들은 그저 덧붙여진 부속물에 불과합니다. 분명 무언가가 덧씌워지긴 했지만, 그것은 결코 내면의 신성한 본성을 해칠 수 없습니다. 가장 성스러운 것뿐만 아니라 가장 타락한 것 속에도 그 신성이 영원토록 현존하고 있습니다. 그것이 스스로 작용하도록 하려면, 그 신성을 불러일으켜야 합니다. 우리는 그것이 스스로 모습을 드러낼 수 있도록 신성을 요청해야만 합니다. 옛날 사람들은 부싯돌과 마른 나무 속에 불이 들어 있다는 사실을 알았습니다. 하지만 그것을 불러내려면 마찰을 일으켜야 합니다. 마찬가지로, 자유와 순수라는 불도 모든 영혼 속에 들어 있는 본성입니다. 그것은 특성이 아닙니다. 특성은 획득되거나 손실될 수도 있는 것이기 때문입니다.

최소의 순수함을 회복하기

영혼은 자유Freedom와 하나입니다. 영혼은 존재Existence와 하나입니다. 영혼은 의식Knowledge과 하나입니다. 존재-의식-지복이야말로 영혼의 본성이자 권리이고, 우리가 보는 모든 현상들은 희미하거나 밝게 현현한 '그것'이 구현된 것입니다. 심지어는 죽음조차도 그 진정한 존재Real Existence의 현현에 지나지 않습니다. 탄생과 죽음, 생명과 부패, 갱생과 타락, 이 모든 것이 그 '하나'에 의해 구현된 것입니다. 따라서 지식도, 그것이 어떤 형태를 취하든(무지로 나타나든 박식으로 나타나든) 동일한 치트Chit, 즉 본질적 의식Essence of Knowledge이 구현된 것에 지나지 않습니다. 그들 사이에는 종류의 차이가 아닌 정도의 차이만이 존재합니다. 우리 발아래를 기어 다니는 가장 미미한 벌레의 지식과 세계에서 가장 뛰어난 천재의 지식은 오직 정도에 있어서만 차이가 납니다. 베단타 사상가는 이 세상의 향락들조차, 심지어는 가장 타락한 형태의 쾌락마저도, 신성한 지복 또는 본질적 영혼의 현현일 뿐이라고 대범하게 주장합니다.

이러한 관념은 베단타에서 가장 두드러지게 표현됩니다. 그리고 앞서 말했듯, 저는 모든 종교가 이 관념을 지지한다고 생각합니다. 저는 그렇지 않은 종교를 단 하나도 발견하지 못했습니다. 이 관념이야말로 모든 종교를 관통하는 하나의 보편적 신념인 것입니다.

성서를 예로 들어 봅시다. 당신은 거기서 최초의 인간, 즉 아담Adam이 악행으로 자신의 순수성을 더럽히고 말았다는 상징적 진술을 발견할 수 있을 것입니다. 이 상징으로 보건대, 유대인들은 인간의 원래 본성을 완벽한 것으로 간주했음에 틀림없습니다. 우리가 보는 불순함과 우리가 느끼는 나약함은 그 본성 위에 덧씌워진 부가물에 지나지 않습니다. 게다가 기독교의 역사는 기독교인들이 그 최초의 상태를 회복할 가능성, 아니, 그 필연성을 믿었음을 드러내 줍니다. 이것이 성서의 전 역사, 『구약』과 『신약』의 역사입니다.

이슬람교도들도 마찬가지입니다. 그들도 아담을 믿었고, 아담의 순수성을 믿었으며, 그 잃어버린 상태로 되돌아가는 길

이 마호메트Mohammed에 의해 열렸다
고 주장했습니다.

불교도들도 해탈*이라 불리는 상
태를 믿는데, 그 상태는 이 상대적 세
계를 넘어선 것으로서, 베단타에서 말하는 브라흐만과 완벽히
일치합니다. 해탈, 그 잃어버린 상태를 회복하는 것이 불교의
사상적 기반입니다.

우리는 모든 종교에서 이러한 교리를 발견할 수 있습니
다.(당신은 이미 지닌 것만을 발견할 수 있습니다.) 당신은 이 우주
에 있는 그 누구에게도 빚을 지지 않았습니다. 당신은 그저 당
신이 타고난 권리를 주장하기만 하면 됩니다. 한 위대한 베단
타주의자가 『우리 자신의 왕국The Attainment of Our Own Empire』이
라는 책에서 시적으로 표현했듯이 그 왕국은 우리 것입니다.
우리는 그것을 잃어버렸고, 다시 되찾아야 합니다. 하지만 마
야 이론이 말하듯, 왕국을 잃었다는 생각은 망상에 지나지 않
습니다. 우리는 그것을 결코 잃은 적이 없습니다.

이처럼 모든 종교가 하나의 관념(우리가 한때 왕국을 지녔다
는 사실, 그리고 지금은 그것을 잃어버렸다는 사실)에 동의하긴 하
지만, 그 왕국을 되찾을 수 있도록 돕는 방법은 제각각입니다.
어떤 종교는 특정한 의식을 수행하고, 정해진 방식으로 이러

저러한 신들을 숭배해야 한다고 말합니다. 허용된 음식만 먹고, 독특한 생활양식을 지켜 나가야 한다고 말하는 쪽도 있습니다. 어떤 종교에서는 울고 참회하면서 자연을 초월한 존재에게 죄를 고백하면 된다고 말합니다. 또 어떤 종교는 신적 존재를 온 마음으로 사랑하기만 하면 된다고 말합니다. 『우파니샤드』에는 이 모든 조언들이 다 담겨 있습니다. 이 점은 앞으로 차츰 분명해질 것입니다.

하지만 최종적이고 가장 탁월한 조언은 한탄하며 슬퍼할 필요가 전혀 없다고 말해 주는 것입니다. 우리는 이 모든 의식들을 치를 필요가 없고, 어떻게 해야 왕국을 되찾을 수 있는지 고민할 필요도 없습니다.

애초에 잃어버린 적이 없기 때문입니다. 대체 왜 잃어버리지도 않은 것을 찾아 헤매야 하나요? 우리는 이미 순수합니다. 우리는 이미 자유롭습니다. 자유롭다고 생각하면, 우리는 당장 자유로워집니다. 하지만 구속되어 있다고 생각하면, 우리는 실제로 구속당하고 맙니다.

이것은 매우 대범한 진술입니다. 지금 당장은 두려울지 모르지만, 그 말에 대해 숙고하고, 자신의 삶 속에서 그 의미를 깨닫는다면, 당신은 내가 하는 말이 진실이란 것을 알게 될 것입니다.

자유라는 본성

만일 자유가 당신의 본성이 아니라면, 당신은 그 어떤 방법으로도 자유로워질 수 없을 것입니다. 만일, 한때 자유로웠지만 그 자유를 잃어버렸다고 생각한다면, 당신은 애초부터 자유롭지 못했을 것입니다. 자유로웠다면, 대체 무엇이 당신으로부터 그것을 앗아갈 수 있었겠습니까? 독립적인 것은 결코 의존적으로 될 수 없습니다. 만일 그것이 정말로 의존적이라면, 최초의 독립성은 환상에 지나지 않을 것입니다.

당신은 둘 중 어느 쪽을 택하겠습니까? 만일 영혼이 본성상 순수하고 자유롭다고 말한다면, 그 영혼을 구속하거나 제한시킬 수 있는 것은 아무것도 없다는 결론이 도출될 것입니다. 반대로 자연에 영혼을 구속할 수 있는 것이 존재한다고 말한다면, 그 영혼이 애초부터 자유롭지 못했다는 결론이 도출될 것이고, 따라서 그것이 자유로웠다는 당신의 진술은 거짓이 되고 말 것입니다. 그러므로 만일 자유를 얻는 것이 가능하다면, 영혼이 본성상 자유롭다는 결론, 이미 자유롭다는 결론은 불가피해질 것입니다.

자유는 외부 요인들로부터의 독립성을 의미합니다. 그것은 '밖에 있는 그 어떤 것도 자유로운 존재에 대해 원인으로 작용할 수 없다.'는 뜻을 내포하고 있습니다. 그런데 영혼에는 원인이 없고, 우리가 알고 있는 위대한 관념들은 바로 이 사실로부터 도출되어 나옵니다.

예컨대, 영혼의 불멸성을 주장하려면, 영혼이 본성상 자유롭다는 사실, 즉 영혼이 밖에 있는 그 어떤 것에 의해서도 영향받지 않는다는 사실을 인정해야만 합니다. 죽음은 외부 요인에 의해 촉발되는 하나의 사건이기 때문입니다. 내가 독을 마시고 죽는다고 해 봅시다. 그럼 나는 내 몸이 독이라는 외부 요인에 의해 작용을 받는다는 사실을 증명한 셈이 될 것입니다. 하지만 영혼이 정말로 자유롭다면, 영혼은 그 어떤 것에도 영향을 받지 않을 것이고, 따라서 죽지도 않을 것입니다. 이처럼 영혼이 인과의 법칙을 초월할 때라야 비로소, 영혼의 자유와 불멸, 지복 같은 개념들의 의미가 분명해질 것입니다.

당신은 이 둘 중 어느 쪽을 택하겠습니까? 자유를 환상으로 만들 수도 있고, 속박을 환상으로 만들 수도 있습니다. 저라면 당연히 속박을 환상으로 만들 것입니다. 이 견해가 저의 느낌과 열망을 더 잘 반영하기 때문입니다. 저는 제가 본성상 자유롭다는 사실을 완벽히 자각하고 있습니다. 따라서 저는 구속이 진실이고, 자유가 망상이라는 견해를 결코 수용하지 않을 것입니다.

세상의 모든 철학이 이 논쟁을 이런저런 형태로 반복해 왔습니다. 심지어 현대의 철학들 속에서도 이와 똑같은 논쟁이 발견됩니다. 항상 두 집단이 맞섭니다. 한 집단은 영혼 같은 건 없다고, 영혼이라는 관념은 물질 입자들을 통해 형성된 환상일 뿐이라고 말합니다. 물질들의 연쇄가 몸이나 뇌라 불리는 복합체를 형성해 내듯, 영혼이란 관념 또한 형성해 낸다는 것입니다. 그들은 자유라는 인상도 이 입자들의 진동과 움직임, 연쇄 작용이 산출해 낸 결과일 뿐이라고 주장합니다.

이와 똑같은 관점을 취한 불교 분파들도 존재했습니다. 그들은 '횃불을 들고 빠르게 돌리면 동그란 모양의 빛이 형성될 것'이라는 말로 이 관점을 지지했습니다. 그들에 의하면, 이 동그란 원 모양의 빛은 진정으로 존재하는 것이 아닙니다. 횃불이 매 순간 위치를 바꿀 뿐입니다. 우리는 작은 입자들의 조합이며, 영속적 영혼이란 관념은 그 입자들이 빠르게 회전하면서 일으킨 환영일 뿐이라는 것입니다.

다른 쪽에서는 마음의 빠른 연쇄가 물질이란 망상을 창조해 낸다고 주장합니다. 이들에 의하면, 물질은 진정으로 존재하는 것이 아닙니다.

이처럼 한편에서는 영혼이 환상이라고 주장하고, 다른 한편에서는 물질이 환상이라고 주장합니다. 당신은 어느 쪽을 택하겠습니까? 양측은 논법이 서로 비슷합니다. 단지 영혼을 주

144

장하는 측의 논증이 조금 더 강력할 뿐입니다. 물질의 실체를 본 사람은 지금까지 단 한 명도 없습니다. 우리가 직접 느낄 수 있는 건 우리 자신뿐입니다. 저는 자기 밖으로 나가서 물질을 느꼈다는 사람을 단 한 명도 본 적이 없습니다. 그 누구도 자기 자신의 밖으로 뛰쳐나갈 수 없습니다. 따라서 영혼을 주장하는 측의 논증이 조금 더 강력합니다.

또 한 가지, 영혼 이론은 우주를 설명해 내지만, 유물론은 그렇게 하지 못합니다. 따라서 유물론적 설명은 불합리합니다. 세상의 모든 철학을 요약하고 분석해 보면, 당신은 그들이 이 두 입장 중 한쪽으로 환원된다는 사실을 발견하게 될 것입니다.

베단타는 우리가 구속되어 있지 않다고, 우리가 이미 자유롭다고 말합니다. 그것이 베단타가 이끌어 낸 해답입니다. 그뿐만이 아닙니다. 베단타는 구속되어 있다고 생각하거나 말하는 것이 위험하다고까지 말합니다. 그것은 하나의 실수이며, 일종의 자기최면입니다. "나는 구속되어 있어." "나는 나약해." "나는 무력해."라고 말하는 순간, 당신은 당신 자신에게 사슬 하나를 더 둘러놓게 됩니다. 그러니 그렇게 생각하지도, 말하지도 마십시오.

저는 숲속에 살면서 밤낮으로 '시보함Sivoham'이라는 말만 반복한 남자에 대해 들은 적이 있습니다. 자신이 시바Siva, 즉 신이라는 뜻입니다. 하루는 호랑이 한 마리가 그를 덮쳤습니다. 죽이려고 끌고 가는 모습을 강 반대편에 있던 사람들이 목격했는데, 그는 죽기 직전까지 오직 '시보함'이란 말만 반복했다고 합니다. 인도에는 이런 사람이 무수히 많습니다. 적에게 난도질당하는 와중에 그 적을 축복한 사람조차 있습니다. 그는 이렇게 말했습니다.

"나는 '그'입니다, 나는 '그'입니다. 하지만 그대도 마찬가지입니다. 나는 순수하고 완벽합니다. 하지만 내 모든 적들도 마찬가지입니다. 당신은 '그'이고, 나 역시 마찬가지입니다."

강인한 태도란 바로 이런 것입니다. 물론, 이원론적 종교에도 위대하고 뛰어난 지점들이 존재합니다. 자연과 동떨어진 곳에 인격신이 존재한다는 관념, 그를 숭배하고 사랑하는 것이 우리의 역할이라는 관념도 아주 훌륭합니다. 이런 관념은 가끔씩 크나큰 위안이 되어 줍니다. 하지만 베단타는 그 느낌을 마취제의 효과에 비유합니다. 자연스럽지 못하다는 것입니다. 그런 느낌은 인간을 결국 나약하게 만들고 맙니다. 하지만 오늘날의 세계는 그 어느 때보다도 강인함을 필요로 합니다.

베단타에 의하면, 나약함은 세상에 존재하는 모든 불행과 고통의 원인입니다. 우리가 비참해지는 건 바로 나약하기 때문입니다. 거짓말하고, 훔치고, 죽이고, 여타 다른 범죄들을 저지르게 되는 건 바로 우리가 나약하기 때문입니다. 우리는 나약함으로 인해 고통받고, 나약함으로 인해 죽음을 맞습니다.

우리를 약하게 하는 것이 아무것도 존재하지 않는 곳에는, 죽음도 슬픔도 있을 수 없습니다. 우리는 나약함이란 이 망상으로 인해 불행해집니다. 그러니 그 망상을 포기하면 모든 고난이 소멸될 것입니다. 그것은 정말 단순 명백합니다. 이 모든 철학적 논쟁과 엄청난 정신적 훈련 끝에, 우리는 전 세계에서 가장 단순한 단 하나의 종교적 관념에 도달하게 됩니다.

강인한 태도

불이일원론 베단타는 진리를 전달할 수 있는 가장 단순한 체계입니다. 하지만 이 때문에 인도를 비롯한 여타 지역들에서 엄청난 실수가 저질러졌습니다. 궁극적 원리를 직시하지는 않고, 매우 복잡한 중간 과정들에만 관심을 쏟은 것입니다. 수많은 사람들이 이 엄청난 철학적, 논리적 진술을 불온한 것으로 간주했습니다. 그들은 이런 관념들이 보편화될 수 없다고, 매일의 실천적인 삶에 적용될 수 없다고 생각했습니다. 그런 철학을 내세우며 삶을 해이하게 흩트리는 자들이 나타날 것이라고 걱정한 것입니다.

하지만 저는 세상에 설파된 일원론적 관념들이 비도덕성과 나약함을 야기하리라고 생각하지 않습니다. 정반대로 그 관념들이야말로 유일한 치유책이라고 확신합니다. 그것이 진리라면, 대체 왜 사람들에게 생명의 강물 대신 하수돗물을 먹이나요? 그것이 진리라면, 즉 그들 모두 순수한 존재란 말이 진실이라면, 대체 왜 이 순간 그 진리를 전 세계에 설파하지 않나요? 진리는 태어난 모든 사람에게, 즉 성인과 죄인, 남성과 여성, 어른과 아이, 거리에서 울부짖는 자와 왕좌에 앉은 자 모두에게, 우레와 같은 목소리로 설파되어야 합니다.

이 일은 너무 크고 엄청난 과업처럼 보입니다. 많은 이들에게 이 일이 경악스럽게 다가올 것입니다. 하지만 그렇게 느끼는 건 순전히 미신 때문입니다. 온갖 종류의 상한 음식을 먹음으로써, 또는 우리 자신을 굶김으로써, 우리는 좋은 음식을 먹는 능력을 상실해 왔습니다. 우리는 어려서부터 나약함을 부추기는 말들을 무수히 들어 왔습니다. 사람들은 보통 귀신을 믿지 않는다고 말하지만, 어둠 속에서 으스스한 느낌을 느끼지 않는 사람은 찾아보기 힘듭니다. 이건 단지 미신일 뿐입니다. 모든 종교적 미신들도 이와 마찬가지입니다. 서구에는 악마의 존재를 부정하자마자 모든 종교가 무너질 것이라고 생각하는 사람들이 있습니다. 많은 사람들이 제게 이렇게 물었습니다.

"악마가 없다면 어떻게 종교가 있을 수 있나요? 우리를 지배하는 신이 없다면 어떻게 종교가 있을 수 있나요? 누군가 지배해 주지 않는다면 우리가 어떻게 살아갈 수 있겠습니까? 우리는 그렇게 대접받는 걸 좋아합니다. 그런 대접에 익숙해져 왔으니까요. 우리는 매일 누군가에게 견책받는다는 느낌을 받아야만 행복해질 수 있습니다."

이 미신을 보십시오. 하지만 이런 태도가 아무리 한심해 보인다 하더라도, 언젠가는 모두가 순수하고 영원한 영혼을 뒤덮던 미신들을 돌아보며 미소 지을 날이 올 것입니다. 그때가 되면 우리는 기쁨과 진실과 힘으로 가득 차서 이렇게 되풀이할 것입니다.

"지금 나는 자유롭고, 과거에도 자유로웠으며, 앞으로도 영원히 자유로울 것입니다."

이것이 베단타의 결론입니다. 그것은 살아갈 가치가 있는 유일한 관념입니다. 경전들은 썩어 없어질 수 있습니다. 이 관념이 유대인들의 머리에서 나온 것인지, 극지방 민족에게서 터져 나온 것인지는 아무도 개의치 않습니다. 이것은 진리이며, 진리는 영원하기 때문입니다. 그리고 진리는 자신이 특정 개인이나 국가의 소유물이 아니라는 사실을 스스로에게 가르칩니다. 인간과 동물, 신들 모두가 이 유일한 진리의 공동 상속

자들입니다. 그들 모두에게 진리를 제공하십시오. 왜 인생을 비참하게 만들어야 합니까? 왜 사람들이 온갖 종류의 미신에 빠져들도록 내버려 둡니까? 이 나라뿐 아니라, 사람들에게 이 진리를 말하면, 그들은 두려움에 떨며 이렇게 말합니다.

> **산야신**Sannyasin
> 신을 깨닫기 위해 세속을 포기한 힌두교의 수도승을 지칭한다.

"이 관념은 산야신*들을 위한 것입니다. 세속을 포기하고 숲속에 사는 사람들에게는 그런 관념이 아무런 문제도 안 되겠지요. 하지만 우리처럼 가련한 가장들은 일종의 두려움과 종교 의례들을 필요로 합니다."

이원론적 관념들이 세상을 오랫동안 지배한 결과, 사람들은 이렇게 믿게 되고 말았습니다. 그렇다면 새로운 실험을 해 보는 건 어떨까요? 모든 사람이 불이일원론을 받아들이기까지는 수 세기가 걸리겠지만, 지금 당장 시작해 보는 건 어떨까요? 평생 동안 20명에게만 이 진리를 전해도, 우리는 위대한 일을 한 것입니다.

이 진리를 종종 흐려 놓는 관념이 하나 있습니다. 그 관념은 이런 식으로 말합니다.

"자신이 '순수한 존재, 축복받은 존재'라고 선언하는 것도 아주 좋아 보입니다. 하지만 일상에서 그 순수함을 항상 드러낼 수는 없는 노릇입니다."

정말로 그렇습니다. 이상을 실현하는 건 항상 매우 힘든 법입니다. 하지만 그렇다고 해서 미신을 추구한다면, 과연 문제가 해결될까요? 감로를 마시기 힘들다고 대신 독을 들이킨다면, 과연 문제가 해결될까요? 진리를 즉시 실현할 수 없다고 해서, 어둠 속으로 들어가 나약함과 미신에 굴복하는 것이 과연 우리에게 도움이 될까요?

저는 다양한 이원론들에 반대하지 않습니다. 하지만 사람들에게 나약함을 심어 놓는 모든 형태의 가르침엔 결코 동의할수 없습니다. 신체적, 정신적, 영적 훈련을 하는 모든 사람들에게, 저는 다음과 같은 단 하나의 질문만을 던집니다.

"어떤 느낌이 드십니까? 힘이 더 생긴 느낌입니까?"

힘을 가져다주는 건 오직 진리뿐이란 사실을 잘 알기 때문입니다. 저는 진리만이 생명을 준다는 사실을, 실재에 다가서는 것만이 우리를 강하게 한다는 사실을, 그리고 강인해지지 않는 한 그 누구도 진리에 도달할 수 없다는 사실을 잘 알고 있습니다. 그러므로 저는 마음을 나약하게 만들고 사람을 미신적으로 만드는 모든 체계, 기분을 우울하게 만들고 온갖 종류의 불가사의와 미신들에 탐닉하게 하는 모든 체계를 좋아하지 않습니다. 위험한 결과를 초래하기 때문입니다. 그런 체계들은 그 어떤 혜택도 가져다주지 않습니다. 그런 것들은 마음을 병들게 하고 나약하게 만듭니다. 계속해서 영향을 받다 보면 마음이 너무 나약해져서, 나중에는 진리를 받아들일 수도, 그에 맞게 살아갈 수도 없게 됩니다.

강인함이야말로 우리가 필요로 하는 전부입니다. 강인함은 세상의 병을 치유하는 영약입니다. 강인함은 가진 자들에게 휘둘릴 때 빈자들이 마셔야 할 영약입니다. 강인함은 배운 자들에게 박해받을 때 평범한 사람들이 삼켜야 할 영약입니다. 죄인들이 다른 죄인들에게 학대받을 때 지녀야 할 영약입니다. 그중 불이일원론이란 관념은 그 어느 것보다도 더 많은 힘을 부여해 줍니다. 불이일원론은 그 어느 것보다도 더 우리를 도덕적으로 만들어 줍니다. 불이일원론을 통해 그 모든 책임이 우리 자신의 어깨 위에 지워질 때라야, 우리는 자신의 능력을 최고조로 발휘할 수 있습니다.

여러분 모두에게 묻고 싶습니다. 제가 당신 손에 조그만 아기를 안겨 준다면, 당신은 어떻게 행동하겠습니까? 아마도 그 순간만큼은 당신의 인생 전체가 바뀔 것입니다. 과거에 어떤 사람이었든 간에, 당신은 잠시 이기심을 잃게 될 것입니다. 그 모든 책임을 떠맡는 순간, 당신은 모든 범죄적 의도들을 포기하게 될 것입니다. 인격 전체가 변하는 것입니다. 이처럼, 모든 책임이 우리 자신의 어깨 위에 지워질 때, 우리는 가장 고결하고 순수해집니다. 비난을 떠넘길 악마도 없고, 부담을 덜어 줄 인격신도 없을 때, 즉 우리 자신이 그 모든 책임을 지게 될 때, 그때 우리는 가장 고결하고 순수한 상태로 솟아오르게 됩니다.

"나는 내 운명의 책임자다. 나는 나 자신에게 선과 악 모두를 가져다준다. 나는 순수하고 축복받은 '하나Pure and Blessed One'다."

우리는 이와 반대되는 모든 생각들을 거부해야 합니다. 베단타는 우리가 지녀야 할 유일한 기도가 다음과 같다고 가르칩니다.

"내게는 죽음도, 두려움도 없다. 내게는 계급도, 사상도 없다. 내게는 아버지도, 어머니도, 탄생도, 죽음도, 친구도, 적도 없다. 나는 존재이자 의식이자 지복인 절대 자체다. 나는 축복받은 존재이며, 내가 그 축복받은 '하나'다. 나는 덕에도, 악덕에도, 행복에도, 불행에도 구속당하지 않는다. 순례와 책과 의례로는 결코 나를 움켜쥘 수 없다. 내게는 배고픔도, 갈증도 없다. 이 몸은 나의 것이 아니다. 나는 몸이 겪는 망상과 부패에 종속되어 있지 않다. 나는 존재, 의식, 지복의 절대자다. 나는 축복받은 존재이며, 내가 그 축복받은 '하나'다."

우리 자신과 모든 사람들에게 우리 모두의 신성을 알려 주는 것, 그것만이 목표에 이르는 유일한 길입니다. 이 기도를 되풀이하면 할수록 힘이 생겨날 것입니다. 처음에는 움찔했던 사람도 점점 더 강인해질 것이고, 우리의 목소리는, 진리가 가슴을 가득 채우고, 혈관을 따라 몸 전체에 스밀 때까지, 계속해서 커져만 갈 것입니다. 빛이 점점 더 찬란해짐에 따라 미망은 소멸될 것이고, 무지도 끊임없이 제거될 것입니다. 그러다가 결국에 가서는 모든 것이 다 사라지고 태양만이 홀로 찬란히 빛나게 될 것입니다.

씨앗은
그 안에 나무 한 그루를
다 포함하고 있습니다

1896년 1월 19일,

뉴욕에서 행한 연설

나무는 씨앗에서 나와 씨앗으로 되돌아갑니다.
처음과 끝이 동일한 셈입니다. 지구 역시 그것의
원인에서 나와 그 원인으로 되돌아갑니다. 이처럼
우리는 시작을 발견할 때, 끝도 발견하게 된다는 사실을
잘 알고 있습니다. 따라서 역으로 끝을 발견한다면,
우리는 시작도 발견할 수 있을 것입니다.

자연으로부터 배울 수 있는 것

우리 주변을 둘러싼 꽃들은 참으로 아름답습니다. 아침에 솟아오르는 태양, 자연을 물들인 색조들도 참으로 아름답습니다. 전 우주가 곧 아름다움이고, 인간은 지구상에 출현한 이래로 그것을 즐겨 왔습니다. 바다로 흘러드는 거대한 강과 산들, 인적이 끊긴 사막과 무한한 대양, 별로 뒤덮인 하늘, 이 모두가 장엄하고 경이롭고 아름답습니다. 자연이라 불리는 이 존재들의 총체는 태곳적부터 인간의 마음에 영향을 미쳐 왔습니다. 그것은 인간의 생각에도 영향을 미쳐, 이런 질문들을 일으켰습니다.

"자연은 대체 무엇인가? 이것들은 대체 어디로부터 왔는가?"

인류의 가장 오래된 저작인 『베다』의 가장 오래된 부분에서조차 우리는 이와 똑같은 질문을 발견할 수 있습니다.

"자연은 대체 어디서 생겨난 걸까? 영혼도, 무도 존재하지 않았을 때, 어둠이 어둠 속에 숨겨져 있었을 때, 대체 누가 이 우주를 방출했을까? 창조는 어떻게 이루어졌을까? 누가 이 비밀을 알까?"

이 질문은 현재의 우리에게도 전해져 왔습니다. 이 의문에 답하려는 시도가 수천 번은 이루어졌지만, 아직도 수천 번에 걸쳐 다시 답을 찾아야 할 것입니다. 각각의 답변이 실패였다는 말은 아닙니다. 이 의문에 대한 답변들에는 진리의 일부가 조금씩 포함되어 있고, 진리는 시간이 흐름에 따라 서서히 모습을 드러내 왔습니다. 여기서 저는, 인도의 고대 철학자들에게서 얻어 낸 답변들, 특히 그중에서도 현대의 지식과도 조화를 이루는 답변들을 여러분에게 개괄적으로나마 제시해 볼 생각입니다.

우리는 이 오래된 질문들 속에서 일부 문제들이 이미 해결되어 있다는 점을 발견할 수 있습니다. 첫 번째는 '영혼도, 무도 존재하지 않았을 때, 이 세상이 존재하지 않았을 때'라는 가정입니다. 그들은 별과 태양과 달이 존재하지 않았다는 사실을, 바다, 강, 산, 도시, 마을, 인간, 동물, 식물, 새 등이 의존하는 어머니 지구가 존재하지 않았다는 사실을 당연시하고 있습니다. 하지만 이 사실을 확신할 수 있을까요? 우리는 이제부터 어떻게 이런 결론이 나왔는지 추적해 보려 합니다.

인간은 주변에서 어떤 사실을 관찰하게 되나요? 식물을 예로 살펴봅시다. 그는 땅에 씨앗 하나를 심고, 나중에 싹이 돋아나는 것을 발견합니다. 이후에는 생명 그 자체가 서서히 땅 위로 솟아나 거대한 나무가 될 때까지 성장을 거듭합니다. 그 뒤나무는 죽고, 오직 씨앗만을 남깁니다. 이것은 하나의 순환입니다.

씨앗으로부터 나무가 되고, 결국에 가서는 다시 씨앗으로 되돌아갑니다. 새도 알에서 뛰쳐나와 일생을 살다가, 다른 알들, 새들의 씨앗만 남긴 채 죽음을 맞습니다. 이는 동물도 마찬가지고, 인간도 마찬가지입니다. 자연에 있는 모든 것이, 어떤 씨앗, 원천, 섬세한 형상에서부터 시작해서 점점 더 거칠어지다가, 일정한 시간이 지나고 나면 다시 원래의 그 섬세한 형상으로 되돌아갑니다.

아름다운 햇살을 머금은 빗방울은, 수증기의 형태로 바다에서 솟아나 바람을 타고 먼 길을 여행하다가, 특정 지역에서 물로 변한 뒤, 비와 같은 형태로 떨어져 내리게 됩니다.(그것은 훗날 다시 수증기로 변합니다.) 우리를 에워싼 자연의 모든 것들이 이와 같습니다. 거대한 산들은 빙하와 강물에 의해 침식됩니다. 빙하와 강물은 서서히, 하지만 확실히 산을 두드리면서, 그 산을 모래의 형태로 바꿔 놓습니다. 그러면 모래는 강을 타고 떠내려가 바다 밑바닥에 층층이 쌓이며 굳어지고, 이 바닥은 훗날 다시 융기하여 산의 형태를 취하게 됩니다. 이 같은 침식과 퇴적 과정은 앞으로도 계속될 것입니다. 산으로부터 모래가 형성되고 모래로부터 산이 솟아나는 것입니다.

작은 모래알에 적용되는 원리가 거대한 태양과 별들에도 적용된다면, 전 우주가 작은 원자와 똑같은 구조로 이루어져 있다면, 하나의 동일한 법칙이 우주를 지배한다면, 우리는 작은 식물 하나의 본질을 탐구하는 것만으로 전 우주를 이해하게 될 것입니다.(현재까지 인간은 이 진실과 모순되는 그 어떤 현상도 경험하지 못했습니다.) 『베다』는 이 관념을 다음과 같은 말로 표현하고 있습니다.

"한 덩이의 흙을 이해하는 것만으로, 우리는 우주에 있는 모든 흙의 본성을 이해할 수 있다."

모래 한 알을 진정으로 이해할 수 있다면, 우리는 전 우주의 비밀을 이해하게 될 것입니다. 이런 사고방식을 적용해 보면, 우리는 무엇보다도 먼저, 모든 것의 처음과 끝이 비슷하다는 사실을 발견하게 됩니다. 산은 모래로부터 솟아나 다시금 모래의 형태로 되돌아가고, 강은 증기로부터 일어나 다시금 증기의 형태로 되돌아갑니다. 식물은 씨앗으로부터 돋아나 다시금 씨앗의 형태로 되돌아가고, 인간은 배아로부터 성장해 다시금 배아의 형태로 되돌아갑니다. 별과 행성을 거느린 우주는 성운으로부터 형성되어 다시금 성운의 형태로 되돌아갑니다.

그렇다면 이로부터 무엇을 배울 수 있을까요? 우리는 이를 통해 현현된 상태, 또는 거친 상태가 결과이고, 미세한 상태가 그 원인이라는 사실을 배울 수 있습니다.

자연의 순환

수천 년 전, 철학의 위대한 아버지 카필라*는, 원인으로 되돌아가는 것이 곧 파괴라는 의미임을 입증해 낸 바 있습니다. 만일 여기 있는 탁자가 부

> **카필라**Kapila
> '위대한 선인' 또는 '현인'이라는 뜻의 '마하리시 카필라Maharishi Kapila'라고도 한다. 인도 정통 육파철학 중 하나인 상키아Samkhya 학파의 창시자다.

서진다면, 탁자라는 이 형상을 구성하는 미세한 형상과 입자들로, 즉 그것의 원인으로 되돌아가게 될 것입니다. 만일 누군가 죽는다면, 그는 그에게 몸을 선사해 준 그 요인들로 되돌아가게 될 것입니다. 만일 이 지구가 죽는다면, 지구는 자신을 구

성하던 그 요소들로 되돌아가게 될 것입니다. 흔히들 말하는 파괴는 바로 이렇듯 원인으로 되돌아가는 모습입니다. 그러므로 우리는 이로부터 결과가 원인과 다르지 않다는 사실을 배울 수 있습니다. 그 둘은 오직 형태만 다를 뿐입니다.

예컨대, 여기 있는 이 잔은 하나의 결과입니다. 그것은 원인을 지니고 있으며, 그 원인을 자신의 형상 속에 내포하고 있습니다. 유리라 불리는 일정량의 물질에 제조자의 손에서 나온 힘이 더해진 것, 그것이 바로 원인입니다. 이 물질과 수단이 한데 합쳐져 잔이라 불리는 형상을 만들어 냅니다. 제조자의 손에 있던 힘은 잔 안에 고착력이란 형태로 들어 있습니다. 이 힘이 없다면 유리 입자들은 산산이 흩어지고 말 것입니다. 또한, 유리란 물질 역시 잔 안에 그대로 존재하고 있습니다. 이 잔은 미세한 원인들이 새로운 형태로 현현한 결과일 뿐입니다. 만일 이 잔이 부서진다면, 고착력이란 형태를 취하던 힘과 유리 물질은 다시 원래의 형태로 되돌아가게 될 것입니다. 이를 통해, 우리는 결과가 원인과 다르지 않다는 점을 파악할 수 있습니다. 결국 결과란 원인이 더 거친 형태로 재생된 것에 지나지 않습니다.

다음으로 우리는 자연으로부터 식물이나 동물이나 인간 같은 이 모든 형상들이 일어났다 사라지기를 '무한히ad imfinitum'

반복한다는 사실을 배울 수 있습니다. 씨앗은 나무를 생산하고, 나무는 씨앗을 생산하며, 그 씨앗은 다시 또 다른 나무의 형태로 솟아오릅니다. 이 순환은 끝없이 계속됩니다. 빗방울은 산을 타고 내려가 바다에 이르고, 바닷물은 증기의 형태로 일어나 산으로 되돌아가며, 산에 내린 비는 다시금 바다를 향해 흐르고, 상승과 하강의 순환은 끊임없이 계속됩니다.

생명도 모두 이와 마찬가지입니다. 우리가 보고, 듣고, 느끼고, 상상하는 모든 존재도 이와 마찬가지입니다. 우리 지식의 한계 내에 있는 모든 것들이 이와 똑같은 방식으로 생멸을 거듭하고 있습니다. 창조된 모든 것들이, 마치 인간의 들숨과 날숨처럼, 솟아올랐다 하강하고 솟아올랐다 하강하는 식으로 형태를 바꿔 나가고 있습니다. 각각의 물마루는 계곡을, 각각의 계곡은 물마루를 내포하고 있습니다.

그렇다면 우주 전체에도 이와 똑같은 법칙이 적용되어야 할 것입니다. 우주는 동형성Uniformity을 근간으로 하기 때문입니다. 곧, 이 우주는 그 원인으로 분해되어야 합니다. 태양, 달, 별, 지구, 몸과 마음, 그리고 이 우주에 있는 모든 것들이 그것들의 미세한 원인으로 되돌아가 사라져야 합니다. 흔히 말하듯, 파괴되는 것입니다. 하지만 그것들은 그 원인 속에서 미세한 형상으로 삶을 이어 갈 것입니다. 그것들은 이 미세한 형상들로부터 다시 나타나, 새로운 지구, 태양, 달, 별 등을 형성해 낼 것입니다.

이 상승과 하강에 대해 배워야 할 점이 하나 더 있습니다. 씨앗은 심는 즉시 나무가 되지 않습니다. 그것은 비활성화된 것처럼 보이는 매우 미세한 활동기를 거칩니다. 씨앗은 땅 아래에서 일정 기간 동안 머물러야 합니다. 씨앗은 땅속에서 조각으로 부서지며 변질되고, 그 변질된 상태로부터 다시금 재생되어 나옵니다.

전체로서의 우주도 시작 단계에서 비슷한 과정을 거칩니다. 그것은 한동안 혼돈이라 불리는 미세한 형상으로 현시되지 않은 채 머물다가, 그 상태로부터 새로운 세계를 산출해 냅니다. 이처럼, 우주가 현시되는 전 기간(미세한 형상으로 되돌아가 한동안 머물다가, 다시 산출되어 나오기까지의 기간)을 산스크리트어로는 칼파Kalpa, 즉 주기라고 부릅니다.

우주의 시작

다음으로 아주 중요한 질문, 특히 현대에 그 중요성을 더하는 질문이 제기됩니다. 우리는 미세한 형상들이 느리게, 아주 느리게 발달을 거듭하면서 점차적으로 거친 형상을 취해 나간다는 점을 보았습니다. 우리는 원인이 결과와 동일하며, 결과는 다른 형상을 취한 원인일 뿐이라는 점도 보았습니다. 따라서 우리는 전 우주가 '무Nothing'로부터 산출되었을 리는 없다는 결론에 도달하게 됩니다. 실로 그 어떤 것도 원인 없이는 산출될 수 없으며, 원인과 결과는 오직 그 형태만 다르기 때문입니다.

그렇다면 이 우주는 무엇으로부터 산출된 걸까요? 그것은 이전의 미세한 우주로부터 산출되었습니다. 인간은 무엇으로부터 산출된 걸까요? 인간은 이전의 미세한 형상으로부터 산출되었습니다. 나무는 무엇으로부터 산출된 걸까요? 나무는 씨앗으로부터 산출되었습니다. 씨앗 속에 그 나무 전체가 들어 있었던 것입니다. 그 나무는 씨앗으로부터 나와 자신을 현현시킨 것뿐입니다. 마찬가지로 이 전체 우주도, 미세한 형태로 존재하던 동일한 우주로부터 창조되어 나왔습니다. 그것은 지금까지 뚜렷한 형태로 현시되어 왔고, 앞으로 그 미세한 형태로 되돌아갈 것이며, 나중에 다시금 거친 형태로 현시되어 나올 것입니다.

이렇게 해서 우리는, 섬세한 형상이 서서히 현현하면서 점점 더 거칠어진다는 사실을 알게 되었고, 그 거친 상태가 한계에 달하면 다시 원래의 상태로 되돌아가며 점점 더 섬세해진다는 사실도 알게 되었습니다. 섬세한 곳에서 솟아나 거칠어지면서, 단순히 부분들 간의 배열만 바꾸는 이 과정을 현대인들은 진화Evolution라고 부릅니다. 이 개념은 매우 완벽히 진실된 것입니다. 우리의 삶 속에서 직접 관찰할 수 있기 때문입니다. 이성적인 인간이라면 진화론자들과 결코 싸우지 않을 것입니다.

모든 것이 영원토록 존재해 왔다

하지만 우리는 여기서 한걸음 더 나아가야 합니다. 모든 진화에 육화Involution가 선행된다는 사실이 그것입니다. 예컨대, 씨앗은 큰 나무가 솟아나기 이전의 미세한 형상입니다. 하지만 큰 나무는 씨앗 속에 육화된 채로 이미 존재하고 있었습니다. 마찬가지로 이 우주 역시, 미세한 우주 속에 육화된 채로 이미 존재하고 있었습니다. 훗날 인간으로 성장하는 작은 세포도 육화되어 들어간 그 인간에 지나지 않습니다. 육화된 인간이 훗날 진화되어 나온 것뿐입니다. 만일 이 사실만 받아들여진다면, 우리는 진화론자들과 싸울 필요가 없게 됩니다. 이 단계만 인정한다면, 그들은 종교의 비판자에서 가장 탁월한 지지자로 변모할 것이기 때문입니다.

이로부터 우리는 '무'에서 창조될 수 있는 건 아무것도 없다는 사실을 진정 이해하게 됩니다. 모든 것이 영원토록 존재해 온 셈입니다. 그것들은 앞으로도 영원토록 존재하게 될 것입니다. 오직 그 형태만이 물마루에서 계곡으로, 거친 형상에서 섬세한 형상으로 끊임없이 요동칠 따름입니다.

이 육화와 진화는 자연 전체에 걸쳐 진행되고 있습니다. 따라서 진화의 전 과정, 생명의 가장 낮은 현현체에서 시작해 가장 높은 현현체, 즉 가장 완전한 인간에 이르는 진화의 전 과정은, 육화되어 있던 것이 진화한 결과입니다.

여기서 다음과 같은 의문이 제기됩니다.

"육화된 그것은 대체 무엇인가?"

결론부터 말하자면, 그것은 '신'입니다. 하지만 진화론자들은 그것이 '신'이라는 이 답변에 다시 '왜 그런가?' 하는 의문을 제기할 것입니다. 가령 진화론자들은 이렇게 반론할 것입니다.

"당신은 신을 지성적인 존재로 간주합니다. 하지만 우리가 발견한 바에 의하면, 지성이란 것은 진화 과정의 후반부에 가서야 나타나는 특성입니다. 지성은 인간과 고등동물들에게서 발견되지만, 세상은 이 지성을 산출해 내기까지 수백만 년의 세월을 기다려야 했습니다."

하지만 진화론자들의 반대는 타당하지 않습니다. 우리의 이론을 적용해 보면 이 점이 분명해질 것입니다. 반복하건대, 나무는 씨앗에서 나와 씨앗으로 되돌아갑니다. 처음과 끝이 동일한 셈입니다. 지구 역시 그것의 원인에서 나와 그 원인으로 되돌아갑니다. 이처럼 우리는 시작을 발견할 때, 끝도 발견하게 된다는 사실을 잘 알고 있습니다. 따라서 역으로 끝을 발견한다면, 우리는 시작도 발견할 수 있을 것입니다.

그렇다면 이 진화의 전 과정을, 원생동물에서 완전한 인간에 이르는 이 전체 과정을, 단번에 취해 보기로 합시다. 이 전 과정이 하나의 생명체입니다. 이때, 우리가 끝에 가서 발견하게 되는 건 무엇입니까? 그것이 완벽함이라면, 시작 지점에도 분명 그와 똑같은 것이 있었을 것입니다. 가장 고차원적 지성이 원형에 이미 육화되어 있었던 것입니다. 비록 보이지 않을지는 몰라도, 그 육화된 지성이 없었다면, 가장 완전한 인간에 이를 때까지 전개되는 생명의 진화 과정도 일어날 수 없었을 것입니다. 스스로 똬리를 풀어내는 장본인이 바로 그 지성이기 때문입니다. 이점은 수학적으로도 입증될 수 있습니다.

에너지 보존 법칙이 사실이라면, 그리고 기계 장치로부터 무언가 얻어내고자 한다면, 당신은 먼저 그 속에 연료 따위를 넣어야 합니다. 엔진으로부터 얻어낼 수 있는 일의 양은 물이나 석탄 등을 투입해 넣은 에너지의 양과 정확히 일치합니다. 그보다 더 많지도, 더 적지도 않습니다. 내가 지금 하고 있는 이 일은 공기, 음식 등의 형태로 내 속에 투입해 넣은 것들이 변형된 결과입니다.

여기서 문제가 되는 것은 오직 변화와 현현뿐입니다. 우주의 경제학에는 한 톨의 물질도, 한 점의 힘도 첨가될 수 없고, 그 반대 역시 마찬가지입니다. 그렇다면 이 지성은 무엇일까요? 그것이 원생동물 속에 들어 있지 않았다면, 어디선가 갑작스럽게 나타난 것이 분명합니다. 하지만 '무'로부터 무언가가 나온다는 건 말도 안 되는 생각입니다. 그러므로 우리는 이로부터, '완벽하고 자유롭고 신적인 인간이 원생동물 속으로 육화되어 들어갔다.'는 결론을 필연적으로 도출해 내게 됩니다. 자연의 법칙을 넘어 모든 것을 초월한 인간, 죽음과 탄생을 통한 이 진화 과정을 더 이상 거치지 않아도 되는 인간(기독교인들의 '예수Christ-man', 불교도의 '붓다Buddha-man', 요기들의 '자유로운 영혼Free Soul'), 진화 사슬의 끝에 위치한 그 완전한 인간이, 진화 사슬의 다른 쪽 끝에 위치한 원생동물 세포 속으로 육화되어 들어간 것입니다.

같은 종류의 사고방식을 전체 우주에 적용할 때, 우리는 지성이 창조의 주, 즉 원인임에 틀림없다는 사실을 이해하게 됩니다. 인간이 이 우주에 대해 품을 수 있는 가장 진화된 개념은 어떤 것일까요? 그것은 지성이란 개념, 즉 지적 능력의 현시 그 자체입니다.(고대인들도 설계 이론을 통해 이 개념을 표현하고자 시도한 바 있습니다.)

따라서 모든 것은 지성으로부터 시작되었습니다. 시작 단계에서 지성이 육화되었고, 마지막 단계에 이르러 그 지성이 진화되어 나오는 것입니다. 그러므로 우주 속에 현시된 지성들의 총체는 육화를 통해 스스로를 전개시키는 우주적 지성 그 자체입니다. 이 우주적 지성을 우리는 '신'이라 부릅니다. 그것을 다른 이름으로 부른다 해도, 시작 단계에 이미 그 무한한 우주적 지성이 존재한다는 사실만큼은 절대적으로 확실합니다. 이 우주적 지성은 육화되어 들어간 뒤 서서히 자신을 현시하다가, 결국에 가서는 완전한 인간에, 예수나 붓다 같은 인간에 도달합니다. 그런 뒤 그 지성은 그 자신의 원천으로 되돌아갑니다. 모든 경전이 다음과 같이 선언하는 것도 바로 이 때문입니다.

"우리는 '그'의 속에서 살고, 움직이며, 존재한다."

모든 것의 시작인 신

모든 경전이 '우리는 신으로부터 와서 신으로 되돌아간다.'고 설파하는 것도 바로 이 때문입니다. 신학적 용어들에 겁을 먹지 마십시오. 이 우주적 지성이 바로 신학자들이 말하는 '신'입니다.

저는 '왜 신이라는 낡은 용어를 사용하는가?'라는 질문을 많이 받아 왔습니다. 그건 신이라는 단어가 우리의 목적에 가장 잘 들어맞기 때문입니다. 당신은 이보다 더 나은 단어를 찾아낼 수 없습니다. 인류의 모든 희망과 열망, 행복이 이 단어를 중심으로 배열되어 왔기 때문입니다. 이제 와서 그 단어를 변경한다는 건 불가능한 일입니다. 이런 단어들을 최초로 만들어 낸 건 위대한 성인들입니다. 그들은 그 단어의 의미를 이해하고 실현해 낸 인물들입니다. 하지만 이 단어가 사회에 널리 퍼짐에 따라, 무지한 자들도 그것을 사용하기 시작했고, 그 결과 단어에 담긴 신성과 영광이 많이 사라지게 되었습니다.

'신'이란 단어는 태곳적부터 사용되어 왔습니다. 그 단어는 우주적 지성이란 관념을 비롯한 위대하고 성스러운 모든 관념을 연상시킵니다. 그런데 누군가 마음에 안 들어 한다고 해서, 그것을 내던져 버려서야 되겠습니까? 다른 사람이 나타나 "다른 단어를 사용하자."고 말할지도 모릅니다. 그러면 또 다른 사람이 나타나 다시 "다른 단어를 사용하자."고 말할 것입니다. 그러니 오래된 단어를 그대로 사용하는 편이 낫습니다. 다만 그 단어로부터 미신을 제거해 내고, 이 위대한 고대의 언어가 진정 무엇을 뜻하는지 완전히 깨닫는 것이 좋습니다. 그 단어의 생생한 의미를 살려 사용합시다.

연상 법칙의 힘을 안다면, 이 단어가 무수히 많은 강력한 관념들과 장대하게 연합되어 있다는 점도 이해할 것입니다. 이 단어는 수백만에 달하는 인간 영혼에 의해 사용되고 경배되면서, 인간 본성 속에 있는 고결하고 선한 모든 것, 이성적이고 사랑스러운 모든 것, 위대하고 웅장한 모든 것과 연결되어 왔습니다. 이 단어가 그 모든 것을 연상시키는 것입니다. 따라서 '신'이라는 이 단어는 결코 포기될 수 없습니다.

제가 이 모든 내용을 그저 '신께서 우주를 창조하셨다.'는 말로만 표현했다면, 당신에게 아무 의미도 전하지 못했을 것입니다. 하지만 어쨌든 우리는 이 모든 투쟁 끝에 '그'에게로, 지고한 '하나'에게로 되돌아오게 되었습니다.

이제 우리는 물질, 마음, 힘, 지성 등과 같은 다양한 우주적 에너지 모두가, 저 우주적 지성, 즉 지고한 주의 현현일 뿐이라는 사실을 알게 되었습니다. 당신이 보고 느끼고 듣는 모든 것(전 우주)이 '그'의 창조물이고, 조금 더 정확히 말하자면 '그'의 투영물이며, 그보다 더 정확히 말하자면 주 그 자신입니다. 태양과 별로써 빛나는 자가 바로 '그'입니다. '그'는 어머니 대지이고, '그' 자신이 바로 이 대양입니다. '그'는 부드러운 빗줄기이고, 우리가 숨 쉬는 신선한 바람입니다. 이 몸의 동력으로 작용하는 것도 바로 '그'입니다.

'그'는 말해진 언어이고, 말하는 사람이며, 그 말을 듣는 청중입니다. '그'는 내가 서 있는 이 연단이고, 여러분의 얼굴을 비춰 주는 저 불빛입니다. 이 모든 것이 '그'입니다. '그'는 물질인 동시에 이 우주에 작용하는 원인으로서, 미세한 세포 속으로 육화되어 들어가 신의 형상으로 다시 진화되어 나옵니다. 아래로 내려와 가장 미미한 원자가 되었다가, 서서히 자신의 본성을 펼쳐내며 그 자신과 재결합하는 것도 바로 '그'입니다.

이것이 우주의 신비입니다.

"그대는 남성이자 여성이고, 활력 넘치는 젊은이이자 지팡이에 기댄 노인이다. '그'는 모든 것 속에 있다. 그대가 바로 모든 것이다."

이것이 우주에 대한 유일한 해답입니다. 이것만이 인간의 지성을 만족시킬 수 있습니다. 한마디로, 우리는 '그'에게서 태어나, '그'의 속에서 살다가, '그'에게로 되돌아갑니다.

태어난
모든 것들은
왜 죽음을 두려워할까?

1896년 1월 26일,

뉴욕에서 행한 연설

해방의 순간, 즉 이 세상이 꿈일 뿐이라는 사실을 깨닫는 순간에는 모든 사람이 전생에 대한 기억을 되찾게 됩니다. 당신은 오직 그때에만, 자신이 세상이란 무대 위의 배우일 뿐이라는 사실을 절실히 깨닫게 될 것입니다. 오직 그때에만, 무집착이라는 관념이 당신에게 천둥처럼 내리칠 것입니다. 그렇게 되면, 향락을 향한 갈증과 이 삶에 대한 모든 집착들은 영원히 사라져 버릴 것입니다.

수없이 던져 왔던 질문

인간의 마음은 본성상 밖으로 나가고 싶어 합니다. 감각기관이란 통로를 통해 몸의 바깥을 내다보고 싶어 합니다. 눈은 보아야 하고, 귀는 들어야 하며, 감관들은 외부세계를 감각해야 합니다. 그리고 자연히 인간의 관심을 먼저 사로잡는 건 바로 자연의 숭고함과 아름다움입니다.

인간 영혼에 최초로 일어난 의문 역시 외부 세계에 관한 것들이었습니다. 하늘, 별, 천체, 땅, 강, 산, 바다 등과 같은 자연물들의 신비가 최초의 탐구 대상으로 자리 잡았습니다. 우리는 고대 종교들이 남긴 흔적을 통해, 깨어나는 인간의 마음이 무엇보다도 먼저 외부세계에 관심을 쏟았다는 사실을 알 수 있습니다. 고대인들은 강의 신, 하늘의 신, 구름의 신, 비의 신 등을 믿었습니다. 우리가 자연의 힘이라 부르는 모든 것들을 신의 형상으로, 천상의 세력으로 변모시킨 것입니다.

하지만 탐구가 점점 더 심화됨에 따라, 인간의 마음은 이 외적 대상들에 흥미를 잃게 되었고, 결국에 가서는 관심을 내면으로 돌려 인간 자신의 영혼에 대해 묻게 되었습니다. 대우주를 향하던 의문은 소우주를 향해 반사되어 들어 왔고, 외부세계를 향하던 의문도 내면세계를 향해 반사되어 들어왔습니다. 외적 자연에 대한 분석으로부터 내적 자연에 대한 분석으로 이끌려 들어온 것입니다. 내면적 인간에 대한 의문은 더 고차원적인 문명의 산물입니다. 자연에 대한 통찰력이 깊고, 성숙한 문명에서만 이런 의문이 제기될 수 있기 때문입니다.

오늘은 이 내면에 대해 다뤄볼 생각입니다. 인간 내면에 관한 이 질문만큼 인간의 심장에 가까운 질문도 없을 것입니다. 얼마나 많은 나라에서, 얼마나 오랜 세월에 걸쳐 이 질문을 던져 왔겠습니까? 현자와 왕, 빈자와 부자, 성인과 죄인, 남성과 여성, 그 모두가 이따금씩 다음과 같이 물었습니다.

"무상한 인생에서 영원한 것은 정말로 아무것도 없을까? 몸이 죽을 때에도 죽지 않는 것이란 있을 수 없는 것인가? 이 신체 골격이 부서져 먼지가 될 때조차 보존되는 무언가가 있지 않을까? 불이 몸을 태워 재로 만들 때조차 살아남는 무언가가 있지 않을까? 만일 그런 게 있다면, 그것은 어떤 운명을 지닐까? 그것은 어디서 와서 어디로 가는 것일까?"

사람들은 이런 의문을 품고 또 품어 왔습니다. 따라서 창조가 지속되는 한, 생각할 뇌가 존재하는 한, 우리는 이런 질문들에 답을 제시해야만 합니다.

지금까지 답변이 제시된 적이 없다는 말은 아닙니다. 의문이 일어날 때마다 답변은 항상 제시되었습니다. 그리고 시간이 흐를수록 그 답변은 점점 더 힘을 얻게 될 것입니다. 사실 그 답변은 수천 년 전 단호히 제시되었고, 그 후로도 계속해서 되풀이되면서, 우리 지성에 만족스러운 형태로 점점 더 가다듬어져 왔습니다. 따라서 지금 우리가 할 일은 그 답변을 단순히 되풀이하는 것입니다.

저는 이 모든 난제들에 새로운 빛을 던져 주는 척하지 않고, 단지 현대적인 언어로 전하고자 시도할 것입니다. 고대의 사상을 요즘 말로 풀어서 말하고, 철학자들의 생각을 대중적 언어로 풀어서 말하며, 천사들의 생각을 인간의 언어로 풀어서 말하고, 신의 생각을 가련한 인류의 언어로 풀어서 말하고자 시도할 것입니다. 아마도 당신은 그 뜻을 이해할 수 있을 것입니다. 그 관념들이 흘러나온 신성한 본질이 당신 속에도 영원히 현존하고 있기 때문입니다. 당신은 그 뜻을 언제든 이해할 수 있습니다.

감각에 필요한 것

저는 지금 당신을 바라보고 있습니다. 이것을 위해 무엇이 필요할까요?

우선, 눈이 필요합니다. 다른 모든 것이 갖춰져 있다 해도 눈이 없다면, 나는 당신을 볼 수 없을 것이기 때문입니다. 다음으로, 시각 기관이 필요합니다. 눈은 진정한 기관이라 할 수 없으며, 그것은 그저 시각을 위한 도구에 불과합니다. 그 눈 뒤에 있는 것, 뇌 속에 있는 신경 중추가 진정한 기관입니다. 만일 그 중추가 손상된다면, 아무리 시력이 뚜렷하다 해도, 아무것도 볼 수 없을 것입니다.

이와 마찬가지로, 귀 역시 소리의 진동을 내부의 중추로 전달하는 도구에 지나지 않습니다. 다른 모든 기관들도 사정은 같습니다. 하지만 이것만으로는 불충분합니다. 서재에서 독서에 몰두할 때는, 시계가 울려도 소리가 들리지 않습니다. 소리도 있고, 공기를 울리는 진동도 있고, 귀도 있고, 신경중추도 있습니다. 게다가 진동이 귀를 통해 중추로 전달되기까지 했습니다. 그런데도 여전히 소리는 들리지 않습니다. 무엇이 빠졌을까요? 마음이 빠졌습니다. 이로부터 우리는 세 번째 필수 요인이 마음임을 알 수 있습니다.

이처럼, 먼저 신체에 감각을 위한 도구가 있어야 하고, 그 감각을 전달받는 감각기관이 있어야 하며, 마지막으로 그 기관에 첨부되는 마음이 있어야 합니다. 마음이 기관에 첨부되지 않으면, 눈과 귀로 인상을 받아들인다 해도, 그 인상을 의식해 낼 수가 없습니다.

하지만 마음 역시 운반자에 지나지 않습니다. 마음은 인상을 더 멀리까지 운반하여 지성에게 제시해야 합니다. 지성은 결정 기관으로서, 자신 앞에 제시된 인상에 대해 판단을 내려 줍니다. 여기서 끝은 아닙니다. 지성은 이 인상들의 총체를 더 멀리까지 운반하여, 몸속에 있는 지배자, 즉 인간의 영혼 앞에, 왕좌 위에 앉은 왕 앞에 제시해야 합니다.

이렇게 영혼 앞에 전 인상이 전달되고 나면, 그로부터 무엇을 하거나 하지 말아야 할지에 대한 명령이 내려옵니다. 그 명령은 같은 경로를 거쳐 내려가며 지성으로, 마음으로, 기관들로 전달되고, 기관들은 마지막으로 그 명령을 도구들에게 전달합니다. 인식은 이렇게 완료됩니다.

도구들은 물리적인 몸, 거친 몸에 존재합니다. 하지만 마음과 지성은 그렇지 않습니다. 그것들은 힌두 철학자들이 섬세한 몸이라 부르는 것에 있습니다. 이 몸은 기독교 신학자들이 인간의 영성체Spiritual body(거친 몸보다 훨씬 더, 지극히 섬세하지만, 아직 영혼은 아닌 그 무엇)라 부르는 바로 그것입니다.(영혼은 그들 모두를 넘어서 있습니다.)

물리적인 몸은 죽은 뒤, 몇 년 만에도 썩어 없어질 수 있습니다. 그것은 아주 단순한 원인의 작용만으로 교란되고 파괴될 수 있습니다. 반면, 미세한 몸은 그렇게 쉽게 무너지지 않습니다. 하지만 그것은 여전히 간헐적으로 약해졌다 강해지기를 반복합니다.

우리는 나이든 사람의 마음이 힘을 잃곤 한다는 사실을, 몸이 활기찰 때 마음도 활기차진다는 사실을 잘 압니다. 또한 우리는 다양한 의술과 약품이 마음에 영향을 미친다는 사실을, 외적인 요인들이 마음과 영향을 주고받는다는 사실을 알고 있습니다. 몸이 성장과 쇠퇴를 거치듯, 마음도 향상과 퇴보를 거칩니다. 따라서 마음은 영혼이 아닙니다. 영혼은 썩을 수도, 퇴보할 수도 없기 때문입니다.

이 사실을 어떻게 알 수 있을까요? 마음을 넘어선 무언가의 존재를 왜 확신하는 걸까요? 스스로 빛을 발하는 의식, 지성의 기반인 이 의식이 둔하고 죽은 물질에 속할 수는 없기 때문입니다. 둔하고 죽은 물질은 결코 그 자신을 밝힐 수 없습니다. 지성만이 모든 물질을 비춰 줄 수 있습니다.

주변을 둘러보십시오. 지금 이 장소는 오직 지성을 통해서만 알려질 수 있습니다. 어떤 지성이 그것을 인식하지 않는 한, 이 강당의 존재는 알려질 수 없기 때문입니다. 마찬가지로 이 몸은 스스로를 밝히지 못합니다. 만일 그런 일이 가능하다면, 죽은 시체조차도 의식을 지녀야 할 것입니다. 마음도, 심지어는 영성체도 스스로를 밝히지는 못합니다. 그것들은 본질적으로 지적이지 못합니다. 스스로를 밝히는 그것은 부패할 수 없기 때문입니다.

빌려온 빛으로 빛나는 광휘는 나타났다 사라지곤 합니다. 하지만 대체 무엇이 빛 그 자체의 성쇠를 좌우할 수 있겠습니까? 우리는 달이 차고 기우는 모습을 볼 수 있습니다. 태양에서 빌려온 빛으로 빛나기 때문입니다. 쇠구슬 한 덩이를 불에 뜨겁게 달군다면, 그것은 환하게 빛을 발할 테지만 곧 빛이 사라질 것입니다. 빌려온 것이기 때문입니다. 이처럼 쇠퇴는 오직 빌려온 빛에서만 일어납니다. 빛 자체가 본성인 것은 결코 쇠퇴할 수 없습니다.

마음의 빛은 어디서 올까

이렇게 해서 우리는 외적인 몸이 빛을 본질로 하지 않는다는 사실을 알게 되었습니다. 그것은 스스로를 밝힐 수도, 그 자신을 알 수도 없습니다. 이는 마음에 대해서도 마찬가지입니다. 마음 역시 차고 기울기 때문입니다. 마음 역시 다른 것에 의해 영향받을 수 있고, 한때는 활력 넘쳤다가 다른 한때는 약해졌다 합니다. 따라서 마음을 통해 빛나는 그 빛은 마음 자신의 것이라 할 수 없습니다. 그렇다면 그 빛은 누구의 것일까요? 그것은 빛을 그 자신의 본질로 하여, 강해지거나 약해질 수도 없고, 죽거나 썩을 수도 없는 '그것That'에 속해야 합니다. 스스로를 밝힐 수 있고, 그 자신이 광휘 그 자체인 영혼Soul에 속해야만 합니다.

하지만 이 영혼이 의식을 지니는 것은 아닙니다. 그것은 '의식 그 자체'이기 때문입니다. 영혼이 존재를 지니는 것도 아닙니다. 그것은 '존재 그 자체'이기 때문입니다. 영혼이 지복을 누리는 것도 아닙니다. 그것은 '지복 그 자체'이기 때문입니다.

지복을 누리는 대상은 그 지복을 빌려온 것이고, 의식을 지니는 대상은 그 의식을 받아들인 것이며, 상대적 존재성을 지니는 대상은 오직 반사된 존재성만을 지닙니다. 속성이 어디서 발견되든, 그 속성은 실체 위에 반사된 영상에 지나지 않습니다. 반면 영혼은 의식, 존재, 지복을 자신의 속성으로 지니지 않습니다. 그것들이 영혼의 본성 그 자체이기 때문입니다.

여기서 다시, '왜 이 사실을 직시해야 하는가?'라는 의문이 제기될 수 있습니다. 심지어 이렇게 묻는 사람도 있을지 모릅니다.

"영혼의 광휘, 지복, 의식도 몸이 마음으로부터 빛을 빌려오는 것과 같은 방식으로 빌려온 것이 아닐까요?"

이런 의문의 오류는 의문의 끝이 없다는 데 있습니다. 그걸 누구로부터 빌려온단 말인가요? 만일 어떤 다른 원천으로부터 빌려왔다고 답한다면, 똑같은 의문이 다시 제기될 수 있을 것입니다. 하지만 이런 식으로 계속 나간다 해도 우리는 결국 스스로 빛나는 자에게 이르러야 합니다. 따라서 문제를 단순화시키는 논리적인 방법은 스스로 빛나는 자에서 멈춘 뒤 더 이상 나아가지 않는 것입니다.

지금까지 우리는, 인간이 이 외적인 덮개, 즉 몸과 내면의 미세한 몸(마음, 지성, 자아로 이루어진)으로 구성된다는 사실을 보았고, 이들 뒤에 인간의 진정한 영혼이 자리 잡고 있다는 사실도 입증했습니다. 또한 우리는 거친 몸이 자신의 모든 힘을 마음으로부터 빌려온다는 사실을 확인했고, 미세한 몸인 마음이 그 힘과 광휘를 배후에 서 있는 영혼으로부터 빌려온다는 사실도 밝혀냈습니다.

영혼의 윤회에 관하여

이제, 이 영혼의 본성과 관련된 무수한 의문이 일어나기 시작합니다. 영혼이 스스로 빛을 발하며, 그 자체로 의식, 존재, 지복이라면, 영혼은 '무'로부터 창조되었을 리 없습니다. 다른 존재들에 의존하지 않고 스스로 빛을 발하는 존재는 결코 비존재를 원인으로 취할 수 없기 때문입니다.

우리는 물리적 우주조차 '무'로부터 창조된 것이 아니라는 점을 보았습니다. 영혼은 두말할 필요도 없습니다. 그것은 항상 존재해 왔습니다. 영혼이 존재하지 않았던 시간은 단 한순간도 없습니다. 영혼이 존재하지 않는다면, 시간이 대체 어디 있을 수 있겠습니까? 시간은 영혼 안에 존재합니다. 영혼이 자신의 힘을 마음에 전해 주면 마음은 생각하기 시작하고, 이로부터 시간이 나타납니다. 영혼이 없다면 생각도 있을 수 없고, 생각이 없다면 시간도 있을 수 없습니다. 시간 그 자체가 영혼 속에 존재하는데, 어떻게 영혼이 시간 속에 존재한다고 말할 수 있겠습니까?

영혼은 태어나지도, 죽지도 않습니다. 하지만 그러면서도 이 모든 다양한 단계들을 거쳐 지나가고 있습니다. 영혼은 낮은 상태에서 높은 상태로 옮겨 가면서, 그 자신을 서서히 점차적으로 현현시키고 있습니다. 영혼은 마음을 통해 몸에 작용하면서 자신의 장대함을 표현해 내고, 몸을 통해 외부 세계를 지각하면서 세상을 이해하고 파악해 냅니다. 영혼은 몸을 취해 그것을 사용한 뒤, 그 몸의 기능이 다하고 나면 또 다른 몸을 취하는 식으로 계속해서 이동해 다닙니다.

여기서 우리는 '영혼의 윤회'는 매우 흥미로운 학설과 마주하게 됩니다. 사람들은 가끔씩 이 관념에 두려움을 느낍니다. 게다가 미신이 너무나도 강력해서, 생각이 있는 사람들조차 자신이 '무'의 산물이라고 믿습니다. 그들은 무지막지한 논리를 동원해, 자신들이 '무'으로부터 나오긴 했지만, 사후에는 불멸할 것이라는 이론을 연역해 내려 애씁니다.

만일, 실제로 무에서 나온 게 있다면, 그건 무로 되돌아가야만 할 것입니다. 하지만 당신도, 나도, 그 누구도 무로부터 나오지 않았고, 따라서 무로 되돌아가지도 않을 것입니다. 우리는 영원토록 존재해 왔고, 앞으로도 존재할 것입니다. 태양 아래, 또는 태양 위에 있는 그 어떤 힘도, 당신과 나의 존재를 제거하거나 무로 되돌릴 수 없습니다. 사실, 윤회라는 관념은 결코 두려운 것이 아닙니다. 오히려 인류의 도덕성 함양을 위한 필수 요인입니다. 사려 깊은 사람이 도달할 수 있는 논리적 결론은 이 윤회설뿐입니다. 만일 누군가가 사후에도 영원토록 존재한다면, 그는 예전부터 영원토록 존재해 왔음에 틀림없습니다. 그 밖의 다른 대안은 없습니다.

나는 이 이론에 대해 일반적으로 제기되는 반론에 답해 보려 합니다. 많은 사람이 매우 어리석은 반론들이라고 생각하겠지만, 그래도 우리는 답을 해야만 합니다. '옹호해 줄 철학자가 없을 만큼 터무니없는 관념은 없다.'라는 말도 있지 않은가요?

가장 흔한 반론은 '우리는 왜 전생을 기억하지 못하나?' 하는 점입니다. 그렇다면 저는 이번 생에서 겪은 일들을 모두 기억하는지 되묻고 싶습니다. 아기 때의 일을 기억하는 사람이 얼마나 되나요? 누구도 영아기를 기억하지 못합니다. 그런데 만일 존재가 기억에 의존하는 것이라면, 당신은 아기로서 존재한 적이 없다는 결론이 도출되고 말 것입니다. 영아기를 기억하지 못하기 때문입니다. 따라서 우리의 존재가 기억에 의존한다는 말은 순전히 헛소리에 지나지 않습니다. 우리가 어떻게 전생을 기억하겠습니까? 그 뇌는 이미 산산이 조각나 사라져 버렸고, 새로운 뇌가 다시 생성되었습니다. 전생에 획득된 인상들의 총체, 그 최종 결과에 의해 마음이 이 새로운 몸을 취하게 되었고, 그에 따라 지금의 뇌도 형성된 것입니다. 나는, 여기 있는 나는, 내 속에 새겨진 무한한 과거들의 결과, 그 효과에 지나지 않습니다.

미신의 힘이 너무나도 강력한지라, 윤회설을 거부하는 많은 이들이 진화론을 따라 원숭이를 우리의 전신으로 간주합니다. 하지만 그들은 '우리는 왜 원숭이 시절을 기억하지 못하나?'라고 물을 용기는 없습니다.

위대한 고대의 현자나 진리를 직관한 예언자가 무슨 말을 하면, 현대인들은 반발하며 나서서는 '그자는 바보였어!'라고 말합니다. 하지만 헉슬리나 틴들 같은 이름을 들면 그들은 그의 말이 당연한 진리라도 되는 양 받아들일 것입니다. 그들이 한 일은 고대적 미신의 자리에 현대적 미신을 대체해 넣은 것에 지나지 않습니다. 고대 종교의 수장들을 현대 과학의 수장들로 대체시킨 것입니다.

어쨌든, 우리는 기억을 의문시하는 이 반론이 타당치 못하다는 점을 이해하게 되었습니다. 그런데 윤회설을 반박하는 진지한 반론은 사실상 이것 하나뿐입니다.

우리는 윤회를 받아들이기 위해 전생에 대한 기억이 보장되어야 하는 건 아니라는 점을 보았습니다. 하지만 우리는 이와 더불어 전생을 기억해 낸 사례들이 있다는 점을 내세울 수도 있습니다. 사실, 해방의 순간, 즉 이 세상이 꿈일 뿐이라는 사실을 깨닫는 순간에는 모든 사람이 전생에 대한 기억을 되찾게 됩니다. 당신은 오직 그때에만, 자신이 세상이란 무대 위의 배우일 뿐이라는 사실을 절실히 깨닫게 될 것입니다. 오직 그때에만, 무집착이라는 관념이 당신에게 천둥처럼 내리칠 것입니다. 그렇게 되면, 향락을 향한 갈증과 이 삶에 대한 모든 집착들은 영원히 사라져 버릴 것입니다.

그렇게 되면, 이 모든 것이 무수히 반복되어 왔다는 사실이 새벽빛처럼 명료히 드러나게 될 것입니다. 당신이 수백만 번에 걸쳐 아버지였고, 어머니였고, 아들이었고, 딸이었고, 남편이었고, 아내였고, 친척이었고, 친구였고, 권력자였고, 부자였다는 사실 말입니다. 그 삶들은 왔다가 다시 사라져 버렸습니다. 당신은 수도 없이 인생의 절정을 만끽했고, 수도 없이 좌절의 밑바닥을 감내했습니다. 이 모든 기억이 다시 되돌아올 때, 당신은 영웅이 되어, 눈살 찌푸린 이 세상을 향해 미소 짓게 될 것입니다. 오직 그때에만, 당신은 일어서서 이렇게 말하게 될 것입니다.

"나는 그대조차 두렵지 않노라, 죽음이여! 그대가 내게 무슨 위협이 된단 말인가?"

이 순간은 반드시 찾아올 것입니다.

윤회의 결정적 증거

지금까지 우리는 반대 의견의 부당함을 입증해 왔습니다. 그렇다면 영혼의 윤회를 뒷받침해 주는 합리적 근거나 논거는 없는 것일까요? 물론 긍정적 근거도 있습니다. 게다가 이 근거는 상당히 강력한 것입니다. 윤회설을 제외한 그 어떤 이론도, 사람들에게서 발견되는 다양성, 특히 이해력의 다양성을 설명해 주지 못합니다.

거리로 나가 개 한 마리를 목격한다고 해 봅시다. 우리는 그것이 개라는 사실을 압니다. 어떻게 알까요? 일단 그 인상을 마음에 문의해 볼 것입니다. 마음속에는 내 모든 과거 경험들이, 흔히 말하듯, 비둘기집의 구멍들처럼 분류되어 있습니다. 새로운 인상이 들어오자마자, 나는 그 인상을 낡은 구멍들과 대조해 볼 것입니다. 그리고 그 인상에 부합하는 집단을 발견하자마자, 새로운 인상을 그 집단으로 분류하며 만족스러워할 것입니다.

한마디로, 일치하는 인상들이 이미 있기 때문에 그것이 개라는 사실을 알 수 있습니다. 하지만 새로운 경험과 같은 부류에 속하는 것을 내면에서 발견하지 못하면, 나는 만족할 수 없을 것입니다. 특정 인상을 포함시킬 집단을 발견하지 못할 때, 우리는 불만을 품게 됩니다. 이러한 마음 상태를 우리는 '무지'

라 부릅니다. 반면, 특정 인상과 동류의 인상이 이미 존재한다는 점을 발견하면, 우리는 거기에 만족하게 되는데, 이 느낌을 우리는 '지식'이라 부릅니다.

오래전 사과 하나가 떨어졌을 때, 인간들은 그 현상을 보고 만족할 수가 없었습니다. 하지만 이후 일련의 동일한 인상들을 받아들이면서 사람들은 내면에 서서히 하나의 항목을 형성해 내게 되었습니다. 그 항목이란 '모든 사과는 떨어진다.'는 사실입니다. 사람들은 그 힘에 '중력'이라는 이름을 붙였습니다.

요컨대, 이미 존재하는 경험의 축적물 없이는, 그 어떤 새로운 지식도 불가능합니다. 경험의 축적물이 없다면, 새로운 인상을 비춰볼 곳도 없을 것이기 때문입니다. 따라서 만일 어떤 아이가 백지상태^{Tabula rasa}로 세상에 나온다면(일부 유럽 철학자들이 생각하는 것처럼), 그 아이는 지적 능력을 거의 발달시키지 못할 것입니다. 새로운 경험을 비춰볼 곳이 전무하기 때문입니다.

우리는 지식을 습득하는 능력이 사람마다 제각각이라는 사실을 관찰할 수 있습니다. 이 사실은 모든 사람이 자신만의 지식 더미를 지닌 채 태어난다는 견해를 뒷받침해 줍니다. 지식은 단 하나의 수단, 즉 경험을 통해서만 획득될 수 있는 것입니다. 지식을 얻는 다른 수단 같은 건 존재하지 않습니다. 만일 이번 생에서 경험한 게 아니라면, 우리는 그 경험을 다른 생에서 했음에 틀림없습니다.

죽음에 대한 불안이 도처에 널려 있는 건 왜일까요? 알을 막 깨고 나온 조그만 병아리조차 독수리가 날아오면 두려움에 떨면서 엄마 품속으로 도망을 갑니다. 이 현상을 설명하는 낡은 방식은 거기에 본능이란 이름을 붙이는 것입니다. 하지만 방금 태어난 이 조그만 병아리에게 죽음에 대한 두려움을 일으키는 건 구체적으로 무엇일까요? 어떻게 알에서 갓 부화한 새끼 오리가 물가에 오자마자 뛰어들어 헤엄칠 수 있는 것일까요? 그 오리는 전에 헤엄을 쳐 본 적도, 누군가 헤엄치는 것을 본 적도 없는데 말입니다. 사람들은 그것이 본능 덕택이라고 말하곤 합니다. 하지만 이런 설명은 말해 주는 것이 아무것도 없습니다. 그저 용어만 거창할 뿐입니다.

본능이라는 현상을 좀 더 탐구해 보기로 합시다. 피아노를 배우는 아이를 떠올려 보십시오. 처음에는 손을 대는 모든 건반에 주의를 기울여야 했지만, 수개월에서 수년간 연습을 거듭한 끝에, 그는 거의 무심결에, 본능적으로 건반을 두드리게 되었습니다. 처음에는 의식하고 노력하여 수행하던 일이 나중에 가서는 그 의지와 노력을 거의 필요치 않게 된 것입니다.

하지만 이것은 절반에 지나지 않습니다. 아직 증거의 절반

이 남아 있습니다. 현재 본능적으로 작용하는 거의 모든 행위들이 다시 의지의 통제하에 놓일 수 있다는 사실이 그것입니다. 특히 우리는 몸의 각 근육을 다시 의지의 통제하에 놓이게끔 할 수 있습니다.

논증은 이로써 완료됩니다. 이 두 가지 관점에 의해, 우리는 본능이라 부르는 현상이 자발적 행위의 퇴화된 형태라는 사실을 알게 됩니다. 따라서 인간이나 동물에게 본능으로 나타나는 것도 한때는 의식적 의지였던 것이 틀림없습니다.

대우주에 대한 탐구를 통해 우리는, 각각의 진화가 육화를 전제로 하고, 각각의 육화가 진화를 전제로 한다는 사실을 밝혀낸 바 있습니다. 이 지식의 빛을 본능에 비춘다면 어떤 사실이 드러날까요? 우리가 본능이라 부르는 것은 자발적 행위의 결과입니다. 따라서 인간이나 동물의 본능도 자발적 행위에 의해 창조된 것이 틀림없습니다. 그런데 이 자발적 행위라는 말에는 이전의 경험이 전제되어 있습니다. 말하자면, 조그만 병아리가 죽음에 대한 두려움을 느끼는 것도, 새끼 오리가 헤엄치는 능력을 타고나는 것도, 인간이 무수한 행위들을 무심결에 수행할 수 있는 것도, 다 과거 경험이 축적된 결과인 것입니다. 퇴화를 거쳐 본능을 형성해 낸 이 경험들이 없었다면, 이런 일은 절대 불가능했을 것입니다.

지금까지 우리는 매우 명료하게 논리를 전개해 왔으며, 최근 과학과도 마찰을 빚지 않았습니다. 현대의 과학도 고대의 현자들에게 귀 기울이기 시작했고, 아직까지는 아무런 문제도 일어나지 않았습니다. 그들은 모든 사람과 동물들이 축적된 경험을 지닌 채 태어난다는 사실을 인정할 것이고, 마음에 있는 그 모든 본능이 과거 경험의 결과라는 사실도 인정할 것입니다. 하지만 그들은 다시 이렇게 물을 것입니다.

"그 경험들이 영혼에 속한다고 말하는 게 대체 무슨 소용이란 말입니까? 그 경험들이 몸에만, 오직 몸에만 속한다고 말하는 편이 더 낫지 않을까요? 유전이란 현상도 있지 않은가요?"

이것이 마지막으로 제기되는 의문입니다.

"내가 품고 태어난 모든 경험들은 내 조상들이 한 경험들의 총체가 아닌가요? 작은 원생동물에서 가장 고차원적 인간 존재에 이르는 경험들의 총체가 내 안에 있긴 하지만, 그 경험들은 유전을 통해 몸에서 몸으로 전달되어 온 것일 수도 있습니다. 그렇다면 왜 영혼을 끌어들여야 하나요?"

이 질문은 매우 훌륭합니다. 우리도 유전이란 현상을 일정 부분, 곧 물질적 몸을 만들어 내는 지점까지만 인정합니다. 우리는 과거 행위의 결과로 특정한 신체에 태어나게 되는데, 그 몸을 위해 필요한 물질들을 우리의 부모로부터 받아들인 것입

니다. 우리의 영혼을 자손으로 받아들이기 적합하도록 처신해
온 자들이 우리의 부모가 되는 셈입니다. 그런데 유전이론은,
어떤 근거도 없이, 가장 놀랄 만한 주장을 당연시합니다. 그 주
장이란 이런 것입니다.

"정신적 경험들은 물질에 기록될 수 있습니다. 즉, 물질은
정신적 경험들을 저장해 낼 수 있습니다."

마음에 남은 기억

우리는 신체적 인상이 몸에 남는다는 사실은 인정합니다. 내
가 당신을 바라볼 때, 마음이란 호수에는 물결이 일어납니다.
그 물결은 곧 가라앉지만, 내가 본 것은 섬세한 형상으로, 인상
의 형태로 보존됩니다.

하지만 대체 무슨 근거로 정신적 인상이 몸에 남을 수 있다
고 주장할 수 있습니까? 몸은 결국 썩어 없어지지 않나요? 무
엇이 그 인상들을 실어 나른단 말입니까? 만약, 각각의 정신
적 인상이 몸에 남는 게 정말 사실이라면(최초의 인간에서 내 아
버지에 이르는 모든 인상들이 내 아버지의 몸속에 보존되어 있다면),
그 인상은 내게 어떻게 전달되는 걸까요? 세포를 통해서라면,
그게 어떻게 가능할 수 있을까요? 아버지의 몸 전체가 전달되
는 게 아니며, 게다가 한 부부는 여러 명의 자녀를 둘 수도 있

196

는데 말입니다.

따라서, 인상과 그 인상이 새겨진 물질이 하나라고 하는 이 유전 이론에 따른다면, 부모는 매번 아이가 태어날 때마다 보유해 둔 인상 중 일부를 잃어야만 할 것입니다. 또는, 부모가 아이에게 보유해 둔 인상 전체를 전달하는 것이 사실이라면, 첫 번째 아이를 낳은 직후, 그들의 마음은 진공 상태가 되어야만 할 것입니다.

게다가, 만일 그 원생동물의 세포 속에 전 세대에 걸친 무한한 인상 전체가 들어 있는 것이 사실이라면, 그 인상들은 어디에 어떤 형태로 보존되어 있을까요? 이건 거의 풀 가망 없는 견해입니다. 따라서 이 심리학자들이 세포 속 어디에, 어떤 형태로 그 인상들이 보존되어 있는지 입증해 내지 않는 한, 그리고 '정신적 인상은 몸 세포 속에 잠들어 있다.'는 말이 무슨 뜻인지 해명해 내지 않는 한, 우리는 그들의 입장을 당연한 것으로 받아들이지 않을 것입니다.

지금까지의 설명을 통해, 이 인상들이 마음속에 존재한다는 사실이 명백해졌을 것입니다. 이 마음은 가장 적절한 물질을 활용하며 탄생을 거듭합니다. 그리하여 독특한 유형의 신체에만 적합하도록 자신을 주조해 온 마음은, 그러한 물질이 마련될 때까지 기다려야만 합니다. 우리는 이제 이런 사실들을 이해합니다. 이 이론을 요약하자면 다음과 같이 될 것입니다.

"유전의 역할은 영혼에 적합한 물질을 만들어 내는 것으로 국한된다."

하지만 영혼은 이 몸에서 저 몸으로 끊임없이 옮겨다닙니다. 그리고 우리가 일으킨 각각의 생각과 행위들은 영혼 속에 미세한 형태로 저장된 채, 다시 솟아나 새로운 형상을 취하기만을 기다립니다. 내가 당신을 바라볼 때, 내 마음속에는 물결 하나가 일어납니다. 그것은 가라앉으면서 점점 더 섬세한 형태로 변형되지만, 결코 소멸되지는 않습니다. 그것은 기억이란 형태의 물결로 다시 솟아오르기만을 기다립니다.

이처럼, 그 모든 인상들이 내 마음속에 저장되어 있다가, 죽음을 맞으면 그 인상들의 총체적 힘이 나에게 작용하기 시작합니다. 여기 공 하나가 있다고 해 봅시다. 우리는 손에 커다란 나무망치 하나씩을 들고 그 공을 사방에서 내려칩니다. 공은 방의 이곳저곳으로 튀어 다니다가, 문에 다다르면 방 밖으로 날아갑니다. 이때, 그 공을 밖으로 실어 나르는 건 무엇일까요? 그건 바로 우리가 가한 힘들의 총합입니다. 공에 방향을 부여해 주는 건 그 힘들입니다. 그렇다면 몸이 죽을 때 영혼에 방향을 부여해 주는 건 무엇일까요? 그건 바로 우리가 해 왔던 모든 일과 일으킨 모든 생각들의 총합입니다. 만일, 더 많은 경험을 위해 새로운 몸을 만들어 내야 할 처지라면, 이 영혼은 그 몸을 만드는 데 적절한 재료를 공급해 줄 부모를 찾아갈 것입니다.

이처럼 영혼은 몸에서 몸으로 옮겨다니면서, 가끔씩 천국에도 가고, 다시 지상으로 내려와 인간이나 그보다 낮은 동물이 되기도 합니다. 이런 식으로 영혼은 계속해서 윤회를 거듭하다가, 결국 경험을 마무리짓고 순환을 완성합니다. 그러면 영혼은 자신이 누구인지, 자신의 본성이 무엇인지 깨닫고, 무지를 완전히 제거하게 됩니다. 이제, 그의 힘은 실현되었고, 그는 완벽해졌습니다. 따라서 이 영혼은 더 이상 물질적 몸이나 섬세한 몸을 통해 일을 해나가지 않아도 됩니다. 이 영혼은 그 자신의 빛으로 찬란히 빛나며, 자유롭습니다. 그는 더 이상 태어나지도, 죽지도 않습니다.

운명을 자유롭게 선택하다

윤회설과 관련된 요점 중 하나는 그것이 인간 영혼의 자유를 고양시켜 준다는 사실입니다. 윤회설은 자신의 약점들을 다른 누군가에게 떠넘기지 않도록 해 주는 유일한 이론입니다.

잘못을 전가시키는 것이야말로 모든 인간의 공통된 결함 아닌가요? 눈으로 다른 사람의 눈을 보면서도 자기 자신의 눈을 보지는 못하듯이, 우리는 우리 자신의 잘못을 보지 못합니다. 다른 누군가에게로 비난을 돌릴 수 있는 한, 우리는 자기 자신의 약점과 실수를 좀처럼 알아차리지 못합니다. 우리은 쉽게 그 모든 책임을 다른 사람들에게 떠넘기려 하고, 그 시도가 실패할 경우에는, 신에게까지 떠넘기려 합니다. 어쩌면 '운명'이라 불리는 유령을 불러낼지도 모를 일입니다.

하지만 운명이 어디 있으며, 운명이란 게 대체 무엇인가요? 우리는 우리가 뿌린 씨앗을 거둘 뿐입니다. 우리는 자기 운명의 창조자이므로, 우리 자신을 제외한 그 누구도 비난이나 칭찬을 대신 받아서는 안 됩니다.

바다에 바람이 분다고 해 봅시다. 이때 돛을 펼친 배들은 바람을 타고 앞으로 나아갈 수 있겠지만, 돛을 접어 놓은 배들은 그 바람을 활용하지 못할 것입니다. 이것이 바람의 잘못일까요? 이것이 자애로운 신의 잘못에서 비롯된 부분일까요? '그'가 보내 주는 자애의 바람은 밤낮으로 쉬지 않고 불어옵니다. 그의 자비는 쇠퇴할 줄을 모릅니다. 그런데도 누군가는 행복하고 누군가는 불행한 것이 '그'의 잘못일 수 있을까요?

운명을 결정짓는 건 바로 우리 자신입니다. '그'의 태양은 강자와 약자 모두를 위해 빛나고, '그'의 바람은 성자와 죄인 모두를 위해 불어듭니다. '그'는 모든 것의 '주Lord'이자 모든 것의

'아버지Father'로서, 자애롭고 공정합니다. 이런 '그'가, 창조의 '주'가 우리 삶의 사소한 문제들을 우리처럼 심각하게 대할까요? 그런 신이 있다면 그 신은 얼마나 타락한 신이겠습니까?

우리는 조그만 강아지들처럼 이곳에서 생사를 건 투쟁을 하면서, 신조차 우리처럼 그 문제들을 심각하게 여기리라 생각합니다. 얼마나 어리석은 생각입니까? '그'는 강아지들의 이런 놀이가 무엇을 의미하는지 알고 있습니다. 비난을 '그'에게 돌리면서 신을 심판자나 보상자로 만드는 우리의 태도는 무지의 산물입니다. 그는 심판하지도 보상하지도 않습니다. 그의 무한한 자비는 모든 이들에게, 모든 장소에서, 언제나 열려 있습니다. 모든 조건하에서 그 자비는 변함이 없고, 흔들림이 없습니다. 그 자비를 어떻게 활용할지는 '우리 자신'에게 달려 있습니다. 그러니 인간을 비난하지도, 신을 비난하지도 마십시오. 고통받고 있는 자신을 발견하면, 스스로에게 책임을 물은 뒤, 더 잘할 수 있도록 시도해 보십시오. 이것만이 문제에 대한 유일한 해결책입니다.

타인을 비난하는 사람들은(안타깝게도 그 수는 나날이 증가하고 있습니다만) 대개 불행한 영혼들로서, 이해력이 부족합니다. 그들은 자신의 실수로 그 지경에 처했으면서도, 그 사실을 깨닫지 못하고, 타인을 비난합니다. 하지만 그런다고 상태가 호

전되는 건 아닙니다. 이런 태도는 어떤 도움도 안 됩니다.

다른 사람에게 비난을 떠넘기고자 하는 시도는 자신을 더 약하게 만들 뿐입니다. 그러니 책임을 그 누구에게도 전가하지 마십시오. 자신의 두 발로 일어서서 그 모든 책임을 스스로 짊어지십시오. 그리고 이렇게 말하십시오.

"내가 겪고 있는 이 불행은 나 자신의 실수에서 비롯된 것입니다. 따라서 이 문제는 나 스스로 해결해야만 합니다. 내가 일으킨 것이라면, 내가 허물 수도 있기 때문입니다. 만일 다른 사람이 창조했다면, 나는 그것을 결코 파괴할 수 없었을 것입니다."

그러니 일어서서 대범하고 힘 있게 행동하십시오. 그 모든 책임을 당신 자신의 어깨 위에 짊어지고, 당신만이 당신 운명의 창조자임을 분명히 아십시오.

당신이 원하는 힘과 도움은 모두 당신 내면에 존재합니다. 그러니 자신의 미래를 스스로 결정하십시오. 과거는 묻히도록 내버려 두십시오. 무한한·미래가 당신 앞에 펼쳐져 있습니다. 각각의 생각과 말과 행위가 당신 내면에 그대로 저장된다는 사실을 잊지 말아야 합니다. 그리고 악한 생각과 악한 행위가 불시에 덮쳐들듯, 활력을 불어넣는 희망과 선한 생각과 선한 행위도 언제든 솟아날 준비가 되어 있다는 사실을 항상 기

억해야 합니다. 그것들은 당신을 언제나, 영원토록 보호해 주
는 수천만 천사들의 힘을 등에 업은 채 솟아날 것입니다.

당신은
태어난 적도 없고,
죽지도 않습니다

미국에서 행한 연설

어리석은 바보들은 당신더러 죄인이라고 합니다.
그러면 당신은 구석에 쭈그리고 앉아 눈물을 흘릴
것입니다. 하지만 사람을 죄인 취급하는 것은
어리석음이자, 사악함이자, 비열함의 극치에
불과합니다. 여러분 모두가 신입니다. 누가 신을 보지
못한 채 '그'를 인간이라 부르려 합니까? 그러니 감히
이 관념에 의지하여, 당신의 전 인생을 그에 맞게 주조해
내십시오.

영혼 불멸에 관한 의문

그 어떤 의문도 이보다 더 많이 제기되지 않았고, 그 어떤 의문도 인간을 이보다 더 강하게 탐구의 길로 이끌지 못했으며, 그 어떤 의문도 이보다 더 소중히 여겨지지 않았고, 그 어떤 의문도 이보다 더 깊이 존재의 문제를 건드리지 못했습니다. '영혼 불멸'에 관한 의문이 바로 그것입니다.

이 문제는 역사 이래로 시인과 현자, 성직자와 예언자들의 주된 관심거리가 되어 왔습니다. 왕좌에 앉은 왕들도 그 문제를 토론했고, 거리에 나앉은 거지들도 그 가능성을 꿈꿔 왔습니다. 인류가 낳은 최고의 인간들도 이 문제에 접근했고, 가장 낮은 인간들도 그것이 진실이기를 희망했습니다. 이 주제를 향한 관심은 아직 소멸되지 않았고, 인간 본성이 존재하는 한, 앞으로도 결코 소멸되지 않을 것입니다.

그동안 많은 사람들에 의해 다양한 해답이 세상에 제시되어 왔습니다. 하지만 동시에, 역사의 매 길목마다 수천 명의 사람들이 그에 대한 논의를 포기하기도 했습니다. 그럼에도 이 의문은 예전과 다름없이 신선하게 남아 있습니다. 우리는 일상의 투쟁과 혼동에 휘말려 그 문제를 한동안 잊기도 합니다. 하지만 갑자기 누군가 죽고(아마도 우리가 사랑하고 가까이했던 사람이), 세상의 혼란과 소동과 투쟁이 잠시 가라앉게 되면, 우리의 영혼은 이 낡은 질문을 다시 던지곤 합니다.

"죽은 뒤에는 어떻게 됩니까? 이 영혼은 어디로 가게 됩니까?"

인간의 모든 지식은 경험으로부터 비롯됩니다. 경험 없이 알 수 있는 건 세상에 단 하나도 없습니다. 우리가 진행하는 모든 추론조차 일반화된 경험을 그 근거로 합니다. 우리가 지닌 모든 지식은 단지 조율된 경험에 지나지 않습니다.

주변을 둘러보십시오. 무엇이 발견됩니까? 우리는 끊임없는 변화를 발견하게 됩니다. 식물은 씨앗에서 나와, 나무로 성장했다가, 다시 씨앗으로 되돌아가며 순환을 마무리짓습니다.

동물은 태어나서 일정기간 살다가, 죽음을 맞이함으로써 순환을 완료합니다. 인간도 마찬가지입니다.

산들은 서서히, 하지만 확실히 부서져 나가고, 강들도 서서히, 하지만 확실히 말라 없어지고 있으며, 바다에서 솟아난 비는 바다로 되돌아가, 다시금 바다가 됩니다. 이 순환은 모든 곳에서 일어나고 있습니다. 탄생, 성장, 발달, 죽음이 한 치의 오차도 없이 서로를 잇따르고 있습니다. 이것이 바로 우리의 일상적 경험입니다.

하지만 이 모든 것들의 내부에서, 우리가 삶이라 부르는 이 광대한 집결체의 배후에서, 가장 낮은 원자에서 가장 고차원적 인간에 이르는 이 무수한 형상과 무수한 다양성의 이면에서, 우리는 어떤 단일성의 존재를 발견합니다. 우리는 매일같이, 하나를 다른 하나로부터 갈라놓는 줄로만 알았던 벽들이 허물어지는 것을 목격합니다. 그 하나의 생명은 거대한 사슬처럼 그 모두를 관통해 지나갑니다. 이 다양한 형상들은 그 사슬의 고리들로서, 거의 무한대로 이어지지만, 그들도 결국 동일한 하나의 사슬일 뿐입니다. 이것이 소위들 말하는 진화입니다. 그것은 인간의 사회만큼이나 오래되고, 뿌리깊은 관념입니다. 단지 인간의 지식이 진보함에 따라 점점 더 선명해지는 것뿐입니다.

진화 말고도 하나가 더 있습니다. 고대인들은 분명히 인식했지만, 현대에는 그다지 잘 인식되지 못하고 있는 관념, 즉 '육화'라는 관념이 그것입니다. 씨앗은 식물로 자라지만 한 알의 모래는 결코 식물이 되지 못합니다. 아버지는 아이로 육화될 수 있지만, 한 덩이의 진흙은 결코 아이로 육화되지 못합니다.

여기서 '진화는 무엇으로부터 비롯되는가?'라는 문제가 나옵니다. 나무가 되기 전에 씨앗은 무엇이었을까요? 그것은 나무와 똑같았습니다. 미래의 나무가 될 모든 가능성이 그 씨앗 속에 들어 있었습니다. 미래의 성인이 지닌 모든 가능성은 조그만 아기 속에 들어 있고, 이는 다른 생명에 대해서도 마찬가지입니다.

이 원리를 고대의 인도 철학자들은 육화라고 불렀습니다. 이로써 우리는 모든 진화에 육화가 전제된다는 사실을 알게 됩니다. 이미 거기 있지 않은 것은 그 어떤 것도 진화되어 나올 수 없는 것입니다.

여기서 다시 한 번 현대 과학이 우리를 도와줍니다. 우리는 에너지의 총량이 항상 일정하다는 사실을 잘 알고 있습니다. 당신은 우주에다 단 한 톨의 물질도, 단 한 점의 힘도 첨가할 수 없고, 그 반대 역시 마찬가지입니다. 진화란 과정도 '무'에서 비롯되지 않습니다. 그러면 진화는 어디에서 비롯될까요?

그것은 앞서 말한 육화에서 비롯됩니다. 아이는 육화되어 들어간 성인이고, 성인은 진화되어 나온 아이입니다. 씨앗은 육화되어 들어간 나무이고, 나무는 진화되어 나온 씨앗입니다. 생명의 모든 가능성이 자그마한 싹에 다 들어 있는 셈입니다.

자신을 펼쳐 보이는 생명

여기에 생명의 연속성이란 첫 번째 관념을 더하면, 문제가 조금 더 분명해집니다. 모든 생명체, 즉 가장 낮은 원생동물에서 가장 완전한 인간 존재에 이르는 그 모든 생명체는, 사실 하나의 거대한 생명일 뿐입니다. 일생 동안 우리가 무수히 다양한 발현 단계들을 거치는 것처럼(원생동물, 아기, 어린이, 젊은이, 노인 등), 원생동물에서 완전한 인간에 이르는 모든 생명체도, 하나의 연속적 생명체, 또는 하나의 사슬이 발현되는 다양한 단계들에 지나지 않습니다. 이것이 바로 진화입니다.

하지만 우리는 각각의 진화가 육화를 전제로 한다는 사실을 보았습니다. 따라서 원생동물로부터 완전한 인간을 서서히 발현시키는 이 생명의 총체는, 일련의 모든 생명들은 사실 하나의 생명으로서, 지상에 구현된 신 그 자체입니다. 신적 인간에서 정점에 달하는 전체 계열이 먼저 그 속으로 육화되어 들어간 뒤, 스스로를 현현시키면서 서서히, 서서히 솟아나고 있는 것입니다. 최후의 완전한 인간은 분명 최초의 미세한 형상 속에 이미 다 들어 있었을 것입니다. 따라서 생명들로 이루어진 이 전체 사슬은 편재하는 우주적 생명의 육화물 그 자체라 할 수 있습니다.

이 단일한 지성이 원생동물에서 완전한 인간에 이르기까지 스스로를 서서히 전개시켜 나가는 것입니다. 하지만 그렇다고 그것이 '성장'한다는 말은 결코 아닙니다. 성장과 관련된 모든 관념들은 마음에서 뿌리째 뽑아야 합니다. 성장이란 관념에는 밖으로부터 외적인 무언가를 받아들인다는 생각이 연합되어 있기 때문입니다. 이런 생각은, '모든 생명에 잠재되어 있는 무한자는 외부 조건으로부터 아무런 영향도 받지 않는다.'는 진리를 거짓된 것으로 느끼게 만듭니다. 성장은 가능하지 않고, 단지 항상 거기에 머물면서 그 자신을 현현시킬 뿐입니다.

결과는 드러난 원인입니다. 결과와 원인 사이에는 그 어떤 본질적인 차이도 존재하지 않습니다. 이 유리잔을 예로 들어 봅시다. 이 잔은 유리라는 물질에 제조자의 의지가 더해져 만들어진 것입니다. 이 두 가지는 유리잔의 원인으로서, 지금도 여전히 그 속에 고착력이란 형태로 들어 있습니다. 만일 이 힘이 존재하지 않았다면, 각각의 유리입자는 산산이 흩어져 버렸을 것입니다. 그렇다면 결과란 본질적으로 원인과 똑같은 것입니다. 단지 형상과 구성이 다를 뿐입니다. 원인이 일시적으로 변형되고 제한될 때, 우리는 그것을 결과라 부릅니다. 우리는 이 점을 기억해야만 합니다.

이제 이 사실을 생명이란 관념에 적용해 보기로 합시다. 이 생명의 현현체들, 원생동물에서 완전한 인간에 이르는 생명의 전 계열은, 우주적 생명과 똑같은 것임에 틀림없습니다. 그것은 우선 육화되어 섬세한 형상을 취했을 것이고, 이 섬세한 형상, 즉 원인으로부터 스스로를 현현시킴으로써, 다시 거친 형상을 취하게 되었을 것입니다.

하지만 불멸이란 문제는 아직 해결되지 않았습니다. 우리는 지금까지 이 우주에 있는 모든 것이 파괴될 수 없는 본성을 지녔다는 점을 보아 왔습니다. 우주에 새로운 것이란 아무것도 없고, 앞으로도 없을 것입니다. 같은 계열의 현현체들이, 마치 바퀴를 따라 도는 것처럼, 올라갔다 내려갔다 하면서 교대로 자신을 나타내 보일 뿐입니다.

우주에서 발생하는 모든 운동은 상승과 하강을 거듭하는 물결 형태로 일어납니다. 각각은 섬세한 형상으로부터 나와 스스로를 진화시키고, 거친 형상을 취한 뒤 다시 녹아내리며, 원래의 섬세한 형상으로 되돌아갑니다. 이후, 그들은 섬세한 형상으로부터 다시 솟아나고, 일정 기간 진화한 뒤, 서서히 원인을 향해 되돌아갑니다. 모든 생명이 이와 마찬가지입니다. 각각의 생명은 솟아났다 가라앉기를 반복합니다. 무엇이 가라앉습니까? 형상이 가라앉게 됩니다. 형상은 산산이 조각나 사라져 버립니다. 하지만 그것은 다시 솟아납니다.

이 삶은 무한히 되풀이된다

어떤 의미에서는 몸과 형상조차 영원합니다. 예컨대, 주사위 몇 개를 집어서 굴린다고 해 봅시다. 주사위는 6-5-3-4의 순서로 나열됩니다. 이 배열은 하나의 고유한 조합입니다. 하지만 주사위를 굴리고 또 굴린다면, 우리는 언젠가 반드시 이와 똑같은 숫자들의 조합을 얻게 될 것입니다.

이제 주사위 대신 이 우주 속에 있는 각각의 입자, 원자들을 집어서 굴린다고 해 봅시다. 그들도 한없는 조합을 형성해 낼 것입니다. 지금 여기에 유리잔, 탁자, 물주전자 등의 형상이 배열되어 있습니다. 당신 앞에 있는 이 모든 형상들이 하나의 조합입니다. 이 조합은 곧 무너져 버릴 것입니다. 하지만 언젠가는 이와 완벽하게 똑같은 조합이 다시 발생하는 순간이 올 것입니다. 당신은 여기에 있을 것이고, 이 형상들도 그대로 배열될 것이며, 이와 똑같은 주제가 다뤄질 것이고, 물주전자조차 바로 저 위치에 자리 잡게 될 것입니다. 지금 이 상황은 무한히 반복되어 왔고, 앞으로도 무한히 되풀이될 것입니다. 이로부터 우리는 물질적 형상들에 관한 진실 하나를 발견할 수 있습니다. 물질적 형상들 간의 조합조차, 영원토록 되풀이된다는 사실이 그것입니다.

이 이론을 바탕으로 하면, 매우 흥미로운 현상 하나를 설명해 낼 수 있습니다. 여러분 중에는, 아마도, 다른 사람의 전생을 읽고 미래를 예견하는 자를 본 사람도 있을 것입니다. 그런데 정해진 미래가 없다면, 미래를 예견하는 일이 어떻게 가능할까요? 과거 행위의 효과는 미래에 가서 되살아나고, 우리는 그것이 진실임을 압니다.

시카고에 있는 거대한 관람차Ferris wheel를 본 적이 있을 것입니다. 이 관람차에 매달린 작은 객차들은 관람차를 따라 회전하면서 규칙적으로 탑승객을 실어 나릅니다. 한 무리의 사람들이 객차에 탑승한 뒤 한 바퀴를 돌고 나오면, 다시 새로운 무리의 사람들이 객차에 탑승합니다. 여기서 같이 탑승하는 각 무리는, 가장 낮은 동물에서 가장 고차원적 인간에 이르는 생명 전체의 일회적 현현에 해당됩니다. 끝이 없는 자연은 무한한 대관람차와 같고, 이때 작은 객차들은 몸과 형상들이라 할수 있습니다. 그 객차들 속으로 매번 새로운 무리의 영혼들이 탑승하고, 완전해질 때까지 높이, 더 높이 올라갔다가, 마침내 관람차 밖으로 빠져나옵니다. 하지만 그 후에도 관람차는 계속 해서 돕니다. 따라서 관람차에 매달린 몸과 형상들에 관한 한, 미래를 예측하는 일은 절대적으로 가능합니다. 일부 사람들은 그 몸들이 어디로 가게 될지 수학적으로 예측해 낼 수 있습니다. 과거와 미래를 읽어낼 수 있는 건 바로 이런 사정들 때문입니다. 하지만 그들도 영혼들의 미래를 예측하지는 못합니다.

이로써 우리는, 똑같은 물리적 현상들이 일정 주기마다 되풀이될 수 있다는 사실과 이런 조합이 영원에 걸쳐 발생해 왔다는 사실도 이해하게 되었습니다. 하지만 아직 영혼 불멸이 증명된 것은 아닙니다. 우리는 지금까지 어떤 힘도 소멸될 수 없고, 어떤 물질도 제거될 수 없다고 주장해 왔습니다. 그렇다면 영혼은 과연 어떨까요? 그것은 앞뒤로 끊임없이 변화를 거듭해 나갑니다. 그것이 유래한 원천으로 회귀할 때까지 말입니다. 그 어떤 운동도 직선으로 진행되지 않습니다. 모든 운동은 하나의 순환을 형성합니다. 직선조차 무한히 긋다 보면 하나의 원을 형성하게 되어 있습니다. 그러므로 어떤 영혼도 영원히 타락할 수는 없습니다. 그것은 불가능합니다. 모든 것은 순환을 마무리짓고 원천으로 되돌아와야만 합니다.

당신과 나, 그리고 이 모든 영혼들의 본성은 무엇일까요? 진화와 육화에 대한 논의를 통해, 우리는 당신과 내가 우주적 의식, 우주적 생명, 우주적 마음의 일부임에 틀림없다는 사실을 이해하게 되었습니다. 우리는 이 우주적 영혼의 육화물로서, 순환을 완결 짓고, 우주적 지성으로 되돌아가야만 합니다. 이 우주적 지성을 사람들은 '주, 신, 예수, 붓다, 브라흐만' 등의 이름으로 부릅니다. 유물론자들은 그것을 힘Force으로 인식하고, 불가지론자들은 그것을 무한하고 표현이 불가능한 초월자Beyond로 인식합니다. 하지만 우리 모두가 그것의 한 부분이란 사실에는 변함이 없습니다.

하지만 이것도 영혼의 불멸성을 증명하기엔 충분치 못합니다. 여전히 많은 의문들이 제기될 것입니다. 어떤 힘도 파괴될 수 없다고 말하는 것도 아주 좋습니다. 하지만 우리가 보는 모든 힘과 형상들은 결국 다 조합된 것들입니다. 우리 앞에 있는 이 형상은 여러 부분들의 조합체이고, 이는 모든 힘들에 대해서도 마찬가지입니다. 이때, 만일 누군가가 힘에 대한 과학적 관념을 내세우며 '모든 힘은 여러 힘들의 총체에 지나지 않는다.'고 말한다면, 당신의 개체성은 어떻게 될까요? 조합된 모든 것은 조만간 부분적인 요소들로 되돌아가야만 합니다. 물질이나 힘들의 조합으로 이루어진 것은 무엇이든, 조만간 그것을 구성하는 요소들로 되돌아가야만 합니다. 일정한 원인들에 의해 형성된 결과물은 죽을 수밖에 없고, 파괴될 수밖에 없습니다. 그것은 부서지고, 흩어지며, 부분 요소들로 해체되고 말 것입니다.

하지만 영혼은 힘이 아닙니다. 영혼은 생각조차 아닙니다. 그것은 생각의 제조자지만, 생각 그 자체는 아닙니다. 그것은 몸의 제조자지만, 몸 그 자체는 아닙니다. 몸은 지적이지 않기 때문에 우리는 몸이 영혼일 수 없다는 점을 이해합니다. 시체는 지적이지 못하고, 푸줏간의 고기도 지적이지 못합니다. 그렇다면 지성이란 말은 대체 무엇을 의미하는 걸까요? 그것은 반응하는 힘Reactive power을 의미합니다. 이 문제를 좀 더 깊게 파헤쳐 보기로 합시다.

마음으로 보는 법

여기 주전자가 하나 있습니다. 나는 그것을 볼 수 있습니다. 주전자에서 나온 빛이 내 눈으로 들어가 망막에 상을 형성하면, 이 상은 신경을 타고 뇌로 전달됩니다. 하지만 아직까지는 아무것도 보이지 않습니다. 뇌에 있는 신경 중추가 이 인상을 마음으로 실어나르고, 이에 마음이 반응을 일으키면, 반응이 촉발됨과 동시에 주전자가 내 앞에서 번뜩입니다.

더 단순한 예를 들어 봅시다. 당신이 내 말에 강도 높게 집중하고 있을 때, 모기 한 마리가 당신 코끝에 앉아서 모기만이 선사할 수 있는 그 유쾌한 감각을 제공해 준다고 합시다. 하지만 당신은 내 말에 너무 집중한 나머지 그 모기를 조금도 느끼지 못합니다. 무슨 일이 일어난 걸까요? 그 모기는 당신 피부의 특정 부위를 깨물었고, 그곳에 있던 특정 신경들이 자극을 받았습니다. 그 신경들은 이 감각을 뇌로 전달해 주었고, 이로써 인상의 전달이 완료되었습니다. 하지만 마음은, 다른 곳에 몰두한 나머지, 아무런 반응도 보이지 않았습니다. 그래서 당신이 모기의 존재를 알아차리지 못한 것입니다.

새로운 인상이 들어오더라도, 마음이 그에 반응을 보이지 않으면, 우리는 의식을 하지 못합니다. 하지만 마음이 반응을 보이면, 우리는 보고, 느끼고, 들을 수 있게 됩니다. 상키야* 철학에서 말하듯, 이 반응과 함께 '조명Illumination'이 일어

> **상키야**Samkhya
> 정통 힌두교의 육파철학 중 하나로
> 카필라Kapila에 의해 창시되었다.
> 프라크리티Prakriti(자연)와 푸루샤
> Purusha(영)의 결합으로 우주가 진화
> 한다고 가르친다.

나는 것입니다. 이처럼 '조명'을 일으키는 건 결코 몸이 아닙니다. 관심이 첨가되지 않는 한, 그 어떤 감각도 일어날 수 없기 때문입니다.

특정 언어를 배우지 않은 사람이, 독특한 조건하에서, 그 언어를 구사한 사례들이 알려져 있습니다. 그중 한 남자를 조사해 본 결과, 어렸을 적에 해당 언어를 구사하는 사람들과 어울

려 살면서 그 언어의 인상을 받아들였다는 사실이 밝혀졌습니다. 언어의 인상들이 마음 또는 뇌 속에 저장되어 있다가, 어떤 자극을 받은 뒤에야 조명을 일으킨 것입니다. 이 남자가 나중에 가서야 언어를 구사하게 된 건 바로 이 때문입니다.

이 사례는 마음만으로는 충분치 못하다는 사실, 즉 마음 그 자체도 손에 쥐어진 도구에 불과하다는 사실을 보여 줍니다. 그 소년의 마음에는 이미 그 언어가 포함되어 있었지만, 그는 그 사실을 알지 못했기 때문입니다. 그는 나중에 가서야 이 점을 깨달을 수 있었습니다. 이 같은 현상은 마음 배후에 무언가 있다는 사실을 드러내 줍니다. 그 남자가 소년이었을 때는 그 무언가가 자신의 힘을 사용하지 않았지만, 소년이 성장을 하자 힘을 발휘하여 그 인상들을 활성화시킨 것입니다.

첫째로 몸이 있고, 둘째로 마음 또는 생각이라는 도구가 있으며, 셋째로 이 마음 배후에 자리 잡은 '자기'가 있습니다. 이러한 배후의 자아, 영혼을 산스크리트어로 '아트만'이라고 부릅니다. 현대의 철학자들은 생각을 뇌 속에서 일어나는 분자 배열의 변화로 간주하므로, 방금 언급한 사례를 설명할 수 없었습니다.

마음은 뇌와 밀접하게 연관되어 있고, 뇌는 몸이 바뀔 때마다 죽음을 맞이합니다. 하지만 조명을 일으키는 자는 '자기'이고, 마음은 그의 손에 들린 도구에 지나지 않습니다. '자기'는 마음이란 도구를 통해 더 외부에 위치한 몸을 운용합니다. 인식은 이런 식으로 일어납니다. 우선, 외부에 위치한 도구들이 인상을 포착하여 그것을 기관들로 전송합니다.(눈과 귀는 수신기에 지나지 않는다는 점을 잊지 말아야 합니다. 진정으로 작용하는 기관은 내부 기관, 즉 신경 중추들입니다.) 산스크리트어로는 이 중추들을 인드리야*라고 부릅니다. 그러면 이들은 그 감각을 마음으로 전달하고, 마음은 그것을 더 뒤에 위치한 또 다른 상태의 마음, 즉 산스크리트어로 '치타*'라고 부르는 마음으로 전달합니다. 이곳에서 인상들이 의지로 조직됩니다. 그 뒤, 이 모

> **인드리야**Indriyas
>
> 힘이라는 뜻으로, 보통 눈, 귀, 코, 혀, 몸의 다섯 가지 인식기관과 감각들을 지칭한다.
>
> **치타**Chitta
>
> 기억의 저장고 역할을 하는 내적 기관의 일부로, 마음을 지칭한다.

든 자극들의 총체가 내면에 위치한 왕 중의 왕, 왕좌에 앉아 있는 지배자, 즉 '자기'에게로 전달됩니다. '자기'가 그 모두를 이해한 뒤 명령을 내리면, 마음은 즉시 기관들에 영향을 주고, 기관들은 다시 신체에 영향을 줍니다. 진정한 인식자, 진정한 지배자, 이 모두를 창조하고 관할하는 자는 결국 인간의 '자기'인 셈입니다.

이로써 우리는 인간의 '자기'가 몸도 아니고, 생각도 아니라

는 사실을 알게 되었습니다. 또한 그것은 결코 합성물일 수 없습니다. 합성된 모든 것은 보여지거나 상상될 수 있기 때문입니다. 상상되거나 인식될 수 없고, 한데 묶일 수도 없는 그것은 힘이나 물질도 아니고, 원인이나 결과도 아닙니다. 따라서 그것은 합성물일 수 없습니다. 합성물은 우리의 정신과 생각이 미치는 영역 내에서만 존재할 수 있기 때문입니다. 그런데 정신과 생각이 미치는 영역이란 바로 법칙이 지배하는 영역이므로, 법칙을 초월한 무언가가 있다면, 그것은 결코 합성물일 수 없습니다.

인과의 법칙 너머에 있는 인간의 '자기'는 합성물이 아닙니다. 그것은 법칙에 종속된 모든 것의 지배자로서, 영원히 자유로우며, 결코 죽지 않습니다. 죽음은 부분 요소들로 되돌아가는 것을 의미하지만, 애초부터 합성물이 아니었던 것은 그렇게 될 수 없기 때문입니다. '영혼이 죽는다.'는 말은 순전히 헛소리에 지나지 않습니다.

우리는 지금 점점 더 섬세하게 영혼을 추적해 들어가고 있습니다. 아마 여러분 중에는 불편함을 느낀 사람도 있을 것입니다. 하지만 어쨌든, 우리는 이 '자기'가(물질, 힘, 생각이 지배하는 이 작은 우주 너머에 있는), 합성되지 않은 단순한 실재로서, 결코 죽을 수 없다는 사실을 이해했습니다. 그런데 죽지 않는 것은 살 수도 없습니다. 삶과 죽음은 동전의 양면이기 때문입니다. 삶은 죽음의 또 다른 이름이고, 죽음은 삶의 또 다른 이름입니다. 현현의 특정한 한 양식을 우리는 삶이라고 부르지만, 그 동일한 실체가 다르게 현현하면 우리는 그것을 죽음이라 부릅니다. 높이 솟아오른 파도가 삶이라면, 움푹 파인 파도는 죽음인 셈입니다. 따라서 죽음을 넘어선 무언가가 있다면, 그것은 삶까지도 함께 넘어서 있을 수밖에 없습니다.

편재하는 영혼

여러분에게 첫 번째 결론을 환기시키고자 합니다. 인간의 영혼이 우주적 힘, 즉 신의 일부를 이룬다는 것이 우리의 첫 번째 결론이었습니다. 이제 우리는 그것이 삶과 죽음을 넘어서 있다는 점을 발견했습니다. 따라서 당신은 태어난 적도 없고, 앞으로 죽지도 않을 것입니다. 그렇다면 우리 주변에서 목격되는 이 탄생과 죽음들은 대체 무엇일까요? 그런 것들은 오직 몸에만 속합니다. 영혼은 모든 곳에 편재하기 때문입니다.

어쩌면 당신은 이렇게 물을지도 모릅니다.

"그게 어떻게 가능합니까? 여기 수많은 사람들이 앉아 있는데, 당신은 영혼이 모든 곳에 편재한다고 말하고 있습니다."

그렇다면 나는 이렇게 되물을 것입니다.

"자연의 법칙을 넘어선 것, 인과의 법칙을 넘어선 그것을 대체 무엇이 제한할 수 있겠습니까?"

눈앞에 보이는 이 유리잔은 제한되어 있으므로, 그것은 편재하지 않습니다. 주변의 물질들이 이 형상을 강요하면서 확장을 허용치 않기 때문입니다. 그것은 주변을 둘러싼 모든 것들에 의해 조건 지어져 있고, 따라서 제한되어 있습니다. 하지만 법칙을 넘어선 그것이, 그 어떤 것에 의해서도 작용 받지 않는 그것이, 대체 어떻게 제한될 수 있겠습니까? 그것은 편재할 수밖에 없습니다. 당신은 이 우주 전역에 걸쳐 존재하는 것입니다.

그렇다면 '나는 태어났다.' '나는 죽을 것이다.' 같은 생각들은 무엇일까요? 그것은 무지의 언어로서, 두뇌에 일어난 착란에 지나지 않습니다. 당신은 태어나지 않았고, 따라서 죽지도 않을 것입니다. 당신은 이 세상에 태어난 적이 없고, 앞으로도 태어나지 않을 것이며, 윤회하거나 죽지도 않을 것입니다. 오고 간다는 게 대체 무슨 뜻인지 생각해 보십시오. 그 모두가 얄팍한 헛소리에 지나지 않습니다. 당신은 모든 곳에 편재합니다.

탄생과 죽음은 미세한 몸, 당신이 마음이라 부르는 그 섬세한 몸의 변화가 일으킨 환각에 지나지 않습니다. 오고가는 것은 바로 그것입니다. 하지만 그것은 하늘 앞을 지나가는 작은 구름 조각에 불과합니다. 그것은 움직이면서, 하늘 자체가 움직인다는 환상을 창조해 내기도 합니다.

당신은 가끔씩 달을 스치는 구름을 보면서, 달이 움직이는 것 같은 인상을 받습니다. 기차에 타고 있을 때는 땅이 날아가는 것처럼 보이고, 배에 타고 있을 때는 물이 움직이는 것처럼 느껴집니다. 하지만 사실, 당신은 가지도 오지도 않으며, 태어난 적도 없고, 죽지도 않을 것입니다. 당신은 무한하고, 영원히 현존하며, 모든 인과의 법칙을 넘어서 있고, 영원히 자유롭습니다. 태어나지도 않았는데 어떻게 죽을 수 있나요? 그런 생각은 부적절하며, 완벽한 헛소리입니다.

논리적 결론에 도달하려면, 우리는 여기서 한 단계 더 나아가야 합니다. 적당한 선에서 타협할 순 없습니다. 형이상학자라면 마땅히 타협안을 거부해야 합니다. 우리가 그 모든 법칙을 넘어서 있다면, 우리는 모든 것을 아는 존재, 영원히 축복받은 존재임에 틀림없습니다. 모든 지식과 힘, 축복이 우리 안에 내재되어 있음에 틀림없습니다. 이 사실에는 의심의 여지가 없습니다. 당신은 모든 곳에 존재하고 모든 것을 아는 존재입니다.

하지만 모든 곳에 존재하는 그런 존재가 여럿일 수 있을까요? 편재하는 존재들이 수백 수천만 이상 존재할 수 있을까요? 물론 불가능합니다. 그렇다면 여기 있는 우리는 무엇이란 말일까요? 이 모두가 사실은 하나입니다. 그런 '자기'는 오직 하나뿐이고, 그 하나의 '자기'가 바로 당신입니다. 우리가 영혼이라 부르는 그것은 자연의 배후에 서 있습니다. 그 존재는 오직 하나뿐입니다. 모든 곳에 존재하고, 모든 것을 알며, 태어나지도, 죽지도 않는 그것, 영원한 지복인 그것은 오직 하나뿐입니다.

그의 힘으로 하늘이 펼쳐지고, 그의 힘으로 대기가 숨을 쉬며, 그의 힘으로 태양이 빛을 발하고, 그의 힘으로 모든 존재가 생명을 얻습니다. 그는 자연에 내재한 실재이고, 당신 영혼 배후의 영혼입니다. 아니, 그 이상입니다. 당신이 바로 '그'이며, 당신과 '그'는 하나입니다.

'둘'이 있는 곳에는 어디든 불안이 있고, 위험이 있으며, 갈등이 있고, 투쟁이 있습니다. 하지만 모두가 '하나'라면, 미워하고 반목할 사람이 어디 있겠습니까? 모든 것이 '그'라면, 대체 누구하고 싸울 수 있겠습니까? 일체성은 삶의 진정한 본성을 설명해 주고, 존재의 진정한 본질을 해명해 줍니다. 이것이 완벽이고, 이것이 신입니다. 따라서 분리된 다수성을 본다면, 당신은 여전히 미혹된 것입니다.

다수성이 지배하는 이 세상에서 '하나'를 보는 자, 변하는 이 세상에서 불변의 '그'를 보는 자, 그 절대자를 자기 영혼의 영혼Soul으로, 자기 자신의 '자기'로 이해하는 자, 그야말로 자유롭고 축복받은 존재입니다.

그러므로 그대가 '그'임을 알고, 그대가 '신'임을 아십시오.* '나는 남자다, 여자다, 나는 병들었다, 건강하다, 나는 강하다, 약하다, 나는 미

타트 트밤 아시Tat tvam asi
'그대가 그것이다'라는 뜻. 개인적 자아와 궁극적 자기의 동일성을 지칭하는 베다의 성스러운 문구다.

워한다, 사랑한다.' 등과 같은 이 무수한 생각들은 전부 망상에 지나지 않으므로 그것들을 내버리십시오. 무엇이 당신을 약하게 만듭니까? 무엇이 당신을 불안하게 만듭니까? 당신은 이 우주 유일의 존재입니다. 무엇이 당신을 두렵게 만듭니까?

그러니 일어서서 자유를 누리며, 당신을 약하게 만드는 모든 생각과 말들이 이 세상의 유일한 악임을 아십시오. 인간을 나약하고 불안하게 만드는 모든 것들이 바로 유일한 악입니다. 그것들을 피하십시오. 대체 무엇이 당신을 불안에 떨게 할 수 있겠습니까? 태양이 떨어지고, 달이 산산조각 나고, 모든 체계들이 소멸된다 해도, 그게 당신에게 무슨 영향을 미칠 수 있겠습니까? 바위처럼 우뚝 서십시오. 당신은 불멸입니다. 당신은 '자기'이고, 이 우주의 신입니다.

그러니 이렇게 말하십시오.

"나는 절대 존재Existence Absolute요, 절대 지복Bliss Absolute이요, 절대 의식Knowledge Absolute이다. 내가 곧 '그'다."

사자처럼 달려들어 우리를 찢고, 사슬을 부순 뒤, 영원한 자유를 누리십시오. 무엇이 당신을 두렵게 하며, 무엇이 당신을 억누를 수 있겠습니까? 그런 건 오직 무지와 미망일 뿐입니다. 그 외의 어떤 것도 당신을 구속할 수 없습니다. 당신은 영원한 지복의 존재, 즉 순수한 '하나'입니다.

어리석은 바보들은 당신더러 죄인이라고 합니다. 그러면 당신은 구석에 쭈그리고 앉아 눈물을 흘릴 것입니다. 하지만 사람을 죄인 취급하는 것은 어리석음이자, 사악함이자, 비열함의 극치에 불과합니다. 여러분 모두가 신입니다. 누가 신을 보지 못한 채 '그'를 인간이라 부르려 합니까? 그러니 감히 이 관념에 의지하여, 당신의 전 인생을 그에 맞게 주조해 내십시오. 누군가가 당신 목을 베려고 하더라도, 안 된다고 말하지 마십시오. 목을 베는 자는 결국 당신 자신이기 때문입니다. 가난한 사람을 돕더라도, 털끝만큼의 자부심도 느끼지 마십시오. 그 행위는 결국 당신 자신에 대한 경배이기 때문입니다.

전 우주가 곧 당신 아닌가요? 세상에 당신 아닌 자가 어디 있단 말입니까? 당신은 이 우주의 영혼Soul입니다. 당신은 태양이자, 달이자, 별입니다. 모든 곳에서 빛을 발하는 그것이 바로 당신입니다. 전 우주가 당신입니다. 그러니 당신이 누구를 미워할 수 있겠습니까? 누구에게 화를 낼 수 있겠습니까? 그러므로 당신이 '그'임을 알고, 당신의 전 인생을 그에 맞게 변형시키십시오. 이 진실을 알고 그에 맞게 자신의 삶을 조율하는 자는, 더 이상 어둠 속을 헤매지 않게 될 것입니다.

아트만,
그 구속과
해방에 대하여

미국에서 행한 연설

벽은 아무런 욕망도 없고, 이는 완전한 인간 역시 마찬가지입니다. 하지만 벽에게는 욕구할 수 있는 능력이 없는 반면, 완전한 인간에게는 욕구할 대상 자체가 없습니다. 세상에는 뇌에 문제가 있어 아무것도 욕구할 수 없는 백치들이 있습니다. 그런데 가장 고차원적인 상태는 이처럼 아무 욕망도 지니지 않을 때 도달됩니다. 하지만 이 둘은 같은 상태의 양극단일 뿐입니다. 한쪽은 동물에 가깝지만, 다른 한쪽은 신에 가까운 것입니다.

단 하나의 진실

불이일원론* 철학에 의하면, 우주에
는 진실된 것이 단 하나뿐입니다. 브
라흐만이라 불리는 것이 그것입니
다. 그 밖의 모든 것은 마야의 힘에
의해 브라흐만으로부터 현현되어 나
옵니다.

불이일원론Advaita

베단타 철학의 한 학파로서, 신과 영
혼과 우주의 단일성에 대해 가르친
다. 핵심 주창자로는 인도의 가장 위
대한 성인이자 철학자인 샹카라차리야
Sankaracharya(A.D. 788-820)를 들
수 있다.

    브라흐만으로 되돌아가는 것이 우리의 목적입니다. 우리는,
우리 각자는, 브라흐만이라는 그 실재Reality에 마야를 더한 결
과물입니다. 이러한 마야, 즉 무지를 제거할 수만 있다면, 우리

는 우리의 진정한 모습을 되찾게 될 것입니다.

이 철학에 의하면, 인간은 세 부분으로 구성되어 있습니다. 몸과 마음, 그리고 그 배후에 있는 '자기'가 그것입니다. 자기는 보통 아트만이라 불립니다. 이들 중 몸은 아트만의 외부의 거죽에 해당되고, 마음은 내부의 거죽에 해당됩니다. 아트만은 몸속에 존재하는 진정한 '존재'로서, 진정한 인식자이자 진정한 향유자입니다. 마음이란 수단을 통해 몸을 작동시키는 것이 아트만입니다.

아트만은 존재하는 유일한 실재입니다. 그것은 비물질적이고, 비물질적이기에 인과의 법칙에 종속되지 않습니다. 그것은 불멸입니다. 불멸인 존재에게는 시작이 없습니다. 시작이 있는 모든 것에는 끝도 있기 때문입니다. 그것이 형상을 여의었다는 점도 자연히 귀결됩니다. 물질 없이는 그 어떤 형상도 있을 수 없으며, 형상을 지닌 모든 것에는 반드시 시작과 끝이 있기 때문입니다. 발생하지도 않았고, 소멸되지도 않을, 그런 형상을 본 사람은 여기 단 한 명도 없습니다.

형상은 힘과 물질의 조합으로 형성됩니다. 예컨대, 이 의자가 취하고 있는 형상은, 특정한 강도의 힘이 특정한 양의 물질에 작용하여 형성된 것입니다. 이 독특한 형상은 힘과 물질이 조합된 결과로서, 이 조합은 영원할 수 없습니다. 조합된 모든 것은 반드시 해체되기 마련입니다. 이처럼, 모든 형상에는 시작과 끝이 있습니다. 우리는 우리 몸이 언젠가는 죽는다는 점을 알고 있습니다. 이 몸은 형성된 것이므로 조만간 해체될 수밖에 없습니다.

하지만 형상을 여읜 '자기'에게는 시작도, 끝도 있을 수 없습니다. 그것은 무한의 시간 동안 존재해 왔습니다. 또한, '자기'는 모든 곳에 편재해야만 합니다. 공간에 의해 한정되고 제약받을 수 있는 건 오직 형상뿐이기 때문입니다. 형상을 여읜 것은 공간에 의해 제한될 수 없습니다.

따라서, 불이일원론 베단타에 의하면, 당신과 내 안에 존재하는 '자기', 즉 아트만은 모든 곳에 두루 현존합니다. 당신은 이 땅 위에 있는 것만큼이나 태양 속에도 있고, 미국에 있는 것만큼이나 영국에도 있습니다. 하지만 '자기'는 특정한 마음과 몸을 통해 작용함으로써, 그 활동을 겉으로 드러냅니다.

우리가 하는 모든 행동과 우리가 하는 모든 생각들은 마음 위에 삼스카라*를 형성해 냅니다. 그리고 이

> **삼스카라**Samskara
> 행위에 의해 형성된 정신적 인상이나 경향성을 지칭한다.

인상들의 총체는 성격이라는 어마어마한 것을 형성해 냅니다. 이 성격이란 것은 결국 우리 스스로 창조해 내는 것으로서, 살면서 행한 정신적, 신체적 행위들의 최종 결과물이라 할 수 있

습니다. 죽음을 맞이한 인간 영혼에게 방향성을 부여해 주는 힘도 바로 이 삼스카라들의 총체입니다.

사람이 죽으면, 몸은 분해되어 요소들로 되돌아가게 됩니다. 하지만 마음에 새겨진 삼스카라들은 그대로 보존됩니다. 섬세한 물질로 이루어진 마음은 분해되지 않는데, 왜냐하면 물질이 섬세하면 섬세할수록 그만큼 더 안정적이고 영속적이기 때문입니다. 하지만 마음도 결국에 가서는 분해되고 맙니다. 마음의 이 같은 분해가 바로 우리의 목적입니다.

바람의 몸처럼 살아가다

이 내용을 설명하기 위해 동원할 수 있는 가장 적절한 대상은 아마도 바람일 것입니다. 회오리바람을 한번 떠올려 보십시오. 여러 방향에서 불어온 서로 다른 기류의 바람들이 한 지점에서 합쳐져 회전하기 시작합니다. 이 바람은 회전을 통해 하나의 바람기둥을 형성해 내고, 특정 지역으로부터 먼지, 종잇조각, 지푸라기 등을 빨아들입니다. 하지만 다른 지역에 이르고 나면 그것은 그들 모두를 다시 땅 위에 떨어뜨립니다. 이렇게, 그 바람은 자기 앞에 있는 물질을 휘감아 올려 몸을 형성하고, 다시 무너뜨리기를 계속해 나갑니다.

산스크리트어로 프라나*라고 부르는 힘도 마찬가지입니다.

그 힘은 한곳으로 모여들어 그 지점
에 있는 물질로 몸과 마음을 형성해
내고, 그 형상으로 일정기간 동안 살
아가다가, 그 몸이 무너지고 나면 다

른 물질을 빨아들여 다시 새로운 몸을 형성해 냅니다. 그것은,
이 몸이 무너지면 또 다른 몸을, 그 몸이 무너지면 또 다른 몸
을 형성하는 식으로 계속 삶을 이어 나갑니다.

물질이 없다면 힘은 자신의 여정을 이어갈 수 없습니다. 따
라서 몸이 무너지고 나면 프라나는 마음이란 미세한 물질에
작용하면서 다른 지점으로 옮겨 가고, 그곳에서 새로운 물질
을 취해 또 다른 몸을 휘감아 올립니다. 이처럼, 그것은 이곳에
서 저곳으로 옮겨다니며 여행을 거듭하다가, 힘이 전부 소진
되고 나면, 지쳐서 무너져 내립니다. 그리고 이렇게 마음이 완
전히 산산조각 나 죽음을 맞이하면(그 어떤 삼스카라도 남기지
않은 채), 우리는 완전한 해방을 맞게 됩니다.

하지만 그 전까지는 해방될 수 없습니다. 마음과 인상들이
란 소용돌이가 아트만을 뒤덮은 채 이곳저곳으로 끌고 다니기
때문입니다. 그렇지만 결국 소용돌이가 잦아들고 나면, 아트만
은 자신이 모든 곳에 두루 현존하는 존재임을 깨닫게 됩니다.
아트만은 원하는 곳이면 어디든 갈 수 있고, 완벽히 자유로우

며, 원하는 수만큼의 마음과 몸들을 만들어 낼 수 있습니다. 이 자유가 바로 우리 모두가 다가서고 있는 목적지입니다. 하지만 그 전까지 우리는 오직 소용돌이를 통해서만 이동할 수 있습니다.

이 방에 공 하나가 놓여 있다고 해 봅시다. 우리는 각자 나무망치 하나씩을 들고 그 공을 내리치기 시작합니다. 공은 수백 번 맞으면서 방의 이곳저곳으로 튀어 다니다가, 결국 열린 문을 향해 밖으로 날아갑니다. 공에 가해진 각각의 타격 모두가 나름의 효과를 산출해 내고, 그 공이 날아가는 방향과 속도는 그 모든 힘들에 의해 결정됩니다. 우리가 하는 정신적, 신체적 행동 하나하나가 바로 그 힘입니다. 그리고 우리 마음은 타격을 받는 그 공이라 할 수 있습니다.

우리는 세상이란 방 안에서 끊임없이 타격을 받고 있고, 그 공이 취하는 속도와 방향은 받아들인 타격들에 의해 좌우됩니다. 밖으로 나오는 경로 역시 그 타격들 전체의 힘에 의해 결정됩니다. 따라서 우리의 현생은 전생의 결과라 할 수 있습니다. 그리고 이 세상에서 하는 우리의 모든 행위는 다음번 탄생을 결정지을 것입니다.

내가 당신에게 사슬 하나를 건네준다고 해 봅시다. 그 사슬은 검은 고리와 흰 고리를 교대로 이은 것으로서(이 둘이 하나의 단위를 형성합니다.) 시작도 끝도 없이 무한히 이어져 있습니다. 이때, 만일 내가 이 사슬의 본성을 묻는다면, 당신도 처음에는 답변을 주저할 것입니다. 사슬의 양끝이 무한하기 때문입니다. 하지만 당신은 곧 이 사슬이 검은 고리와 흰 고리의 무한 반복이란 사실을 알아차릴 것입니다. 단위 하나의 본성만 제대로 이해하면, 당신은 전체 사슬의 본성을 이해할 수 있습니다. 완벽한 반복이기 때문입니다.

이와 마찬가지로, 우리의 모든 삶(과거, 현재, 미래의 삶)도 하나의 사슬을 이룹니다. 그 사슬에는 시작도 끝도 없지만, 들여다보면 사슬의 각 단위는 탄생과 죽음으로 이루어진 하나의 삶입니다. 여기 이 삶에서 우리가 하는 행위와 우리의 존재는 별다른 변화도 없이 계속해서 반복되고 있습니다. 따라서 삶의 이 한 단위만 이해한다면, 우리는 이 세상에서 겪어 나가야할 모든 삶들을 이해하게 될 것입니다. 이로써, 우리는 현재의 삶이 우리의 전생에 의해, 즉 우리 자신의 과거 행위들에 의해 엄밀히 결정된다는 사실을 알게 되었습니다.

현재 행위들의 총체를 등에 진 채 이 세상 밖으로 나가게 되는 것처럼, 우리는 과거 행위들의 총체를 등에 진 채 이 세상 속으로 들어오게 됩니다. 우리를 데려가는 것과 우리를 데려오는 것이 완벽히 일치하는 것입니다.

다시 묻건대, 우리를 데려오는 것은 무엇입니까? 그것은 우리의 과거 행위들입니다. 우리를 데려가는 것은 무엇입니까? 그것은 이곳에서 행하는 우리 자신의 행위들입니다.

우리는 이런 식으로 계속해서 삶을 이어 나갑니다. 자기 입에서 나온 실로 고치를 짓다가, 결국 자신이 그 고치 속에 갇혀 버리고 말았다는 사실을 깨닫게 되는 애벌레처럼, 우리는 자신의 행위들로 우리 자신을 속박해 왔습니다. 우리는 자신의 몸 주위를 행위의 그물로 감싸 왔습니다. 우리는 스스로 인과의 법칙을 작동시켜 왔지만, 그 법칙에서 벗어나는 것이 힘들다고 느낍니다. 직접 수레바퀴를 작동시켜 놓고 그 아래 깔려버리는 것입니다. 이러한 철학은 우리에게 다음과 같은 것들을 가르칩니다.

"너희는 오직 너희 자신의 행위(선행이든 악행이든)에 의해서만 속박당한다."

아트만은 오거나 가지 않고, 태어나거나 죽지도 않습니다. 자연이 아트만 앞에서 움직일 뿐입니다. 하지만 이 움직임의 반영물이 아트만 위에 드리워지면, 그 아트만은 어리석게도 자연이 아닌 '자신'이 움직인다고 생각합니다. 이런 생각에 빠지면, 아트만은 속박을 당합니다. 하지만 자신이 결코 움직이지 않고, 편재하는 존재란 사실을 깨닫게 되면, 아트만은 자유

로워집니다. 속박 상태에 놓인 이 아
트만을 지바*라 부릅니다. 이 지바,
즉 속박된 영혼은 높거나 낮은 상태
들로 옮겨다닙니다. 이것이 잘 알려

> **지바**Jiva
>
> 생명 있는 존재란 뜻으로, 아직 진정한
> 영혼임을 깨닫지 못한 개인적 영혼을 지
> 칭한다. 본질적으로는 우주적 영혼과 하
> 나다.

진 윤회의 법칙으로서, 모든 창조물이 이 법칙에 종속되어 있
습니다.

브라흐만으로 되돌아가기

사람들은 인간이 동물로 태어날 수도 있다는 생각을 지나치게
두려워하곤 합니다. 우리에게 영혼이 있다면 그들에게도 있을
것이고, 그들에게 영혼이 없다면 우리에게도 없을 것입니다.
인간에게만 영혼이 있고 동물에게는 없다는 건 말도 안 되는
소리입니다. 지금껏 저는 동물보다 못한 인간들을 많이 보아
왔습니다.

　인간의 영혼은 오늘날까지 낮거나 높은 형상들 속에 머물러
왔습니다. 자신의 삼스카라에 따라 한 몸에서 다른 몸으로 이
주하면서 말입니다. 하지만 이 영혼은 가장 고차원적 형상인
인간의 몸을 통해서만 자유를 얻을 수 있습니다. 인간의 형상
은 심지어 신의 형상보다도 더 높습니다. 그것은 모든 형상들
가운데 가장 높은 형상입니다. 인간을 창조된 존재들 중 가장

높은 형상으로 보는 이유는, 오직 인간만이 자유를 얻을 수 있기 때문입니다.

이 모든 우주는 본래 브라흐만 속에 존재했었습니다. 그것은, 흔히 말하듯, 브라흐만 밖으로 방출되어 나왔고, 이후 다시 그 원천으로 되돌아가기 위한 운동을 계속해 왔습니다. 발전기에서 나온 전기가 순환을 완료하고 다시 발전기로 되돌아가듯이 영혼도 이와 마찬가지입니다. 브라흐만으로부터 방출되어 나온 영혼은, 온갖 종류의 식물과 동물 형상을 거쳐 마침내 그 브라흐만에 가장 가까운 인간 형상을 취하게 됩니다.

우리가 솟아난 브라흐만으로 되돌아가는 것, 그것이 바로 삶이라는 이 위대한 투쟁입니다. 사람들이 이 사실을 알든 모르든 상관없습니다. 이 우주 속에서 일어나는 모든 움직임과 투쟁들(광물이나 식물이나 동물들 속에서 발생하는)은 그 중심으로 되돌아가 쉼을 얻으려는 노력에 다름아닙니다. 한때 평형 상태가 존재했고, 그 상태가 파괴되었으며, 이후 모든 부분들(모든 원자와 분자들)이 그 잃어버린 평형을 되찾기 위해 투쟁해 왔습니다. 부분들은 이 투쟁을 통해 재결합되면서, 자연의 모든 경이로운 현상들을 창조해 냈습니다. 동물과 식물의 삶 속에서 일어나는 모든 투쟁과 경쟁들, 그리고 인간이 일으키는 모든 사회적 분쟁과 전쟁들은, 그 평형 상태를 되찾으려는 영원한 몸부림의 표현에 지나지 않습니다.

탄생에서 죽음으로 가는 움직임, 이러한 여행이 바로 삼사라Samsara입니다. 이 산스크리트 용어에는 탄생과 죽음의 순환이란 의미가 담겨 있습니다. 모든 창조물이 이 순환을 거치고 있고, 머지않아 자유에 이르게 될 것입니다. 여기서 이런 질문이 일어날지 모릅니다.

"우리 모두가 결국 자유에 이르게 되어 있다면, 왜 그것을 얻기 위해 '투쟁'해야 하는가? 모든 사람이 자유에 이를 것이라면, 왜 그냥 앉아서 기다리지 않는가? 모든 존재가 머지않아 자유로워진다는 말이 사실이라면, 모든 것이, 그 어떤 것도 파괴되지 않고, 해방에 이르게 된다는 말이 사실이라면, 그걸 위해 투쟁하는 것이 대체 무슨 소용이란 말인가?"

우선, 우리의 투쟁은, 우리를 그 중심으로 이끌 수 있는 유일한 수단입니다. 둘째로, 우리는 우리들이 왜 투쟁하는지 모릅니다. 우리는 단지 그렇게 해야 합니다.

많은 인간들 중 오직 일부만이 자신이 자유를 향해 나아가고 있다는 사실을 자각합니다. 대다수의 사람들은 물질적 대상들만으로 만족합니다. 하지만 깨어난 사람들, 원천으로 돌아가기를 희망하는 사람들, 이곳에서의 유희에 질린 사람들도 분명 있습니다. 이들은 의식적으로 노력을 해 나갑니다. 하지만 나머지는 그 일을 무의식적으로 해 나갑니다.

베단타 철학의 알파와 오메가는 '세상을 포기하는 것'입니다. 허상을 포기하고 진상을 되찾는 것, 그것이 베단타의 정수입니다. 세상에 매혹되어 있는 사람들은 이렇게 물을지 모릅니다.

"왜 세상에서 벗어나 원천으로 돌아가려 노력해야 하는가? 우리 모두가 신으로부터 나왔다 치자. 하지만 우리에게는 이 세상도 즐겁고 훌륭해 보인다. 그러니 세상으로부터 더 많은 향락을 얻어내려 하는 편이 낫지 않은가? 대체 왜 이 세상에서 벗어나려 노력해야 한단 말인가?"

또한 이렇게 말하고 싶을 것입니다.

"세상에 일고 있는 이 엄청난 진보를 보라. 우리는 얼마나 많은 사치를 가능케 했는가! 나는 이걸 즐겨야겠다. 왜 이 세상을 버리고 이것 이외의 무언가를 추구하는가?"

이에 대한 답변은, 이 세상이 결코 영속적이지 않고 변한다는 것입니다. 게다가 우리는 수차례에 걸쳐 같은 향락을 누려 왔습니다. 지금 우리가 보는 이 모든 형상들은 여러 차례에 걸쳐 반복적으로 현현되어 왔고, 우리가 살아가는 이 세상도 이미 수차례에 걸쳐 현현되어 왔습니다. 나는 여기서 이미 여러 차례에 걸쳐 강연해 왔고, 당신은 지금 듣고 있는 이 말들을 전에도 이미 여러 차례 들은 바 있습니다. 이는 앞으로도 여러 차례 걸쳐 반복될 것입니다. 같은 영혼이 다른 몸에 의지해 가며 비슷한 경험을 수없이 되풀이하는 것입니다.

양극단은 멀고도 가깝다

모든 일들은 주기적으로 일어납니다. 예컨대, 당신이 주사위서너 개를 집어 들어 던진다고 해 봅시다. 하나는 5, 다른 하나는 4, 또 다른 하나는 3, 나머지 하나는 2라는 숫자가 나옵니다. 이때, 만일 당신이 그 주사위를 계속해서 던진다면, 이와 똑같은 숫자들이 언젠가는 반드시 다시 나올 것입니다. 계속해서 던지다 보면, 아무리 오랜 시간이 걸리더라도, 이 숫자들이 되풀이되는 때가 반드시 올 것입니다. 언제 다시 되풀이될 것인지 예측하는 것은 불가능합니다. 그건 우연의 법칙에 의해 결정됩니다.

이 세상에 대해서도 마찬가지입니다. 다시 되풀이되기까지의 기간이 아무리 길다 하더라도, 동일한 조합과 해체는 계속해서 되풀이될 것입니다. 동일한 탄생과 먹고, 마심, 죽음 등이다시, 또다시 일어나는 것입니다. 어떤 존재들은 세상의 향락보다 더 높은 것을 좀처럼 발견해 내지 못합니다. 하지만 더 높이 솟아오르기를 열망하는 자들은 이런 향락들이 결코 최종적

인 것이 아니라는 점을 깨닫게 될 것입니다. 그것들은 그저 과
정에 지나지 않습니다.

　모든 형상들, 즉 작은 벌레에서 시작해 인간에서 끝을 맺는
그 모든 형상들은, 대관람차에 달린 객차 하나에 해당됩니다.
이 객차들은 쉬지 않고 움직이지만, 각 객차의 승객은 계속해
서 바뀝니다. 관람객은 객차에 올라 바퀴를 따라 회전하다가,
다시 객차 밖으로 나옵니다. 하지만 관람차는 계속해서 돕니
다. 영혼은 하나의 형상 속으로 들어가 그 안에 한동안 머물다
가, 그 형상 밖으로 빠져나와 다시 다른 형상 속으로 들어갑니
다. 그 뒤 그 형상에서 나오고 나면, 또 다른 형상을 찾아 들어
가게 됩니다. 영혼은 그렇게 계속해서 순환합니다. 대관람차
밖으로 완전히 빠져나와 자유를 얻을 때까지 말입니다.

　과거와 미래를 읽어내는 인간의 놀라운 능력은 모든 나라
에서 전 시대에 거쳐 알려져 왔습니다. 이런 일이 가능한 것은
인과의 영역 내에 있는 우리가 그 인과의 법칙에 의해 활동을
크게 제약당하기 때문입니다. 아트만이 내면의 자유를 완전히
잃어버리지 않았다 해도(심지어 그 인과의 사슬에서 스스로를 해
방시킬 수 있을 정도의 힘을 지녔다 해도) 사정은 마찬가지입니다.
인과의 영역 내에 있는 한, 아트만은 그 법칙으로부터 크나큰
영향을 받을 수밖에 없습니다. 인과의 연쇄를 통찰하는 사람

들이 특정 인물의 과거와 미래를 읽어낼 수 있는 건 바로 이 같은 사정 때문입니다.

욕망이나 필요는 내면에 불완전성에 관한 확실한 신호입니다. 완벽하고 자유로운 존재는 그 어떤 욕망도 일으킬 수 없습니다. 신은 그 무엇도 바랄 수 없습니다. 무언가를 욕구한다면, 그는 절대로 신이 아닐 것입니다. 불완전한 존재라는 뜻이기 때문입니다. 그러므로 '신이 이러저러한 걸 요구한다.'는 식의 말은 미숙함의 산물에 불과합니다. 그런 말에는 아무런 의미도 없습니다. 신은 화를 내지도, 기뻐하지도 않습니다. 따라서 모든 스승들은 이렇게 가르쳐 왔습니다.

"아무것도 욕구하지 말라. 모든 욕망을 포기하고 완전한 만족 상태에 머물라."

아이는 이가 없이 기어서 세상 속으로 들어오고, 노인은 이가 없이 기어서 세상 밖으로 떠나갑니다. 이처럼 두 극단은 서로 비슷합니다. 하지만 한쪽은 앞으로의 삶을 조금도 경험하지 못했고, 다른 한쪽은 그 삶을 이미 다 경험했습니다. 에테르의 진동수가 아주 낮으면 우리는 빛을 보지 못합니다. 눈앞에 있는 건 어둠뿐입니다. 하지만 이는 그 진동수가 아주 높을 때도 마찬가지입니다. 이처럼 양극단은 서로 완전히 다름에도, 외관상 똑같아 보입니다.

벽은 아무런 욕망도 없고, 이는 완전한 인간 역시 마찬가지입니다. 하지만 벽에게는 욕구할 수 있는 능력이 없는 반면, 완전한 인간에게는 욕구할 대상 자체가 없습니다. 세상에는 뇌에 문제가 있어 아무것도 욕구할 수 없는 백치들이 있습니다. 그런데 가장 고차원적인 상태는 이처럼 아무 욕망도 지니지 않을 때 도달됩니다. 하지만 이 둘은 같은 상태의 양극단일 뿐입니다. 한쪽은 동물에 가깝지만, 다른 한쪽은 신에 가까운 것입니다.

몸과 마음,
영혼은
하나입니다

**1896년 2월 16일,
뉴욕에서 행한 연설**

마음은 하나의 호수와 같고, 우리가 하는
모든 생각들은 그 호수에 일어난 물결과도 같습니다.
호수에서 물결이 일어났다가 잦아들듯이,
생각의 물결들도 마음으로부터 끊임없이 솟아났다가
다시 가라앉습니다. 하지만 그 물결들은 영원히
사라지지 않습니다. 그들은 가라앉으면서 점점 더
섬세한 형상을 취하게 됩니다. 하지만 결코 사라지지는
않고, 잠재된 채로 저장되어 있다가, 자극을 받으면
다시 솟아올라 활동을 시작합니다.

아카사와 프라나

우리는 이 자리에 우뚝 선 채, 미래를 바라보고 있습니다. 그리고 가끔씩은 더 먼 곳을 내다보기도 합니다. 인간은 생각하기 시작한 이래로 계속해서 그렇게 해왔습니다. 인간은 항상 미래를, 앞을 내다봅니다. 그는 자신이 어디로 가는지 알고 싶어 하고, 심지어 사후의 운명까지도 알고 싶어 합니다.

이 의문에 답을 하기 위해 지금까지 다양한 이론들이 제기되어 왔고, 수많은 사상 체계들이 세워졌습니다. 그들 중 일부는 수용되었지만, 다른 일부는 거절당했습니다. 하지만 어쨌든, 인간이 세상에 존재하는 한, 그리고 생각을 하는 한, 이 과정은 앞으로도 계속될 것입니다.

이런 이론들에는 제각각 약간의 진실이 들어 있습니다. 그렇지만 진실이 아닌 것 또한 엄청나게 많이 포함되어 있습니다. 지금부터는 인도 철학사에서 간간이 나타난 다양한 해답들을 그 핵심만 간추려 제시해 볼 생각입니다. 저는 형이상학자와 심리학자들의 견해를 조화시키고, 가능하다면 그 견해를 현대 과학자들의 생각과도 조화시켜 볼 생각입니다.

베단타 철학은 궁극에 대한 탐구를 주요 내용으로 합니다. 힌두인들은 특수하고 개별적인 것에는 별 관심이 없습니다. 그들은 항상 일반적이고 전체적인 것을 추구합니다.

"그것을 앎으로써 다른 모든 것을 알 수 있는 것, 그것은 대체 무엇인가?"

이것이 그들이 던진 의문의 핵심입니다.

"한 덩이의 진흙만 이해하면 진흙으로 만들어진 모든 것을 저절로 이해할 수 있게 된다. 그렇다면 그것을 이해함으로써 전 우주를 이해할 수 있는 것, 그것은 대체 무엇인가?"

힌두 철학자들에 의하면, 이 현상계는 아카사*라는 물질로 구성되어 있다고 합니다. 우리 주변에 있는 모

아카사Akasa

우주를 구성하는 다섯 가지 물질 요소 중 첫 번째 것. '공간Space'이나 '에테르Ether'로 번역되기도 한다. 나머지 네 가지 요소에는 바유Vayu(바람), 아그니Agni(불), 아프Ap(물), 프리티비Prithivi(땅)가 있다.

든 것들, 즉 우리가 보고, 느끼고, 만지고, 맛보는 모든 것들은 아카사의 다양한 모습에 지나지 않습니다. 섬세한 그것은 도처에 있습니다. 우리가 고체, 액체, 기체라 부르는 모든 것들과 형상, 형태, 신체라 부르는 모든 것들, 그리고 지구, 태양, 달, 별이라 부르는 그 모든 것들이, 바로 이 아카사로 구성되어 있습니다.

또한 아카사와 나란히 존재하는 우주적 힘이 있습니다. 아카사에 작용하여 우주를 만들어 내는 그 힘은 대체 무엇일까요? 힌두인들이 프라나라고 부르는 그 힘은 우주에 존재하는 모든 형태의 에너지들(운동 에너지와 인력, 생각 에너지 등)을 현현시킵니다. 아카사에 프라나가 작용하여 이 전체 우주를 창조해 내는 것입니다.

이처럼 힌두인들에 의하면, 모든 힘의 현현은 프라나로부터 비롯되고, 모든 물질의 현현은 아카사로부터 비롯됩니다. 순환의 시작 지점에서 이 프라나는 무한한 아카사의 바닷속에, 이른바, 잠들어 있었습니다. 태초에는 이 바다에 아무런 움직임도 없었습니다. 하지만 곧 프라나의 활동에 의해 아카사의 움직임이 일어났고, 프라나의 활동과 진동을 통해 아카사의 바다로부터 다양한 천체(지구, 태양, 달, 별), 인간, 동물, 식물 등과 같은 존재들이 형성되었습니다.

반대로 이 순환 주기가 끝날 때를 생각해 봅시다. 우리가 고체라 부르는 모든 것들은 그보다 더 섬세한 액체로 녹아들 것이고, 액체는 다시 그보다 더 섬세한 기체로 녹아들 것이며, 기체는 다시 한층 더 섬세하고 균질적인 열 진동으로 녹아들게 될 것입니다. 그리고 이 모두는 다시 본래의 아카사로 되돌아가게 될 것입니다. 또한 우리가 지금 인력, 척력, 운동 에너지 등으로 부르는 모든 힘도, 다시 서서히 본래의 프라나 형태로 녹아들게 될 것입니다. 그 뒤, 프라나는 일정 기간 동안 잠을 자다가 다시 솟아나, 이 모든 형상들을 밖으로 펼쳐 낼 것이고, 이 주기가 끝날 때가 되면, 그 모든 것들이 다시 원래대로 가라앉게 될 것입니다.

이처럼 창조의 과정은 가라앉았다 솟아나기를 반복합니다. 현대 과학의 용어를 빌리자면, 이 우주는 주기적으로 정적인 상태와 동적인 상태를 오고갑니다. 한동안 잠재상태로 머물다가, 다음 주기가 시작되면 다시 활성화되는 것입니다. 이 진동은 영원의 시간 동안 계속되어 왔습니다.

하지만 이런 분석은 단편적인 것에 지나지 않습니다. 이 정도의 내용은 현대의 과학자들도 알고 있습니다. 이 이상은 자연 과학의 탐구 영역이 아니지만, 그렇다고 의문이 거기서 끝나는 것은 아닙니다. 우리는 아직 모든 것을 이해하도록 해 주는 단 하나의 것을 찾아내지 못했습니다.

지금까지 우리는 전체 우주를 두 가지 구성요소로, 즉 우리가 물질과 힘이라고 부르는 것으로 분리했습니다. 고대의 인도 철학자들은 이들을 각각 아카사와 프라나라고 불렀습니다. 다음 단계는 이 아카사와 프라나를 그들의 원천으로 되돌려 놓는 것입니다. 이 두 요소는 한층 더 고차원적인 실체로, 즉 마음이라 불리는 것으로 용해될 수 있습니다. 이 두 요소를 산출해 낸 원천은 도처에 존재하는 생각의 힘, 즉 마음을 뜻하는 '마하트*' 그 자체입니다.

> **마하트**Mahat
> 산스크리트어로 '커다란 것, 위대한 것' 이라는 뜻으로, 우주적 마음을 가리킨다. 우주적 지성, 정신적 깨달음을 의미하는 붓디Buddhi의 다른 이름이기도 하다.

마음의 바탕

'마하트'라 불리는 생각은 아카사나 프라나보다도 더 섬세한 현현체입니다. 이것들이 둘로 쪼개지기 이전의 실체, 그것이 바로 생각입니다. 이처럼 태초에 우주적 생각이 존재했고, 그것이 현현되고 변화하여 스스로를 이 두 가지, 즉 아카사와 프라나로 진화시켰습니다. 그리고 이 두 요소의 조합에 의해 전체 우주가 형성되기에 이르렀습니다.

다음으로 우리는 심리학을 다뤄야 합니다. 지금 나는 여러분을 바라보고 있습니다. 내 눈이 외부 감각들을 받아들이고 나면, 그 감각들은 감각 신경을 통해 뇌로 전달됩니다. 하지만 눈은 외부로 통하는 도구에 지나지 않습니다. 배후에 놓인 진정한 기관, 즉 감각을 뇌로 전달해 주는 시각 기관이 손상되면, 수십 개의 눈이 달렸더라도 앞을 볼 수 없을 것이기 때문입니다. 그렇게 된다면, 망막에 맺힌 상이 아무리 뚜렷하다 해도 앞을 볼 수 없을 것입니다. 따라서 기관은 도구와는 다릅니다. 눈이란 도구 뒤에 있는 것, 그것이 진정한 기관입니다.

이는 다른 모든 감각들에 대해서도 마찬가지입니다. 진정한 후각 기관은 코의 안쪽에 있고, 코라는 것은 사실상 후각의 도구에 지나지 않습니다. 우리가 경험하는 여타 감각들도 신체에 있는 도구를 거쳐, 마찬가지로 물질적 신체에 있는 감각기관으로 전달됩니다. 하지만 이것만으로는 충분치 않습니다.

지금 여러분이 내 말에 강도 높게 집중하고 있다면, 종이 울리거나 해도 그 종소리를 듣지 못할 것입니다. 소리의 진동은 귀를 타고 들어와 고막을 울렸고, 그 인상은 신경을 거쳐 분명 뇌로 전달되었습니다. 만일 뇌로 인상이 전해지는 것만으로 전 과정이 완료되는 것이라면, 왜 종소리를 듣지 못할까요? 다른 요인이 더 필요하기 때문입니다. 마음이 첨부되어야 하는 것입니다. 마음이 떨어져 나와 있다면, 새로운 인상이 전해진다 해도, 마음은 그것을 받아들지 못합니다.

하지만 이것도 인식 과정을 다 설명해 주지는 못합니다. 감각을 외부로부터 들여오고, 기관이 그 감각을 안으로 실어 나르며, 마음이 자신을 그 기관에 첨부시킨다 하더라도, 여전히 인식은 완료되지 않습니다. 하나의 요인이 더 필요합니다. 안으로부터의 반작용이 반드시 수반되어야 하는 것입니다.

앎은 이 반작용과 함께 일어납니다. 외부 사물이 사건의 인상을 뇌로 흘려보내면, 마음은 거기에 첨부되어 그 정보를 지성에게 제시합니다. 그러면 지성은 그 정보를 축적된 인상에 따라 분류한 뒤 반응을 내보내고, 이 반작용과 함께 인식이 솟아납니다. 이처럼 마음의 배후에는 지성이 자리 잡고 있습니다. 반응을 내보이는 이 마음의 상태를 인도에서는 붓디*, 즉 지성이라 부릅니다. 하지만 이것만으로도 충

> **붓디**Buddhi
> 결정과 판단을 담당하는 마음의 측면으로, '지성Intellect'이라고도 번역된다.

분하지 않습니다. 인식 과정을 완전히 드러내려면 한 단계가 더 나아가야 합니다.

여기 카메라(환등기)가 한 대 있다고 해 봅시다. 저쪽에 천막이 드리워져 있고 그 위에 화면을 나타내 보이려 한다면 무엇을 해야 할까요? 천막 위에 뚜렷한 상이 맺힐 수 있도록 카메라에서 나오는 다양한 광선들의 초점을 조정해야 합니다. 하

지만 천막이 움직여서는 안 됩니다. 상을 형성하려면 천막을 반드시 고정시켜 놓아야 합니다. 이 움직이는 광선들은 고정된 천막 위로 모여, 합쳐지고, 조율되고, 고정되어야 합니다.

감각에 대해서도 마찬가지입니다. 우리의 인식 과정 역시 배경에 변치 않는 무언가가 존재하지 않는다면 결코 완료될 수 없습니다. 그 모든 다양한 인상들을 한데 모아 통일된 상을 형성해 내려면, 고정된 배경이 반드시 있어야만 합니다.

그렇다면 다음과 같은 질문들이 떠오릅니다.

"우리 존재의 수많은 변화들에 통일성을 부여해 주는 그것은 무엇인가? 순간에서 순간으로 이동하면서 우리 인격의 일관성을 유지시켜 주는 것은 무엇인가? 우리의 다양한 인상들 전체를 하나로 엮어 주는 그것은 무엇인가? 인상들이 한데 모여 조율되고, 하나의 합일된 전체로 구성되는 그곳은 대체 어디인가?"

우리는 이 역할을 수행해 낼 무언가가 존재해야만 한다는 점을 이해했습니다. 그리고 그 무언가는 몸과 마음에 비해 정적이어야 한다는 사실도 이해했습니다. 카메라의 상이 투영되는 그 천막은 광선들에 비해 정적입니다. 그렇지 않다면 상은 맺힐 수 없을 것입니다. 따라서 이 인식자도 상대적으로 불변하는 실재여야 할 것입니다. 마음이 이 모든 그림들을 그려 내는 그 바탕, 마음에서 지성으로 전달된 인상들이 모이고 조율되고 고정되는 그 바탕, 그것은 바로 인간의 영혼입니다.

불멸하는 영혼

우리는 스스로를 아카사와 프라나로 분리하는 것이 보편적이고 우주적인 마음 그 자체란 사실을 보았습니다. 그리고 이 마음 너머에서 우리는, 우리 내면에 존재하는 영혼을 발견해 냈습니다.

우주적인 차원에서 보면, 이 보편적이고 우주적인 마음 배후에 존재하는 그것은 '신'이라 불리는 영혼, 즉 인간의 진정한 영혼Soul입니다. 하지만 우리는, 대우주에서 보편적이고 우주적인 마음이 아카사와 프라나로 진화해 나가듯, 우주적 영혼 그 자체Universal Soul Itself도 마음의 형태로 진화해 나간다는 사실을 발견하게 됩니다.

그렇다면 인간의 개인적 영혼은 어떨까요? 그것도 결국 이와 마찬가지 아닐까요? 즉, 그의 영혼이 마음을 창조해 내고, 그의 마음이 몸을 창조해 내는 것이 아닐까요? 몸과 마음과 영혼은 세 개의 다른 실체일까요, 아니면 하나의 동일한 존재가 취한 다른 상태들(삼위일체Three in one)일까요? 우리는 이 의문들에 답을 해야만 합니다.

지금까지의 논의를 정리해 봅시다. 우리에겐 외적인 신체가 있고, 이 몸의 배후에 기관들과 마음과 지성이 차례로 배열되어 있습니다. 그리고 이 모든 것의 배후에 영혼이 존재하고 있습니다. 여기서 우리는 영혼이 몸으로부터 분리되어 있고, 마음 그 자체로부터도 분리되어 있다는 사실을 발견해 냈습니다.

이 시점에서 관점이 둘로 나뉘게 됩니다. 우선, 보통 이원론이라는 이름으로 포괄되는 견해들에 의하면, 영혼은 조건지어져 있고, 다양한 특성들도 내포하고 있습니다. 기쁨, 쾌락, 고통 같은 모든 느낌들은 진정으로 영혼에 속하는 특질들입니다. 하지만 불이일원론자들은 영혼에 그런 특성을 부여하는 것 자체가 잘못이라고 주장합니다. 그들은 영혼이 모든 조건으로부터 자유롭다고 주장합니다.

저는 먼저 영혼과 그 운명에 관한 이원론자들의 관점을 알아보고, 그 다음에는 반대되는 입장에 대해 살펴본 후, 마지막에 가서는 불이일원론에 의해 제공되는 양자 간의 조화를 드러내 보일 생각입니다. 일단 기본적인 내용부터 간단히 되짚어 보도록 합시다.

인간의 영혼은 불멸임에 틀림없습니다. 몸과 마음으로부터 분리되어 있고, 아카사와 프라나로 구성되어 있지 않은 영혼에게는 죽음이란 것이 존재하지 않습니다. 우리가 죽음을 이야기하면서 떠올리는 상은 어떤 것일까요? 분해입니다.

분해는 오직 합성의 결과로 형성된 것들에게만 일어날 수 있습니다. 여러 가지 요소들로 구성된 것들은 결국 분해될 수밖에 없으나, 합성의 결과로 형성되지 않는 것은 결코 분해될 수 없고, 죽을 수도 없습니다. 그것은 불멸입니다.

그것은 영원에 걸쳐 존재해 왔고, 창조된 적도 없습니다. 창조의 모든 결과물은 하나의 합성체에 불과합니다. '무'로부터 무언가가 창조되어 나오는 것을 본 사람은 단 한 명도 없기 때문입니다. 우리가 아는 창조의 모든 산물들은 이미 존재하는 것들이 새로운 형상으로 조합된 결과물일 뿐입니다. 사정이 이러하므로, 인간의 영혼은 틀림없이 영원의 시간에 걸쳐 존재해 왔을 것입니다. 단순하기 때문입니다. 그것은 앞으로도 영원토록 존재하게 될 것입니다.

이처럼 몸이 죽어 없어져도, 영혼은 계속해서 살아갑니다. 이때, 이원론자들은 몸이 분해될 때 인간의 생명력이 마음으로 되돌아간다고 말합니다. 마음은 다시 프라나로 녹아들고, 프라나는 인간의 영혼 속으로 들어가며, 영혼은 미세한 몸, 정신적 몸, 또는 영성체라 불리는 것을 걸쳐 입고 다시 솟아나게 됩니다.

한편 몸에는 삼스카라가 내재되어 있습니다. 삼스카라가 대체 무엇일까요? 마음은 하나의 호수와 같고, 우리가 하는 모든 생각들은 그 호수에 일어난 물결과도 같습니다. 호수에서 물결이 일어났다가 잦아들듯이, 생각의 물결들도 마음으로부터 끊임없이 솟아났다가 다시 가라앉습니다. 하지만 그 물결들은 영원히 사라지지 않습니다. 그들은 가라앉으면서 점점 더 섬세한 형상을 취하게 됩니다. 하지만 결코 사라지지는 않고, 잠재된 채로 저장되어 있다가, 자극을 받으면 다시 솟아올라 활동을 시작합니다.

기억이란 것도 섬세한 형태로 되돌아간 생각들을 물결 형상으로 다시 불러일으키는 과정에 지나지 않습니다. 이처럼, 우리가 생각한 모든 것과 우리가 행한 모든 행위는 마음속 깊이 저장됩니다. 그 인상들 모두는 그곳에 섬세한 형상으로 보존됩니다. 그러다가 우리가 죽음을 맞이하면, 인상들의 총체는 미세한 몸을 매개물로 사용합니다. 그 인상들과 미세한 몸을 걸친 이 영혼은 몸 밖으로 빠져나가고, 그 영혼의 운명은 다양한 인상들로 대변되는 다양한 힘들에 의해 결정됩니다.

영혼의 세 가지 길

이원론자들에 의하면, 영혼에게는 세 가지 다른 목적지가 있습니다. 매우 영적인 사람들은 죽음에 직면했을 때, 태양 빛을 따라 태양의 영역으로 가게 된다고 합니다. 그곳을 거쳐 달의 영역이라 불리는 곳으로 갔다가, 다시 빛의 영역이라 불리는 곳에 도달합니다. 그곳에서 그들은 이미 축복받은 다른 영혼을 만나게 되는데, 이 영혼과 함께 '브라흐마*의 영역'이란 뜻의 최상의 영역인 브라흐마로카로 인도됩니다. 그곳에서 이 영혼들은 전지전능함을

> **브라흐마**Brahma
> 창조자로서의 신. 힌두교 삼위일체의 첫 번째 인격으로, 다른 두 인격에는 비슈누Vishnu와 시바Siva가 있다.

얻고, '신 자신God Himself'과 거의 비슷한 수준의 힘과 지혜를 발휘하게 된다고 합니다. 이때, 이원론자들은 그들이 그곳에서 영원토록 머문다고 주장하지만, 불이일원론자들은 그들이 '우주적 영Universal Soul'과 합일하는 것으로 순환을 마무리짓는다고 주장합니다.

다음 단계의 사람들, 즉 이기적 동기를 지닌 채 선행을 해온 사람들은 축적된 선행의 결과에 휩쓸려 가게 됩니다. 그들은 죽은 뒤, 달의 영역이라 불리는 곳에 도달하게 되고, 그곳에서 미세한 몸 또는 신적인 몸을 얻게 됩니다. 이곳은 다양한 천국들이 자리 잡은 영역입니다. 그들은 신으로서 그곳에 살면서 오랫동안 천국의 축복을 누리다가, 그 기간이 끝나고 나

> **카르마**Karma
> 업(業)이라는 뜻으로, 미래에 선악의 결과를 가져오는 행위 또는 의무를 지칭한다. 『베다』에서는 주로 의례적 숭배 행위나 인도주의적 행위를 나타내는 말로 사용된다.

면 다시 이 땅으로 되돌아오게 됩니다. 오래전에 쌓아 두었던 카르마*가 다시 기능하기 시작하기 때문입니다.

그들은 공기의 영역, 구름의 영역 등 다양한 영역을 거치다가, 마침내는 빗방울의 형태로 이 땅에 돌아오게 됩니다. 땅 위에서 그들은 곡물 속으로 들어가게 되고, 그 곡물은 마침내 그들에게 알맞은 몸을 제공해 줄 수 있는 사람들의 몸속으로 들어가게 됩니다.

마지막 단계의 사람들, 즉 악한 사람들은 죽은 뒤 귀신이나 악마가 되어, 달의 영역과 이 땅 사이의 중간지대에서 살아가게 됩니다. 이들 중 일부는 인류를 괴롭히려 들지만, 다른 일부는 인류에 우호적입니다. 그곳에서 일정기간 동안 생활한 후, 그들은 다시 이 땅으로 되돌아와 동물이 되고, 동물의 몸속에서 일정기간 살고 나면, 해방되어 다시 인간이 됩니다. 구원을 위해 노력할 수 있는 기회가 다시금 주어지는 것입니다.

다시 요약하자면, 완성에 거의 다가선 자들, 즉 불순한 성질을 거의 다 제거한 사람들은 태양 빛을 따라 브라흐마로카로 가게 됩니다. 그리고 중간단계의 사람들, 즉 천국에 가고 싶다는 생각으로 이번 생에서 좋은 일을 좀 한 사람들은 달의 영역으로 간 뒤, 그곳에서 신적인 몸을 얻습니다. 하지만 완성을 위해 노력할 기회를 얻으려면, 그들도 다시 인간의 몸으로 되돌아와야 합니다. 그리고 아주 악한 사람들은 먼저 귀신이나 악마의 몸을 얻은 뒤, 다시 동물의 몸으로 들어가야 합니다. 이과정을 마치면 그들도 다시 사람이 되어, 완성을 향한 노력을 이어갈 수 있게 됩니다.

이 세상은 카르마 부미Karma-bhumi, 즉 업보의 영역입니다. 영혼은 오직 이곳에서만 선업과 악업을 쌓을 수 있습니다. 천국에 가길 원하는 사람이 이 목적을 염두에 두고 선행을 하면, 그는 반신이 될 수 있습니다. 그리고 그 상태로 머무는 동안은 새로운 업을 쌓지 않습니다. 그는 이번 생에서 한 선행의 효과를 그저 즐기기만 하면 됩니다. 하지만 이 선업이 다 소진되고 나면, 이전 생에 쌓아두었던 모든 악업이 풀려나 그를 다시 지상으로 끌어내립니다. 마찬가지로, 귀신이 된 사람도 그 상태로 머무는 동안은 새로운 업을 일으키지 않습니다. 하지만 그는 과거에 행한 악행의 결과로 고통을 받으며, 나중에 동물의 몸속에도 한동안 갇혀 있어야 합니다. 동물 상태로 있을 때에도 새로운 업은 쌓이지 않습니다. 그리고 이 기간이 다 끝나고 나면, 그도 다시 인간의 몸을 취할 수 있게 됩니다. 선업과 악업에서 비롯되는 보상과 처벌의 상태들은 새로운 업을 일으킬 만한 힘을 지니지 못합니다. 그 상태들은 향유나 감내의 대상일 뿐입니다.

엄청나게 선하거나 엄청나게 악한 업은 매우 빠른 속도로 결실을 맺습니다. 예컨대, 평생에 걸쳐 무수한 악행을 저질러 온 사람이 어쩌다 아주 선한 일을 한 번 하면, 그 행위의 결과는 즉석에서 모습을 드러내게 됩니다. 하지만 물론 그 결과를 거두고 나면, 악한 행위들이 다시 서서히 결실을 맺기 시작합니다. 위대하거나 선한 행위들을 실천해 왔지만, 전반적인 삶의 질이 올바르지만은 못했던 모든 사람들은 반신의 형상을 취하게 됩니다. 그들은 신적인 몸에 일정 기간 머물며 신들의 힘을 누리다가, 다시 인간의 몸으로 되돌아오게 됩니다. 일단 선한 행위의 효과가 사라지고 나면, 쌓아 두었던 악업이 솟아나 영향을 미치기 시작하기 때문입니다. 엄청난 악행을 저질러 온 사람들은 귀신의 몸이나 악마의 몸을 입어야만 합니다. 하지만 그 악행의 효과가 다 소진되고 나면, 저장되어 있던 약간의 선업이 발동하여 그들을 다시 인간으로 만들어 줍니다.

더 이상의 하강도, 되돌아옴도 없는 영역, 즉 브라흐마로카로 향하는 길은 데바야나Devayana, 즉 신들의 길이라 불립니다. 그리고 천국에 이르는 길은 피트리야나Pitriyana, 즉 아버지들의 길이라고 알려져 있습니다.

따라서, 이원론적 베단타에 의하면, 인간은 우주에서 가장 주목할 만한 존재이며, 이 땅은 우주에서 가장 이상적인 장소입니다. 완성을 성취할 수 있는 위대한 기회, 최적의 기회는 오직 이곳에만 존재하기 때문입니다. 완성에 도달하고자 한다면, 천사나 신 같은 존재들조차 우선 인간이 되어야 합니다. 이곳, 이 인간 영역은 위대한 중심이자 탁월한 기회의 장소입니다.

불교의 세계관

이제 다른 철학 학파를 다룰 차례입니다. 지금까지 설명한 영혼 이론 전체를 부인하는 불교의 철학을 살펴 보겠습니다.

불교도들은 말합니다.

"그것이 무슨 소용이란 말인가? 몸과 마음의 배후에 토대가 존재한다고 가정할 필요가 뭐 있겠는가? 왜 사유가 흐르도록 내버려 두지 않고, 몸과 마음으로 이루어진 이 유기체 너머의 또 다른 실체(영혼이라 불리는 제3의 실체)를 인정하는가? 그렇게 하는 것이 무슨 도움이 되나? 이 유기체를 설명하는 것만으로 충분치 않은가? 왜 새로운 실체를 끌어들이나?"

이런 반론들은 매우 강력하며, 탄탄한 논증을 가지고 있습니다. 외적인 탐구에 관한 한, 우리는 이 유기체에 대한 탐구만으로 충분하다는 점을 발견하게 됩니다. 적어도 우리 가운데 상당수가 모든 것을 이런 관점에서 바라봅니다. 그렇다면 마음과 몸의 토대 역할을 하는 영혼이 왜 필요한 것일까요?

그리하여 불교도들은 이런 결론을 내립니다.

"몸과 마음의 존재만 인정하기로 하자. 끊임없이 흐르는 물질에 몸이란 이름을 붙이고, 끊임없이 변하는 생각이나 의식에 마음이란 이름을 붙이기로 하자."

그러면 몸이나 마음의 개체성은 어떻게 설명될까요? 개체성이란 것은 진정으로 존재하는 것이 아니라고 합니다. 예를 들어 횃불을 들고 빠르게 회전시킨다면 빛의 원환을 보게 되지만 그 원환은 진정으로 존재하는 것이 아닙니다. 횃불이 끊임없이 움직이고 있기 때문입니다. 횃불이 빛의 원환이란 환영을 만들어 내는 것뿐입니다. 마찬가지로 몸에는 개체성이란 것이 존재하지 않고, 그것은 끊임없이 흐르는 물질들의 무더기일 뿐이라고 봅니다. 이 물질의 흐름에 하나의 개체라는 이름을 붙인 것뿐이며, 이는 마음에 대해서도 마찬가지라는 것입니다. 마음은 개체성이란 환영을 일으키는 생각들의 흐름에 불과하고, 따라서 제3의 실체를 끌어들일 필요는 조금도 없습니다. 몸과 마음이라는 이 보편적 현상이야말로 진정으로 존재하는 전부라고 보는 것입니다.

당신은 현대의 특정 학파들이 불교의 이런 사고방식을 채택했다는 점을 발견할 수 있을 것입니다. 그들 모두는 그 견해가 새로운 것이라고, 자신들이 발명한 것이라고 주장하지만, 오래전부터 이런 사고방식은 대다수 불교 철학의 뼈대를 형성해 왔습니다. 불교도들은 이 세상 그 자체만으로 충분하다고, 그 어떤 배경도 설정할 필요가 없다고 주장합니다.

"감각 세계가 존재하는 전부인데, 이 세계를 지탱해 주는 무 언가에 대해 왜 생각하려 드는가? 모든 것이 집합체일 뿐인데, 왜 그것들을 지탱해 주는 가설적 실체를 내세우는가? 실체라는 관념은 성질들의 빠른 연쇄가 일으킨 환상일 뿐이다. 그 성질들 배후에 존재하는 불변의 실체 따윈 없다."

이런 주장들 중 일부는 지극히 탁월합니다. 이 이론은 인간 의 일상적 경험에 직접적으로 호소합니다. 사실, 눈앞의 현상 이외의 것에 대해 숙고할 수 있는 사람은 백만 명 가운데 한 명 도 채 안됩니다. 대다수의 사람들에게 있어 자연이란, 소용돌 이치고, 조합되고, 뒤섞이는 변화의 연쇄에 지나지 않습니다. 그 배후에 존재하는 침묵의 바다를 일별한 사람은 거의 없습 니다. 그 침묵은 우리 앞에서 항상 파도를 일으키며 격하게 요 동칩니다. 따라서 이 우주는 우리에게 사방으로부터 들이닥치 는 파도들의 집합체로밖에 안 보입니다.

변화와 불변 모두를 수용하기

지금까지 우리는 두 가지 견해를 살펴보았습니다. 하나는 몸과 마음의 배후에 불변의 부동의 실체가 존재한다는 견해이고, 다른 하나는 불변 부동의 실체 따윈 존재하지 않는다는 견해입니다. 후자에게는 이 모든 것이 변화, 오직 변화일 뿐입니다.

이들 간의 차이를 조율해 주는 해결책은 다음 단계의 사상, 즉 불이일원론에 의해 주어집니다. 불이일원론자들은 이원론자들이 모든 것의 배후에서 움직이지 않는 무언가를 찾아낸 지점까지는 옳았다고 말합니다. 변화하지 않는 무언가가 없다면, 변화란 것을 생각하는 것 자체가 불가능해지기 때문입니다. 우리가 변화하는 무언가에 대해 생각할 수 있는 것은 오직, 그보다 덜 변화하는 무언가를 알 때뿐입니다. 그런데 이 덜 변화하는 무언가는, 그보다도 덜 변화하는 다른 무언가에 비해 더 가변적인 것으로 느껴질 것이 분명합니다. 따라서 이렇게 계속 나가다 보면 우리는, 절대로 변하지 않는 무언가가 있다는 점을 인정할 수밖에 없게 됩니다. 아무런 힘도 작용하지 않았던 태초에는, 이 현현체들의 총체가 나타나지 않은 상태에, 반대되는 힘들 간의 균형 상태에 고요하고 차분하게 머물렀음에 틀림없습니다. 힘은 평정이 깨지는 순간부터 작용하기 때문입니다.

우주는 그 평정 상태로 다시 되돌아가기 위해 끊임없이 서두르고 있습니다. 이 세상에 확신할 수 있는 사실이 있다면, 우리는 바로 이 사실을 확신합니다.

이원론자들이 변화하지 않는 무언가가 있다고 주장했을 때, 그들은 완벽히 옳았습니다. 하지만, '그 무언가는 몸도 마음도 아니고, 양자 모두로부터 분리된 채 그 바탕을 형성하고 있다.'는 그들의 분석은 잘못된 것입니다. 한편, 불교도들이 전체 우주를 변화의 총체로 규정했을 때, 그들은 완벽히 옳았습니다. 내가 우주로부터 분리되어 있는 한, 내가 한 발짝 물러서서 내 앞에 있는 무언가를 바라보고 있는 한, 관찰자와 관찰 대상이 둘로 분리되어 있는 한, 이 우주는 끝없는 변화의 흐름으로 나타날 것이 분명하기 때문입니다.

하지만 진실을 말하자면, 이 우주에는 변화와 불변 모두가 존재합니다. 영혼과 마음과 몸이 세 개의 분리된 존재라는 설명은 진실이 아닙니다. 몸으로, 마음으로, 그리고 몸과 마음 너머에 있는 무언가로 나타나는 그것은 사실 동일한 실체입니다. 하지만 그것은 동시에 이 셋 모두가 될 수는 없습니다. 몸을 보는 자에게는 마음이 안 보이고, 마음을 보는 자에게는 영혼이라 불리는 그것이 안 보이며, 영혼을 보는 자에게는 몸과 마음 모두가 안 보입니다. 움직임만을 보는 자에게는 절대적 고요가 안 보이고, 절대적 고요를 보는 자에게는 움직임이 안 보입니다. 밧줄을 뱀으로 착각한 자에게는 밧줄이 보이지 않지만, 이 망상이 사라지고 밧줄이 보이게 되면 동시에 그 뱀을 볼 수 없게 됩니다.

이처럼, 존재하는 것은 모든 것을 포괄하는 단 하나의 '존재'뿐입니다. 이 존재가 자신을 다양한 모습으로 나타내 보이는 것뿐입니다. 이러한 '자기', '영혼', '실재'야말로 우주에 존재하는 모든 것입니다. '자기' '영혼' '실재'는, 불이일원론의 용어를 사용하자면, '브라흐만'으로서, 이름과 형상의 개입에 의해 다양한 모습으로 나타나게 됩니다.

바다에 이는 파도를 보십시오. 바다와 분리된 파도는 없습니다. 하지만 이름과 형상이 개입하는 순간, 그 파도는 바다와 달라 보이게 됩니다. 파도의 형상과 우리가 거기에 붙인 '파도'라는 이름이 그 파도를 이질적으로 만드는 것입니다. 하지만 이름과 형상이 사라지고 나면, 그것은 똑같은 하나의 바다일 뿐입니다. 그 누가 파도와 바다의 차이를 발견해 낼 수 있겠습니까? 이와 마찬가지로, 전체로서의 우주도 하나의 '존재'일 뿐입니다. 이 모든 다양한 차이는 이름과 형상이 만들어 낸 겉모습에 지나지 않습니다.

태양이 수백 개의 물방울 위에서 빛난다면, 각각의 물방울 속에는 태양의 상이 자리 잡게 될 것입니다. 마찬가지로, 하나의 '영혼', 하나의 '자기', 하나의 '존재'가 다양한 이름과 형상을 지닌 물방울들에 반사된다면, 그것은 마치 무수히 존재하는 것처럼 보일 것입니다. 하지만 사실 그것은 오직 하나일 뿐입니다. '나'나 '너' 같은 건 존재하지 않습니다. 그 모두가 하나입니다. 모두가 '나'이거나 모두가 '너'일 수밖에 없는 것입니다.

이원성, '둘'이라는 관념은 완벽한 허위입니다. 그러므로 지금 우리가 아는 대로의 이 우주는 그릇된 지식의 산물에 불과합니다. 분별력이 일어나 둘이 아닌 하나만 존재한다는 사실을 알게 된다면, 인간은 자신이 우주 자체라는 진리를 깨닫게 될 것입니다. 지금 존재하는 대로의 이 우주, 끊임없이 변화하는 총체로서의 이 우주가 바로 '나'입니다. 모든 변화와 모든 성질들을 넘어선 영원한 완결성, 영원한 지복, 그것이 바로 '나'입니다.

따라서 존재하는 것은 영원히 순수하고, 영원히 완벽하며, 영원히 변치 않는 하나의 '아트만', 하나의 '자기'뿐입니다. 그것은 단 한 번도 변한 적이 없습니다. 우주에 존재하는 이 모든 다양한 변화들은 하나의 '자기' 안에 나타난 환영들에 지나지 않습니다.

파도를 바다로부터 구분 짓는 건 바로 이 형상입니다. 파도가 가라앉는다고 해 봅시다. 그때도 파도의 형상이 보존될까요? 아닙니다. 형상은 사라져 버릴 것입니다. 파도의 존재는 전적으로 바다의 존재에 의존하지만, 바다의 존재는 파도의 존재에 결코 의존하지 않습니다.

이름과 형상은 마야의 산물입니다. 서로 다른 모습으로 나타나는 개인들을 창조해 내는 것이 바로 이 마야입니다. 하지만 그것은 존재성을 지니지 않습니다. 마야는 존재한다고 말할 수 없습니다. 형상도 존재한다고 말할 수 없습니다. 형상은 다른 형상에 의존함으로써만 존재하기 때문입니다. 하지만 동시에, 형상은 존재하지 않는다고 말할 수도 없습니다. 이 모든 다양성을 가능케 하는 것이 바로 형상이기 때문입니다. 불이일원론 철학에 의하면, 이 마야, 즉 무지는(형상과 이름, 또는 유럽인들이 말하는 '시간, 공간, 인과성'), 하나의 무한한 존재Infinite Existence로부터 산출되는 우주의 다양성을 드러내 줍니다. 하지만 이 우주의 실체는 하나뿐입니다. 궁극의 실재가 둘이라고 생각하는 한, 우리는 착각에 빠져 있는 것입니다. 오직 하나의 실재만이 존재한다는 사실을 알게 될 때라야, 우리는 미망에서 벗어나게 될 것입니다.

이 사실은 물리 영역과 정신 영역, 종교 영역 모두에서 계속해서 입증되어 왔습니다. 그리고 오늘날에는 당신과 나, 태양, 달, 별 등이 동일한 물질의 바다에 있는 다른 지점들에 불과하다는 사실이 입증되었습니다. 물질의 바다는 끊임없이 유동하는 것으로서, 그들 간의 경계는 오직 이름에 의해서만 생겨납니다. 몇 주 전 태양에 속해 있던 물질 입자가 오늘은 인간의 몸을 구성하고 있을 수도 있습니다. 그것은 내일 동물의 몸속으로 들어갈 수도 있으며, 그다음 날 식물의 몸에서 발견될지도 모를 일입니다.

'그것'은 영원히 오고가는데, 무한하고 단절 없는 물질의 바다가 이름과 형상에 의해 다른 모습을 취하게 되는 것뿐입니다. 그 바다의 한 지점은 태양이라 불리고, 다른 지점은 달, 또 다른 지점은 별이라 불리는 것입니다. 이런 식으로 인간, 동물, 식물 등 무한히 나아갈 수 있습니다. 하지만 이 모든 이름들은 허구에 지나지 않습니다. 거기에는 아무런 실체도 없습니다. 그 전체가 끊임없이 변화하는 물질의 바다이기 때문입니다.

이 똑같은 우주를 다른 관점에서 보면, 그것은 마음의 바다로 바뀝니다. 우리 각자는 고유한 이름이 붙은 마음의 한 지점입니다. 당신도 마음이고, 나도 마음이며, 모든 것이 다 마음입니다. 그러다가 눈에서 환상이 걷히고, 마음이 순수해지면 이 우주를 지혜Knowledge의 관점에서 바라보게 됩니다. 그때 이 우주는 영원히 순수한 불멸부동의 존재로, 불가분의 절대 존재 Absolute Being로 모습을 드러내게 됩니다.

그렇다면 이원론자들의 내세관은 어떻게 되는 것일까요?

'사람이 죽으면 천국을 비롯한 이런저런 영역으로 가게 되고, 악한 사람은 귀신이나 동물이 되기도 한다.'는 이 관념은 어떻게 되는 것일까요? 불이일원론자들은 오고가는 것 따윈 없다고 말합니다. 당신은 무한한데 어떻게 오고감이 있을 수 있을까요? 무한이 대체 어디를 간단 말인가요?

우주에는 위나 아래 같은 것이 없습니다. 이런 관념들은 오직 상대적으로만 존재합니다. 이는 영혼에 대해서도 마찬가지입니다. 영혼Soul의 탄생과 죽음에 관련된 질문은 그 자체만으로 이미 터무니없습니다.

"누가 태어나고 누가 죽는단 말인가? 당신이 존재하지 않는 곳이 있어야 오든, 가든 할 것 아닌가? 이미 머물고 있지 않은 천국이 대체 어디에 있는가?"

인간의 '자기'는 모든 곳에 동시에 존재합니다. 그것이 어디로 갈 수 있겠습니까? 또는, 어디로 가지 않을 수 있겠습니까? 이미 모든 곳에 편재하는데 말입니다. 따라서 이 사실을 알게 되는 순간에는 '탄생과 죽음, 천국과 더 높은 천국, 낮은 영역들' 같은 미숙한 환상들이 즉시 일소됩니다. 그리고 거의 완성에 다다를 때쯤에는, 브라흐마로카에 이르는 여러 고차원적 세계들이 현시된 후에야 이 환상들이 사라집니다. 하지만 무지를 극복하지 못한 사람에게는 이 환상들이 계속해서 이어집니다.

살면서 마주하게 되는 거짓말들

천국에 가고, 죽고, 다시 태어나는 것 등을 어떻게 전 세계가 하나같이 믿을 수 있을까요? 내가 책을 탐구하는 중이라고 해 봅시다. 한 쪽을 읽고 넘기면 다른 쪽이 나타나고, 그 쪽을 다 읽고 넘기면 또 다른 쪽이 나타납니다. 이때 무엇이 오고가며 변하는 것은 무엇인가요? 변하는 것은 책입니다. 내가 아닙니다. 자연 전체는 영혼Soul 앞에 놓인 한 권의 책과 같습니다. 한 장을 다 읽으면 다른 장이 나타나고, 이렇게 책장을 넘길 때마다 다른 내용이 전개됩니다. 가끔씩 난리도 일어나지만, 그 장을 넘기면 또다시 새로운 내용이 펼쳐집니다. 하지만 책을 읽고 있는 그 영혼은 항상, 영원히 변치 않습니다. 변하는 것은 자연이지 인간의 영혼이 아닙니다. 영혼은 결코 변하지 않습니다.

마찬가지로 탄생과 죽음은 당신이 아닌 자연에 속해 있습니다. 하지만 무지한 우리는 미망에 빠져 있습니다. 지구가 아닌 태양이 움직인다고 생각하는 사람들처럼, 우리는 자연이 아닌 우리가 죽어가고 있다고 생각합니다.

이 모두는 환영에 지나지 않습니다. 기차를 타고 달릴 때, 기차가 아닌 철길이 움직인다고 생각하는 것이 착각인 것과 마찬가지로, 태어나고 죽는 것이 자신이라고 생각하는 것도 하나의 착각입니다. 이 둘은 완전히 똑같은 종류의 착각입니다.

특정한 마음의 틀 속에 있는 우리 인간의 눈앞에는 지구와 태양, 달, 별 등이 펼쳐집니다. 이는 우리와 같은 상태의 마음을 취한 다른 존재들에게도 마찬가지입니다. 당신과 나 사이에는 각기 다른 존재 영역에 속하는 수백만의 존재들이 자리 잡고 있지만, 그들은 결코 우리를 볼 수 없고, 우리도 그들을 볼 수 없습니다. 우리는 우리와 같은 존재 영역에 머물면서 같은 마음 상태를 취하고 있는 존재들만 볼 수 있기 때문입니다. 악기들도 자신과 같은 진동 상태를 가진 악기하고만 공명합니다.

만일 '인간 진동'이라는 이 상태가 변형된다면, 인간의 모습은 이곳에서 사라져 버리고 말 것입니다. 인간이 보던 세계도 함께 사라질 것이고, 대신 신과 신들의 세계, 또는 악마와 악마들의 세계가 이곳에 모습을 드러내게 될 것입니다. 하나의 우주에 대한 다른 관점이 이 모든 차이를 만들어 내는 것입니다. 인간의 관점을 취할 때 지구와 태양, 달, 별 등으로 나타나는 것도 이 하나의 우주이고, 악인의 관점을 취할 때 징벌의 장소로 보이는 것도 이 하나의 우주이며, 천국을 경험하고자 하는 이들에게 천국으로 모습을 드러내는 것도 바로 이 하나의 우주입니다.

왕좌에 앉은 신에게로 가기를 꿈꿔 온 자들, 그 앞에 서서

'그'를 찬양하고자 열망했던 자들은 죽은 뒤 마음속에 품고 있던 그 광경을 보게 될 것입니다. 바로 이 우주가 광대한 천국으로 변할 것이고, 그곳에서는 날개 달린 온갖 존재들이 왕좌에 앉은 신 주위를 날아다닐 것입니다. 하지만 이 천국들은 모두 인간 스스로 만들어 낸 것일 뿐입니다.

불이일원론자는 이원론자들이 믿는 것이 진실이긴 하지만, 그 모두가 스스로 만들어 낸 창조물일 뿐이라고 말합니다. 악마의 영역과 신의 영역, 윤회와 환생 같은 이 모든 것이 하나의 신화입니다. 인간의 삶 역시 마찬가지입니다. 인간이 항상 범하는 가장 크나큰 실수는 오직 이 삶만이 진실하다고 생각하는 것입니다. 그들은 다른 세상을 신화라 부르는 것은 잘 이해하지만, 그 자신의 삶도 신화라는 사실은 좀처럼 인정하려 들지 않습니다. 하지만 나타난 이 모든 것은 사실 하나의 신화일 뿐입니다.

그리고 모든 거짓말 중 가장 엄청난 거짓말은 이 몸이 바로 우리라고 말하는 것입니다. 하지만 우리는 이 몸이었던 적이 단 한 번도 없고, 앞으로도 영원히 그럴 것입니다. 모든 거짓말 중 가장 엄청난 거짓말은 우리가 그저 인간에 지나지 않는다고 말하는 것입니다. 하지만 우리는 신God입니다. 우리는 신을 숭배하면서 항상 우리 내면에 숨겨진 '자기'를 숭배해 왔습니다. 스스로에게 할 수 있는 최악의 거짓말은 자신이 죄인이나 악인으로 태어났다고 말하는 것입니다. 하지만 죄인은 다른 사람에게서 죄인을 보는 사람, 오직 그 사람뿐입니다.

아기가 한 명 있다고 해 봅시다. 도둑이 들어와 탁자 위에 있던 금이 가득 든 가방을 가져가 버립니다. 하지만 아기에게는 변한 것이 아무것도 없습니다. 내면에 도둑이 없으니, 밖에서도 도둑을 보지 않는 것입니다. 마찬가지로, 죄인과 악한들은 외부 세계에서 사악함을 보지만, 선한 사람들은 그렇지 않습니다.

이처럼 사악한 자들은 이 우주를 지옥으로 보고, 선한 자들은 천국으로 봅니다. 하지만 완벽한 존재들은 우주가 신 그 자신God Himself이라는 점을 깨닫습니다. 인간의 눈을 가리고 있던 장막이 벗겨지는 때는 이 우주를 신으로 보게 되는 바로 그때뿐입니다. 그때가 되면, 순결하게 정화된 그 사람은 자신의 관점 전체가 혁신됐다는 사실을 발견하게 될 것입니다.

진정한 인간

수백만 년 동안 자신을 고문해 온 악몽들은 이제 모두 사라졌습니다. 자신을 인간이나 신이나 악마라고 생각해 온 사람, 자신이 낮은 영역이나 높은 영역, 또는 지구나 천국 등에 살고 있다고 생각해 온 그는, 자신이 사실상 모든 곳에 존재한다는 점을 깨닫게 됩니다. 그는 자신이 시간 속에 존재하는 것이 아니라, 그 모든 시간이 자신의 내면에 존재한다는 점을 깨닫게 되고, 자신이 어떤 천국 속에 있는 것이 아니라, 그 모든 천국들이 자신의 내면에 존재한다는 점을 깨닫게 되며, 자신이 특정한 신에게 속해 있는 것이 아니라, 숭배되어 온 그 모든 신들이 자신의 내면에 존재한다는 점을 깨닫게 됩니다. 자신이 지금까지 신과 악마, 인간, 식물, 동물 등을 만들어 내고 있었던 것입니다. 이처럼, 인간의 진정한 본성은, 천국보다 더 높고, 우주보다 더 완벽하며, 무한한 시간보다 더 무한하고, 편재하는 공간보다 더 편재합니다. 지금 그것이 아직 전개되지 않은 채로 당신 내면에 잠재되어 있을 뿐입니다.

인간은 오직 이런 깨달음을 통해서만 두려움에서 벗어나 자유로워질 수 있습니다. 그때가 되면, 모든 망상이 남김없이 사라져 버리고, 모든 두려움이 영원히 종말을 고하게 될 것입니다. 탄생과 죽음은 함께 소멸될 것이고, 고통은 쾌락과 함께 날아가 버릴 것이며, 땅과 하늘은 함께 없어질 것이고, 몸은 마음과 함께 사라져 버릴 것입니다. 즉, 인간의 눈앞에서 전 우주가 자취를 감추게 될 것입니다. 이 요동과 움직임, 힘들의 끊임없는 투쟁은 영원히 멎을 것이고, 스스로를 힘과 물질로, 또는 자연의 투쟁이나 자연 그 자체(하늘과 땅, 식물과 동물, 인간과 천사 등)로 나타내 보이던 '그것'은, 하나의 무한하고 불가분한 부동의 존재로 변형될 것입니다. 그러면 현자는 그가 궁극의 존재와 하나라는 사실을 깨닫게 될 것입니다. 각양각색의 구름들이 하늘 앞에 나타나, 한동안 머물다가, 사라져 버리듯 이 영혼의 눈앞에도 당분간은 이 다양한 광경들(땅과 하늘, 달과 신들, 쾌락과 고통 등)이 모습을 드러내겠지만, 그들 모두는 곧 무한하고 변치 않는 '영혼'만을 뒤에 남긴 채 사라져 버릴 것입니다. 하늘은 결코 변화하지 않습니다. 변화하는 것은 구름들입니다. '영혼'이 변한다고 생각하는 것은 착각일 뿐입니다. 마찬가지로, 우리가 불순하고, 제한되어 있으며, 분리되어 있다고 생각하는 것도 하나의 착각에 불과합니다. 진정한 인간은 그 하나의 존재 그 자체입니다.

여기서 두 가지 의문이 제기됩니다. 첫 번째 의문은 다음과 같습니다.

"이 진리를 깨닫는 것이 가능한가? 지금까지 말한 건 이론, 철학이었다. 하지만 그것을 실제로 실현하는 것이 정말로 가능한가?"

답변은 '가능하다.'입니다. 망상을 영원히 제거한 성인들은 지금 이 시대에도 마찬가지로 존재합니다. 두 번째 의문은 이렇습니다.

"그 사람들은 그런 깨달음을 얻는 즉시 죽음을 맞이하는가?"

답변은 '생각만큼 빨리 죽지는 않는다.'입니다. 예컨대, 하나의 막대에 연결된 두 개의 바퀴가 돌고 있다고 해 봅시다. 내가 도끼로 막대를 두 동강 낸 뒤 한쪽 바퀴를 잡는다면, 그 바퀴는 즉시 멈출 것입니다. 하지만 반대쪽 바퀴는 좀 더 가서야 멈출 것입니다. 그 바퀴는 타성으로 인해 조금 더 돌다가, 힘이 다할 때가 되어서야 멈추게 됩니다. 이때, 먼저 멈추는 한쪽 바퀴가 순수하고 완벽한 존재인 영혼에 해당됩니다.

그리고 몸과 마음이라는 이 외적 환각은 나중에 멈추는 다른 쪽 바퀴에 해당됩니다. 두 바퀴를 연결해 주는 것은 행위라는 뜻인 카르마의 막대이고, 바퀴 사이에 있는 막대를 절단하는 것은 지혜라는 도끼입니다. 이 도끼로 막대를 절단하면, 영혼의 바퀴는 즉시 멈추게 될 것입니다. 즉, 자신을 오고가는 존재, 태어나고 죽는 존재로 생각하는 것을 멈출 것이고, 욕구를 지닌 자연의 일부로 생각하는 것도 멈출 것입니다. 그는 자신이 완벽하고 욕망을 여읜 존재란 사실을 깨닫게 될 것입니다. 하지만 다른 쪽 바퀴, 즉 몸과 마음의 바퀴에는 과거 행위의 여파가 계속해서 작용할 것입니다. 그 바퀴는 과거 행위의 여파가 소진될 때까지, 타성이 잦아들 때까지, 일정 기간 동안 삶을 더 이어가게 될 것입니다. 그러다가 힘이 다 소진되고 나면, 몸과 마음은 무너져 내릴 것이고, 영혼은 완전한 해방을 맞게 될 것입니다. 이제 더 이상 천국으로 가지도, 이 세상으로 되돌아오지도 않고, 심지어 브라흐마로카나 다른 고차원적 영역으로 가지도 않습니다. 진정한 영혼에게 오거나 갈 곳이 어떻게 있을 수 있겠습니까?

이번 생 동안 이 경지에 이른 사람들, 세상에 대한 일상적 시각에서 벗어나(적어도 1분 이상 동안) 실재를 명백히 체험한 사람들, 그들을 우리는 '생전해탈자'라 부릅니다. 베단타의 목적은 이 생전해탈 상태에 도달하는 것입니다.

사막의 신기루

예전에 서부 인도의 사막 지역을 여행한 적이 있습니다. 나는 도보로 수일에 걸쳐 사막을 건너갔습니다. 그런데 놀랍게도 나는 매일같이 아름다운 호수들을 목격할 수 있었습니다. 호수 주변에는 나무들이 있었고, 물 위에서는 거꾸로 비친 나무의 영상들이 물결에 일렁이고 있었습니다.

"이 얼마나 아름다운가, 이런 지역을 사막이라 부르다니!"

나는 혼자 중얼거렸습니다. 그렇게 거의 한 달 동안, 나는 이 놀라운 호수와 나무들을 구경하면서 사막을 가로질렀습니다. 하루는 목이 너무 말라 물을 좀 길어 와야겠다고 생각했습니다. 그래서 나는 이 투명하고 아름다운 호수들 중 하나를 향해 걸어가기 시작했습니다. 하지만 호수는 가까이 다가가는 순간 사라져 버렸고, 이와 동시에 이런 생각이 뇌리를 스치고 지나갔습니다.

"이것이 바로 내 평생 책을 통해서만 읽어 온 신기루라는 것이군."

이런 생각도 들었습니다.

"한 달 동안 매일같이 신기루를 보고서도, 그것이 신기루라는 사실을 몰랐다니!"

다음 날 아침 나는 다시 여행을 시작했습니다. 그런데 거기에 또 그 호수가 놓여 있었습니다. 하지만 이번에는 그것이 진짜 호수가 아니라는 생각도 함께 일어났습니다.

이 우주도 이와 마찬가지입니다. 우리 모두는 세상이라는 이 신기루를 여행하고 있습니다. 매일같이 그것이 신기루라는 사실조차 알지 못하면서 말입니다. 물론 그 신기루가 사라질 날은 올 것입니다. 하지만 그것은 다시 살아날 것입니다. 몸은 과거에 지은 업의 힘에 지배당하기 때문입니다. 우리가 카르마에 묶여 있는 한(남자, 여자, 동물, 식물 등에 대한 우리의 집착과 의무들), 이 세상은 우리에게 다시 되돌아올 것입니다. 하지만 그 힘이 전과 같지는 않을 것입니다. 새로운 지식의 영향으로 카르마의 힘이 일부 무너져 내렸기 때문입니다. 그것은 유독한 성질을 잃고, 새로운 형태로 변형되어 있을 것입니다. 실재와 신기루 사이의 날카로운 대립은 사라졌고, 우리는 이제 그것을 이해하기 때문입니다. 따라서 이 세상은 이제 더 이상 예전과 같지 않을 것입니다.

하지만 여기에도 위험이 도사리고 있습니다. 우리는 이 철학을 내세우며 이렇게 말하는 사람들을 종종 볼 수 있습니다.

"나는 모든 선과 악을 넘어서 있습니다. 따라서 나는 그 어떤 도덕 규율에도 얽매이지 않습니다. 나는 마음 내키는 대로 행동해도 됩니다."

당신은 현재 이 나라에서 이렇게 말하고 다니는 바보들을 많이 만날 수 있을 것입니다.

"나는 속박되어 있지 않습니다. 나는 신 그 자신입니다. 그러니 내 마음대로 하도록 내버려 두십시오."

비록 영혼이 물리적, 정신적, 도덕적 법칙 모두를 넘어서 있다는 말 자체는 진실이지만 이런 태도는 옳지 못합니다. 법칙 내부에는 속박이 있고, 법칙 너머에는 자유가 있습니다. 자유가 영혼의 본성이란 말은 진실입니다. 그 자유야말로 영혼의 생득권입니다. 영혼의 이 진정한 자유는 물질의 장막을 거쳐 인간의 표면적 자유라는 형태로 빛을 발합니다.

당신은 삶의 매 순간마다 자유롭다는 느낌을 받고 있습니다. 자유롭다는 느낌이 없다면, 우리는 살 수도, 말할 수도, 숨을 쉴 수도 없을 것입니다. 하지만 조금만 생각해 보면, 우리가 자유롭지 못하며 기계 같다는 느낌이 들기도 합니다. 그렇다면 어느 쪽이 진실일까요? 자유라는 관념은 망상에 불과한 것일까요? 우리 마음의 한편에서는 자유라는 관념이 환상이라고 주장하지만, 다른 한편에서는 속박이라는 관념이 환상이라고 주장합니다. 어떻게 이런 일이 일어날 수 있을까요?

인간은 진정 자유롭고, 진정한 인간은 자유로울 수밖에 없습니다. 하지만 이 마야 속으로, 이름과 형상이라는 세계 속으로 들어오는 순간, 인간은 구속당하고 맙니다. '자유 의지'라는 말은 잘못된 용어입니다. 의지는 결코 자유로울 수 없기 때문입니다. 의지가 어떻게 자유로울 수 있겠습니까? 의지가 생겨나는 건, 오직 진정한 인간이 구속되었을 때뿐입니다. 구속당하기 전까지는 의지가 생겨날 수 없습니다. 따라서 인간의 의지는 속박당해 있습니다. 하지만 그 의지의 기반인 '그것'은 영원히 자유롭습니다. 우리가 자유의 느낌을 보존할 수 있는 것도 바로 이 때문입니다. 우리는 인간의 삶, 신의 삶, 지상의 삶, 천국의 삶 등으로 불리는 이 구속 상태에서조차, 우리의 신성한 권리인 자유를 기억해 낼 수 있습니다. 그리고 우리 모두는, 그 사실을 의식하든 못하든, 그 자유를 향해 분투해 나가고 있습니다.

선악이라는 덮개

인간이 자기 내면에 존재하는 그 자유를 얻는다면, 대체 어떤 법칙이 그를 구속할 수 있겠습니까? 우주에 있는 그 어떤 법칙도 그를 구속할 수 없을 것입니다. 우주가 그의 것이기 때문입니다. 그가 바로 전 우주입니다. 그가 바로 우주라는 말은, 그에게는 그 어떤 우주도 존재하지 않는다는 말과 같습니다.

그런 그가 어떻게 성별이나 국가 등과 같은 온갖 관념들을 지닐 수 있겠습니까? 그가 어떻게 '나는 남자다.' '나는 여자다.' '나는 어린애다.' 같은 말을 할 수 있겠습니까? 그것이 환상이란 걸 아는 그가 어떻게 '이것은 남성의 권리이고, 이것은 여성의 권리'라는 말을 할 수 있겠습니까? 분리된 채 존재하는 사람은 없고, 따라서 권리를 지닌 사람도 없는데 말입니다. 그에게는 남성도 여성도 없습니다. 영혼은 성별이 없고, 영원히 순수합니다. 따라서 '나는 남자다, 나는 여자다, 나는 이 나라 사람이다, 나는 저 나라 사람이다.'라고 말하는 건 전부 거짓말입니다. 세상 전체가 나의 나라이고, 우주 전체가 나의 우주입니다. 나는 그 전체를 내 몸으로 삼았기 때문입니다.

그렇지만 이 세상에서 우리는, 이런 사상을 주장하면서도, 상스럽다고밖에는 할 수 없는 행위들을 저지르고 다니는 자들을 보게 됩니다. 왜 그런 행동을 하느냐고 물으면, 그들은 미망에 빠진 건 바로 당신이고, 자신들은 잘못이란 걸 할 수가 없노라고 말합니다. 어떤 기준에 근거해야 이런 자들을 가려낼 수 있을까요? 그 기준은 다음과 같습니다.

선과 악 모두 영혼의 구현체들이긴 하지만, 선은 진정한 인간, 즉 '자기'에 근접해 있는 내부 덮개인 반면, 악은 보다 바깥쪽에 자리 잡고 있는 외부 덮개입니다. 악이란 층을 뚫고 지나가지 않는 한, 선이란 층위에 도달할 수 없고, 악과 선이라는 두 층위의 덮개 모두를 뚫고 지나가지 않는 한, '자기'에 도달할 수 없는 것입니다. 그렇다면 '자기'에 도달한 '그'에게는 무엇이 남게 될까요? 약간의 카르마, 즉 과거 삶의 작은 여파만이 남게 될 것입니다. 이때, 그 여파는 모두 선한 여파입니다. 따라서 악한 여파를 완전히 해소하지 않는 한, 과거의 불순함을 완전히 태워 없애지 않는 한, 인간은 '진리Truth'를 볼 수도, 깨달을 수도 없을 것입니다.

이처럼 '자기'에 도달한 자, 진리를 본 자에게 붙어 있는 찌꺼기는, 지나온 삶의 선한 인상과 좋은 여파로만 구성되어 있습니다. 몸속에 머물며 끊임없이 행위한다 해도, 그는 오직 선을 위해서만 일할 것입니다. 그의 입술은 오직 축복만을 말하고, 그의 손은 오직 선만을 수행하며, 그의 마음은 오직 좋은 생각만 생각합니다. 그가 어디를 가든, 그의 현존은 하나의 축복이 됩니다. 그의 존재 자체가 살아 있는 축복입니다.

그런 사람은, 바로 그의 현존 그 자체에 의해, 가장 사악한 인간조차 성인으로 탈바꿈시킬 것입니다. 아예 입을 열지 않는다 해도, 그는 그 존재 자체만으로 인류에 대한 축복이 될 것입니다. 그런 인간이 어떻게 악행을 할 수 있겠습니까? 그런 인간이 어떻게 부정한 일에 참여할 수 있겠습니까?

당신은 진정한 실천과 단순한 말 사이에 무지막지한 차이가 있다는 사실을 기억해야만 합니다. 말은 바보라도 할 수 있습니다. 심지어는 앵무새조차 말을 합니다. 말과 깨달음은 완전히 별개인 것입니다. 철학과 교리, 논의와 책, 이론, 교회, 종파, 이런 모든 것들도 충분히 훌륭합니다. 하지만 깨달음이 들어서는 순간, 이런 것들은 전부 떨어져 나가게 될 것입니다. 예컨대, 지도는 아주 훌륭합니다. 하지만 그 지역을 실제로 본 뒤 다시 지도를 들여다보면, 당신은 그 둘 사이에 존재하는 어마어마한 차이를 깨닫게 될 것입니다. 따라서 진리를 실현한 자들은 논리도, 그 진리를 이해시켜 주는 지적 훈련도 필요로 하지 않습니다. 그들에게는 그 진리가, 훨씬 더 명백하게 응축된 삶의 정수 그 자체입니다. 그것은 베단타의 성자들이 말하듯, '손에 쥔 열매보다도 더 확실'합니다.

당신은 일어서서 이렇게 말할 수 있습니다.

"진리가 여기 있습니다."

하지만 실제로 진리를 실현한 자라면 일어서서 이렇게 말할 것입니다.

"여기에 '자기'가 있습니다."

당신이 그를 붙잡고 수년에 걸쳐 토론을 벌인다 해도, 그는 그저 당신에게 미소를 지으면서, 그 모두를 아이의 재잘거림으로 간주할 것입니다. 그는 당신이 재잘거리며 놀도록 내버려 둘 것입니다. 그는 진리를 깨달은 뒤 거기에 만족했기 때문입니다.

그러므로, 깨달음을 실현한 인간도 이렇게 말합니다.

"세상 사람들이 종교에 대해 이렇다 저렇다 말하는 건 전부 아이들 재잘거리는 소리에 지나지 않는다. 종교의 혼, 즉 그 진정한 정수는 깨달음뿐이다."

종교는 실현되고 실천될 수 있습니다. 그럼, 당신은 준비가 되었습니까? 당신은 그것을 원하십니까? 만일 그렇다면, 당신은 그 깨달음을 얻게 될 것입니다. 깨달음을 얻어 진정으로 종

교적인 인간이 될 것입니다. 하지만 그전까지는, 당신과 무신
론자 사이에도 별 차이가 존재하지 않을 것입니다. 무신론자
들은 최소한 진지하기라도 하지만, 종교를 믿는다고 말하면서
그것을 실천하려는 시도조차 않는 자들은 진지하지도 못하기
때문입니다.

깨닫고 난 후의 문제

이제 '깨닫고 나면 어떻게 되는가?'라는 질문이 제기됩니다.
우리가 우주의 단일성을 깨닫게 되었다고 가정해 봅시다. 우
리가 무한한 하나의 존재 그 자체임을 알게 되었다고 가정해
봅시다. 우리가 '자기'야말로 유일한 '존재'라는 사실, 이 모든
다양한 형상들을 현현시키는 '자기'가 바로 이 '자기'라는 사실
을 깨닫게 되었다고 가정해 봅시다. 우리는 그 깨달음 뒤에 어
떻게 될까요? 비활성상태가 되어, 구석에 쭈그리고 앉아 죽어
버리는 건 아닐까요?

'그런 게 세상에 무슨 도움이 되는가?'라는 낡은 의문이 제
기될 수도 있을 것입니다. 하지만 우선, 깨달음이 왜 세상에 도
움을 주어야 하는지부터 생각해 봅시다. 그래야만 하는 이유
가 있습니까? 인간에게 '그런 게 세상에 무슨 도움이 되는가?'
라고 의문을 제기할 권리가 있는 것일까요? 무엇보다도 '세상

에 도움이 됩니다.'라는 말은 무엇을 의미하는 걸까요?

아기는 사탕을 좋아합니다. 당신이 전기의 특성과 관련된 탐구를 하고 있는데 아기가 다가와 이렇게 묻는다고 해 봅시다. "그거 하면 사탕 주나요?" 당신은 "아니."라고 답합니다. 아기는 다시 묻습니다. "그럼 그게 무슨 도움이 되나요?"

마찬가지로 사람들은 들고 일어나 이렇게 묻습니다.

"깨달음이 세상에 무슨 도움이 되는가? 깨달으면 돈이라도 주나?"

"아니."

"그럼 그게 무슨 소용인가?"

이것이 바로 '도움이 된다.'는 말의 의미입니다.

하지만 종교적 깨달음은 세상에 가장 커다란 혜택을 가져다 줍니다. 사람들은 존재하는 것이 '하나'임을 깨닫고 나면, 사랑의 샘이 말라 버릴 것이라고, 인생의 모든 것이 사라져 버릴 것이라고, 자신이 사랑해 온 모든 것이 영영 사라져 버릴 것이라고 두려워합니다. 하지만 동시에, 사람들은 세상에서 가장 위대한 일꾼들이, 자기 자신의 개체성에 거의 관심을 두지 않는 인물들이란 점을 결코 잊지 않습니다.

마찬가지로, 인간이 위대한 사랑을 하는 순간은, 자신이 사랑하는 대상이 낮고, 작고, 유한한 존재가 아니라는 점을 깨닫는 바로 그 순간뿐입니다. 인간이 위대한 사랑을 하는 순간은, 자신이 사랑하는 대상이 흙덩어리가 아닌, 진리 그 자체란 점을 깨닫는 바로 그 순간뿐입니다. 따라서 아내가 남편을 신으로 생각하면 그녀는 남편을 더욱더 사랑하게 될 것이고, 남편이 아내의 신성을 깨달으면 그는 아내를 더욱 더 사랑하게 될 것입니다. 어머니가 자녀를 신 그로 여기면 그녀는 자녀를 더욱더 사랑하게 될 것이고, 적이 바로 신 그 자체라고 생각하는 사람은 자신의 적조차도 사랑하게 될 것입니다. 성자가 신이라는 것을 아는 사람은 성자를 진심으로 사랑하게 될 것이고, 이런 사람이라면 가장 성스럽지 못한 인간 역시 사랑하게 될 것입니다. 성스럽지 못한 인간의 배후에조차 '그'가 존재한다는 사실을 알기 때문입니다. 그런 사람은 세상을 움직이는 인물이 될 것입니다. 작은 자아가 죽은 그 자리에 신이 대신 들어섰기 때문입니다. 그는 전 우주를 완전히 다른 관점에서 바라보게 될 것입니다. 고통스럽고 불행한 것들은 모두 사라질 것이고, 온갖 투쟁들도 모두 종말을 고하게 될 것입니다. 이 세상을 매일같이 빵 한 조각을 위해 경쟁하고 싸우는 감옥으로 느끼는 대신 놀이터로 경험하게 될 것이고, 이 우주를 진정 아름다운 것으로 느끼게 될 것입니다. 오직 그런 인간만이 일어서서 이렇게 말할 권리를 지닐 것입니다.

"이 얼마나 아름다운 세상인가!"

오직 그런 인간만이 이렇게 말할 권리를 지닐 것입니다.

"세상 모든 것이 지금 이대로 완벽하다."

이런 깨달음은 세상에 가장 커다란 혜택을 가져다줄 것입니다. 오늘 전 인류가 그 위대한 진리의 단 한 조각만이라도 알게 된다면, 전 세계의 모든 국면이 완전히 달라질 것입니다. 싸움과 다툼 대신 평화가 들어설 것이고, 남보다 앞서도록 우리를 압박하는 이 난폭한 조급성은 완전히 자취를 감추게 될 것입니다. 모든 분쟁이 종식되고, 모든 미움이 소멸될 것이며, 모든 질투가 없어지고, 모든 악이 영원히 사라져 버릴 것입니다. 그때가 되면, 신들이 이 땅 위에서 살며, 이 세상 자체가 천국으로 뒤바뀌게 될 것입니다. 신들이 신들과 유희하고, 신들이 신들과 일해 나가며, 신들이 신들을 사랑하는 그런 곳에, 어떻게 악이 들어설 수 있겠습니까? 이것이 바로 성스러운 깨달음의 커다란 실용성입니다.

그때가 되면, 이 사회의 모든 것이 혁신될 것입니다. 먼저, 당신은 더 이상 인간을 악의 관점에서 바라보지 않게 될 것입니다. 이것이 첫 번째로 주어지는 위대한 혜택입니다. 당신은 더 이상 잘못을 저지른 불쌍한 사람에게 경멸어린 조소를 던지지 않게 될 것입니다. 더 이상 밤거리를 헤매는 가련한 여인들을 경멸의 시선으로 깔보지 않게 될 것입니다. 그 여인들에게서조차 신을 보기 때문입니다. 또한, 당신은 더 이상 질투나 심판에 대해 생각하지 않게 될 것입니다. 그런 것들은 모두 사라져 버릴 것이기 때문입니다. 이때쯤이면, 사랑이란 위대한 이상이 너무나도 강력해서, 인류를 바른 길로 인도하기 위한 채찍 따윈 필요치 않게 될 것입니다.

오늘날 이 세상을 살아가는 사람들 중 단 백만 분의 일이라도, 몇 분간 앉아서 이렇게 말한다면 어떨까요?

"인간들이여, 동물들이여, 살아 있는 모든 존재들이여, 그대들 모두가 신입니다! 그대들 모두가 살아 있는 신성의 현현입니다!"

전 세계가 단 반 시간 만에 혁신되고 말 것입니다. 세계 각국의 사람들은 증오의 폭탄을 구석구석 퍼붓는 대신, 질투와 악한 생각을 사방으로 쏟아붓는 대신, 그 모두가 '그'라는 생각을 품게 될 것입니다. 당신이 보고 듣는 모든 것이 '그'가 될 것입니다. 당신 내면에 악이 존재하지 않는데, 어떻게 당신이 악을 볼 수 있겠습니까? 당신의 가슴 깊은 곳에 도둑이 웅크리고 있지 않은데, 어떻게 당신이 도둑을 볼 수 있겠습니까? 당신 내면에 살인자가 존재하지 않는데, 어떻게 당신이 살인자를 볼 수 있겠습니까? 그러니 스스로 선이 되십시오. 그러면 악은 당신 눈앞에서 영영 사라져 버리게 될 것입니다. 전 우주는 그렇게 혁신될 것입니다. 이 변화는 사회에 엄청난 혜택을 가져다줄 것이고, 나아가 인류 전체에게도 엄청난 혜택을 가져다줄 것입니다.

고대 인도의 성인들은 이런 사상을 떠올려 실천에 옮겼습니다. 스승들의 배타성과 외부 세력의 침입 같은 요인들로 인해 널리 퍼지지는 못했지만, 이건 진정으로 장대한 진리입니다. 이 진리는 그것을 받아들인 이들에게 신성을 가져다주었습니다. 나의 전 생애도 그 신성한 손길에 의해 혁신되어 왔습니다.

이제 이 진리를 전 세계로 퍼뜨릴 때가 되었습니다. 이 진리는 수도원에 머무는 대신, 특정 종파나 배운 자들의 배타적 소유물로 머무는 대신, 교육받은 자들만 접할 수 있도록 철학 서적에 갇혀 있는 대신, 세계 전역으로 널리 퍼져나가, 성자와 죄인, 남성과 여성, 배운 자와 못 배운 자 모두의 공동 자산으로 자리 잡게 될 것입니다. 그렇게 되면, 이 진리는 세상의 대기 전체에 스며들게 될 것이고, 우리가 숨쉬는 이 공기는 그 모든 진동을 통해 '그대가 그것이다.'라는 의미를 전하게 될 것입니다. 그렇게 되면, 수백수천의 태양과 달을 거느린 이 우주 전체는, 말할 수 있는 모든 생명체를 동원해, 한 목소리로 '그대가 그것이다.'라는 진리를 설하게 될 것입니다.

깨달음을 어떻게 실천할 수 있을까?

1896년 11월 18일,
런던에서 행한 연설

세상의 모든 신들을 향해 울부짖으십시오.
저도 수년에 걸쳐 호소를 거듭한 끝에 결국 도움을
받을 수 있었습니다. 하지만 그 도움은 나 자신의
내면으로부터 온 것이었습니다. 제가 한 일은 나 자신의
실수로 지은 업을 다시 제거한 것이 전부였습니다.
사실 이것만이 유일한 길입니다.

영혼과 자아정체성

지금까지 우리는 주로 보편적 실재에 관한 주제들을 다뤄 왔습니다. 오늘은 특수한 것과 보편적인 것 사이의 관계에 대한 베단타의 입장을 설명해 볼 생각입니다.

지금까지 보아 온 것처럼, 초기의 이원론적 베단타는 모든 존재에게 고유하고 한정된 영혼이 있다고 주장했습니다. 모든 존재가 지닌 이 고유한 영혼에 대해서 무수히 많은 이론들이 제기되어 왔지만, 핵심적인 논쟁은 주로 고대 베단타주의자와 고대 불교도들 사이에서 일어났습니다. 전자는 개인적 영혼이 그 자체로 완전하다고 믿었지만, 후자는 그런 개인적 영혼 자체를 부정했습니다.

지난번에 말한 것처럼, 이 논쟁은 실체와 특성에 관한 유럽 철학자들의 논쟁과 지극히도 유사합니다. 서구 철학자들 중에도 특성들의 배후에 실체라 불릴 만한 무언가가 존재하며, 그 실체 속에 특성들이 들어 있다고 주장하는 사람들이 있습니다. 그러면서도 여전히 다른 한편에서는, 그런 실체가 없어도 특성들 스스로 존재할 수 있다고 주장하면서, 실체란 것의 존재 자체를 부정합니다. 있을 필요가 없다는 것입니다.

영혼에 대한 가장 오래된 이론은 자아정체성Self-identity이란 개념 위에 세워졌습니다. 어제의 '나'는 오늘의 '나'이고, 오늘의 '나'는 내일의 '나'가 될 것이므로 '나'는 '나'로서 존재한다는 주장입니다. 그들은 몸에 일어나는 각종 변화에도 불구하고 똑같은 '나'라고 믿었습니다. 이것이 개인적 영혼을 믿은 자들의 핵심적 주장과 비슷하다고 할 수 있을 것 같습니다.

다른 한편, 고대 불교도들은 그런 가정의 필요성 자체를 부인했습니다. 그들은 우리가 아는 모든 것과 알 수 있는 모든 것은 단지 변화뿐이라고 주장했습니다. 불변부동의 실재를 가정하는 것은 완전히 쓸데없는 일이고, 그런 불변의 실재가 설령 존재한다 하더라도, 우리로서는 그것을 인식할 수도, 이해할 수도 없다는 것입니다.

당신은 현재 유럽에서 이와 똑같은 논쟁이 일고 있는 것을 볼 수 있을 것입니다. 한쪽에는 종교철학자와 관념론자들이, 다른 한쪽에는 실증주의자와 무신론자들이 포진해 있는데, 허버트 스펜서Herbert Spencer 같은 사람은 변하지 않는 무언가가 분명히 있고, 그것을 일별하는 것도 가능하다고 주장하지만, 후자는 콩트Comte식 실증주의와 무신론을 내세우면서 그런 것의 존재 자체를 부인합니다.

몇 년 전 허버트 스펜서와 프레더릭 해리슨Frederick Harrison 사이에 벌어진 논쟁에 관심을 가져 본 사람이라면, 그것이 고대의 논쟁과 조금도 다를 바가 없다는 점을 알아차렸을 것입니다. 여기서도 마찬가지로, 끊임없는 변화의 배후에 실체가 존재한다고 주장하는 쪽과 그런 가정의 필요성 자체를 부인하는 쪽이 맞섭니다. 한쪽에서는 변하지 않는 무언가가 없다면 변화에 대해 생각하는 것도 불가능할 것이라고 주장하지만, 다른 한쪽에서는 그런 가정 자체를 군더더기로 치부해 버립니다. 그들은 인간이 오직 변하는 것에 대해서만 생각할 수 있고, 변하지 않는 것에 대해서는 알 수도, 느낄 수도, 감각할 수도 없다고 주장합니다.

고대의 인도철학자들 사이에서도 이 엄청난 문제는 해결되지 않은 채로 남아 있었습니다. 우리가 보아 왔듯이, 특성들 배후에 있는 실체의 존재는 실증될 수 없는 것이기 때문입니다. 아니, 실체의 존재는 고사하고, 자아정체성과 기억을 바탕으로 한 논증(나는 어제의 '나'다. 내가 그것을 기억하기 때문이다. 따라서 나는 지속되는 무엇임에 틀림없다.)조차도 증명될 수 없습니다.

일반적으로 제기되는 비슷한 궤변 역시 언어가 일으키는 환상에 지나지 않습니다. 예컨대, 궤변가는 다음과 같은 문장들을 길게 늘어놓습니다. '나는 한다.' '나는 간다.' '나는 꿈꾼다.' '나는 잠을 잔다.' '나는 움직인다.' 그러고는 하고, 가고, 꿈꾸는 것 등은 변하지만 '나'는 변함없이 남는다는 점을 부각시킵니다. 이후 그는, '나'라는 것이 변함없는 하나의 실체라고, 변화들은 몸에 속하는 것일 뿐이라고 결론짓습니다.

이 궤변은 겉으로 보면 아주 그럴듯해 보일지 모르지만, 사실 말장난에 지나지 않습니다. '나'라는 말과 '한다, 간다, 꿈을 꾼다.' 등의 말은 흑백으로 뚜렷하게 분리될지 몰라도, 자기 마음속에서 이 둘을 분리시킬 수 있는 사람은 단 한 명도 없기 때문입니다. 내가 먹을 때, 나는 나 자신의 먹음을 생각합니다. 즉, 나는 먹음과 동일시되어 있습니다. 내가 달릴 때, 나와 달리는 것은 둘로 분리되어 있지 않습니다. 이런 점을 미루어 볼 때, 개인의 정체성을 바탕으로 한 논증들은 결코 강력하다고 할 수 없습니다.

기억에 근거한 또 다른 논증도 부실하기는 마찬가지입니다. 내 존재의 동일성이 기억에 의해 보증되는 것이라면, '기억나지 않는 시절에는 나도 존재하지 않았을 것'이라고 주장해야 할 것입니다. 하지만 우리는 특정 조건하에서 자신의 전 과거를 잊어버리는 사람들을 알고 있습니다. 게다가 정신착란에 빠진 사람들은 자신을 유리나 동물 등으로 생각하기도 합니다. 존재가 그의 기억에 의존하는 것이라면, 그의 몸은 유리로 구성되어 있어야 할 것입니다. 하지만 물론 이런 일은 불가능하므로, 기억 같이 느슨한 것으로 정체성을 뒷받침하려 해서는 안 될 것입니다. 이처럼, 특성들과 분리된 채 존재하는 개인적 영혼(한정되어 있지만 완전한 영혼)의 존재를 확립하는 것은 불가능합니다. 우리는 온갖 특성들을 담고 있는 한정된 존재를 확립할 수 없습니다.

반면, 고대 불교도들의 논증은 한층 더 강력해 보입니다. 그들은 이 특성들을 넘어선 것에 대해서는 알 수도, 이해할 수도 없다고 주장합니다. 그들에 의하면, 영혼은 지각과 느낌이라 불리는 특정한 특성들로 구성되어 있습니다. 이 특성들의 집합체가 바로 영혼이라 불리는 그것입니다. 그리고 이 집합체는 끊임없는 변화를 거듭하고 있습니다.

이때, 영혼에 대한 불이일원론자들의 이론은 이 두 입장들을 다음과 같이 조화시킵니다.

"실체를 특성들과 분리된 것으로 생각할 수 없다는 말은 맞습니다. 우리는 변화와 불변을 동시에 생각할 수 없기 때문입니다. 하지만 당신들은 실체라는 그것이 동시에 특성들이기도 하다는 점을 알아야 합니다. 실체와 특성은 둘이 아닙니다. 변화하는 것으로 모습을 나타내는 그것이 바로 불변의 실재입니다. 마찬가지로, 본체는 현상과 다른 무엇이 아닙니다. 현상으로 나타난 그것이 바로 본체입니다. 따라서 변하지 않는 영혼은 분명 존재하고, 우리가 느낌과 지각이라 부르는 것은(심지어 몸이라 부르는 그것조차) 다른 관점에서 바라본 영혼 그 자체일 뿐입니다.

우리는 자신이 몸과 영혼 등을 지닌다고 생각하는 습관에 젖어 있습니다. 하지만 사실 존재하는 건 오직 하나뿐입니다. 즉, 내가 나 자신을 몸으로 생각할 때, 나는 그저 몸일 뿐입니다. 이때, 자기가 그 밖의 다른 무엇이라고 말하는 건 아무 의미도 없습니다. 하지만 내가 나 자신을 영혼으로 생각하면, 그 몸은 사라져 버립니다. 몸에 대한 지각은 유지될 수가 없습니다. 몸에 대한 지각이 소멸되지 않는 한, 그 누구도 영혼을 지각할 수 없고, 특성들에 대한 지각이 소멸되지 않는 한, 그 누구도 실체를 지각할 수 없습니다."

존재하는 건 오직 하나뿐

노끈을 뱀으로 착각한다는 오래된 비유에 의존하면, 의미를 좀 더 분명히 밝힐 수 있을지 모릅니다. 누군가가 노끈을 뱀으로 착각할 때, 노끈은 사라져 버립니다. 하지만 그것이 노끈이란 점을 알게 될 때는, 뱀이 사라지고 노끈만 남게 됩니다.

이중, 삼중의 존재에 대한 관념들은 불충분한 자료에 근거한 추론으로부터 파생된 것입니다. 우리는 그런 관념들을 책 등을 통해 끊임없이 접하기 때문에, 결국에 가서는 자신이 정말로 영혼과 몸을 동시에 지각할 수 있다는 망상에 빠져들게 됩니다. 하지만 그런 지각은 결코 존재할 수 없습니다. 인식은 몸에 대한 것과 영혼에 대한 것, 둘 중 하나일 수밖에 없습니다. 이 점에 대해서는 근거를 댈 필요조차 없을 것입니다.

당신 자신을 영혼으로, 육체가 없는 존재로 생각하려 노력해 보기 바랍니다. 아마도 당장은 그것이 거의 불가능하다는 점을 발견하게 될 것입니다. 하지만 그렇게 할 수 있는 사람이 있다면, 그는 자신을 영혼으로 인식하는 순간, 몸에 대한 인식이 사라져 버린다는 점을 발견하게 될 것입니다. 당신은 깊은 명상이나 자기최면, 히스테리 증상, 약품 등을 통해 독특한 마음 상태를 경험한 자들에 대해 들어보았을 것입니다. 그들의 경험으로부터 이끌어 낼 수 있는 건, 내적인 무언가를 인식할 때 외적인 것은 사라져 버린다는 사실입니다. 이는, 어떤 형태로 존재하든, 존재하는 건 오직 '하나뿐'이라는 진실을 드러내 줍니다.

'하나'가 다양한 형상들로 모습을 드러내면, 이것들은 서로 인과관계를 일으킵니다. 그런데 진화(다른 무언가로 변하는 과정)를 지배하는 것이 바로 이 인과관계이므로, 원인이 사라지고 난 뒤, 그 자리를 결과가 차지하는 일이 벌어지게 됩니다.

예컨대, 영혼이 몸의 원인이라면, 영혼은 몸을 남긴 채 당분간 사라졌다가, 몸이 소멸된 뒤 다시 모습을 드러내게 됩니다. 이 이론은 몸과 영혼의 이원론에 대한 불교도들의 반박을 효과적으로 포용해 냅니다. 실체와 특성들이 다양한 형태로 나타난 하나임을 보여 줌으로써, 이원성 자체를 부정하기 때문입니다.

우리는 불변이란 관념이 전체에 대해서만 확립될 수 있다는 점 또한 확인했습니다. 부분은 결코 불변일 수 없습니다. 부분이란 관념 자체가 변화나 운동의 관념에 내포되어 있기 때문입니다. 우리가 제한된 것들을 알고 이해할 수 있는 것도 바로, 그것이 변하기 때문입니다. 하지만 전체는 불변일 수밖에 없습니다. 그 전체 이외의 무언가가 존재해야 그것과의 관계 하에서 변화란 것이 일어날 수 있는데, 전체 이외의 것이란 건 있을 수 없기 때문입니다.

변화는 항상, 변하지 않거나, 상대적으로 덜 변하는 무엇과의 관계하에서만 일어납니다. 따라서 불이일원론에 의하면, 전체적이며 변하거나 죽지 않는 영혼의 관념은 분명 입증될 수 있습니다. 하지만 개인적 영혼의 존재를 입증하는 건 불가능한 일입니다. 우리는 이 오래된 이원론에 어떻게 대처해야 할까요? 우리를 그토록 강하게 사로잡고 있지만, 우리 모두가 넘어서야만 하는 이 이원론(개인적 영혼이 존재한다는 믿음)에 대해 어떤 태도를 취해야 할까요?

우리는 우리 자신이 전체로서 불멸이라는 점도 확인했습니다. 하지만 문제는 우리가 전체의 '부분들'로서 불멸이길 열렬히 욕망한다는 점입니다. 우리는 우리가 곧 무한자라는 점을 보았고, '그것'이 바로 우리 자신이란 점도 알았습니다. 하지만 우리는 이 작은 영혼들에 개체성을 부여하고 싶어 안달합니다. 그런데 일상의 경험을 통해 이 작은 영혼들이 끊임없이 성장, 변화하는 모습을 발견하게 된다면, 이러한 열망은 어떻게 되는 것일까요? 그 영혼들은 같으면서도 같지가 않습니다. 즉, 어제의 '나'는 물론 오늘의 '나'이지만, 한편으로 그렇지 않기도 합니다. 다소 변화했기 때문입니다.

지금, 이 모든 변화의 한가운데 변치 않는 무언가가 존재한다는 이원론적 개념을 제거함으로써, 그리고 진화라는 가장 현대적인 개념을 끌어들임으로써, 우리는 '나'라는 것이 끊임없이 변하면서 확장해 나가는 존재란 점을 발견하게 되었습니다. 그러므로 만일 인간이 연체동물로부터 진화한 게 사실이라면, 인간은 그 연체동물과 같은 개체일 것입니다. 단지 엄청나게 확장된 것뿐입니다. 연체동물에서 인간에 이르기까지 끊임없는 확장이 이루어져 온 것입니다.

하지만 동시에, 이는 무한에 이를 때까지 계속되어 나갈 것이 분명합니다. 따라서 제한된 영혼은, 무한한 개체성Infinite Individual을 향해 끊임없이 확장해 나가는 개체라 할 수 있을 것입니다. 완벽한 개체성은 오직 그 무한에 도달하는 순간에만 실현되겠지만, 그 전에도 그것은 끊임없이 변화하면서 성장해 나가는 인격으로서 존재하게 될 것입니다.

이원론과 불이일원론

베단타가 주장하는 불이일원론의 가장 놀라운 특징 중 하나는, 그것이 이전의 체계들까지 하나로 조화시킨다는 것입니다. 인도의 고대 철학자들은 성장이 점진적으로 일어난다는 이론, 즉 오늘날 진화라 부르는 이론을 알고 있었고, 이러한 인식을 통해 먼저 나타난 모든 체계들을 한데 통합시킬 수 있었습니다. 이전 단계에 속한다고 해서 폐기된 이론은 단 하나도 없습니다. 불교도들의 실수는 이 지속적이고 점진적인 성장을 인식하지도, 존중하지도 못했다는 점입니다. 따라서 그들은 최종적인 이론과 이전 단계의 이론들을 조화시키려는 시도조차 하지 않고, 이전 단계 이론들을 쓸모없고 해로운 것으로 간주하여 폐기해버리고 말았습니다.

종교에 내재된 이 같은 성향은 그 무엇보다도 해로운 것입니다. 새롭고 더 나은 관념을 획득하고 나면 이전까지 지니고 있던 관념이 조악하고 쓸데없어 보일지 모르지만, 그렇다고 그것을 내버려서는 결코 안 됩니다. 현재의 안목으로 봤을 때 아무리 투박해 보이더라도, 그 관념은 지금에 이르기까지 상당한 도움이 되어 주었습니다. 현재 상태에 도달하기 위해 당신은 그 관념을 필요로 했으며, 앞으로는 다른 사람들이 그 관념을 필요로 하게 될 것입니다. 우리 모두 비슷한 방식으로 성장하기 때문입니다. 즉, 우리는 먼저 거친 관념들에 의존하면서 거기서 혜택을 얻다가, 점점 더 고차원적인 이해를 획득하는 식으로 성장해 나갑니다. 불이일원론 학파가 오래된 이론들에 우호적인 것도 바로 이 때문입니다. 불이일원론 학파는 이원론과 그에 앞선 모든 체계들을 수용하며, 그것도 우월감 없이, 그들의 진실성에 대한 확신으로 그렇게 합니다. 그 체계들 모두 동일한 진리의 표현으로서, 결국 불이일원론이 도달한 결론으로 인도해 준다는 점을 아는 것입니다.

우리는 인류가 통과하는 이 다양한 단계들 모두를 저주가 아닌 축복으로 보존해야 합니다. 베단타는 이 모든 이원론적 체계들을 거부하거나 내던지는 대신, 원상태 그대로 보존했습니다. 따라서 개인적 영혼, 즉 제한되었으나 그 자체로 완전한 영혼에 관한 이원론적 개념도 베단타에 포함되어 있습니다. 이원론에는 인간의 사후 운명에 대한 신화적 설명이 들어 있는데, 이런 관념들도 베단타 체계 내에 온전히 보존되어 있습니다. 불이일원론은 이런 관점이 진리를 불완전하게 드러내 준다는 점을 알고 있었지만, 점진적 이해의 필요성을 인식하고, 이 이론들에게도 합당한 자리를 부여해 주었습니다.

이원론자들은 이 우주를 물질이나 힘의 창조물로만, 어떤 의지의 유희로만 바라봅니다. 또한 그들은 이 의지가 우주와 분리되어 있다고 가정합니다. 따라서 이런 관점을 취할 경우, 우리는 자신을 몸과 영혼으로 나누어서 바라볼 수밖에 없습니다. 이때 영혼은, 비록 한정되어 있긴 하지만, 그 자체로 완전한 것으로 간주됩니다. 영혼 불멸과 미래의 삶에 관한 이원론자의 관념은 영혼에 대한 그의 관념과 필연적으로 일치합니다. 이런 가르침들도 베단타에 그대로 보존되어 왔습니다. 따라서 나는 여기서 여러분에게 이원론의 유명한 개념들 몇 가지를 소개하고자 합니다.

이원론에 의하면, 우리는, 물론, 몸을 지니고 있고, 그 몸 뒤에는 미세한 신체라 불리는 것이 자리 잡고 있습니다. 이 미세한 몸도 물질로 구성되어 있지만, 매우 섬세하다는 점에서 차이가 납니다. 그것은 모든 업과 모든 행위, 모든 인상들의 저장소인데, 이 내용물들은 그곳에서 눈에 보이는 형태로 솟아나기만을 기다리고 있습니다. 우리의 모든 생각과 행위들은 특정 시간이 지나고 나면 섬세해져, 이른바 씨앗의 형상을 취하게 되고, 이 미세한 몸 안에서 잠재적인 형태로 머물게 됩니다. 그리고 일정 시간이 지나고 나면, 그것은 다시 솟아나 자신의 결과를 산출해 냅니다. 인간의 인생을 결정짓는 건 바로 이 결과들입니다.

이처럼, 인간은 그 자신의 인생을 스스로 주조해 냅니다. 인간은 자기 스스로 만들어 낸 것 외에는 그 어떤 것에도 종속되지 않습니다. 우리의 생각과 말, 행위들은 우리가 자신의 둘레에 감는 실이라 할 수 있습니다. 일단 특정한 힘을 발동시키고 나면, 우리는 그 힘의 모든 결과들을 맛보아야만 합니다. 이것이 바로 카르마의 법칙입니다.

미세한 몸의 배후에는 지바, 즉 개인적 영혼이 살고 있습니다. 이 개인적 영혼의 형상과 크기에 대해서는 논란이 많습니다. 어떤 사람은 그것이 원자처럼 아주 작을 것이라고 하고, 다른 사람은 그것이 그 정도로 작지는 않을 것이라고 하며, 또 다른 사람은 그것이 아주 클 것이라고 주장합니다. 이 지바는 우주적 실재의 한 부분으로서, 역시나 불멸입니다. 그것은 태곳적부터 존재해 왔고 앞으로도 영원토록 존재할 것입니다. 그것은 그 자신의 진정한 본성인 순수성을 현현시키기 위해 이 모든 형상들을 거쳐 지나가고 있습니다.

이 현현을 지체시키는 모든 행동은 '악'이라 불리고, 이는 생각에 대해서도 마찬가지입니다. 그리고 그 진정한 본성을 더 많이 드러낼 수 있도록 돕는 모든 행위와 생각들은 '선'이라 불립니다. 인도에서는 가장 투박한 이원론자에서부터 가장 진보된 불이일원론자에 이르는 모든 사람들이 하나의 공통된 이론을 지지합니다. 영혼의 모든 가능성과 힘이 외부로부터 오는 것이 아니라, 그 자체에 내재해 있다는 생각이 그것입니다. 그 가치들은 영혼 속에 잠재적인 형태로 존재하고 있으며, 따라서 우리는 이 가능성들을 겉으로 표현해 내기만 하면 됩니다.

이원론에는 윤회라는 이론도 존재합니다. 이 몸이 죽고 나면 지바가 이 세상이나 다른 세상에서 다른 몸을 취하고, 그 몸이 죽고 나면 또 다른 몸으로 옮겨 가게 된다는 이론이 그것입니다. 하지만 이원론자들은 다른 모든 세상들보다 이 세상을 더 선호합니다. 해방이라는 우리의 목적에 가장 적합한 곳이라고 간주되기 때문입니다.

그들에 의하면, 다른 세상들에는 불행이 아주 적게 존재하지만, 바로 그 이유로 인해 더 고차원적인 것들에 대해 생각할 기회가 없어지고 만다고 합니다. 반면, 약간의 행복과 상당한 불행이 존재하는 이 세상에서는, 지바가 가끔씩, 이른바, 깨어나서, 그 자신을 해방시키는 일에 대해 생각하게 됩니다. 이 세상에 사는 가장 부유한 사람들에게 고차원적인 것들에 대해 생각할 기회가 가장 적게 돌아가듯, 천국에 사는 지바에게도 성장할 기회가 거의 주어지지 않는 것입니다.

사실, 천국에서 지바가 누리는 환경은 이 세상에서 부자들이 누리는 환경을 증대시킨 것에 지나지 않습니다. 그 지바는 매우 미세한 몸을 입고 있는데, 그 몸은 질병이란 것을 모르고, 먹거나 마실 필요성도 못 느끼며, 모든 욕망을 마음껏 충족시킬 수 있습니다. 이처럼, 지바는 그곳에 살면서 끊임없는 향락을 누리기 때문에, 자신의 진정한 본성 같은 건 완전히 잊어버리고 맙니다. 하지만 이 상위 세계들의 모든 향락에도 불구하고, 여전히 진화해 나갈 수 있는 영혼들이 일부 있습니다.

어떤 이원론자들은 가장 높은 천국에 이르는 것이 궁극의 목적이라고 생각합니다. 그들에 의하면, 영혼들은 그 천국에서 신과 함께 영생을 누리게 된다고 합니다. 그 영혼들은 아름다운 몸을 지니고 있고, 질병과 죽음, 악과 무관하며, 자신의 모든 욕망을 원하는 대로 충족시킬 수 있습니다. 그들 중 일부는 가끔씩 이 세상을 되돌아와 다른 몸을 입은 뒤, 인간들에게 신에 이르는 길을 가르쳐 줍니다. 세상의 위대한 스승들이 바로 그런 영혼들이었습니다. 그들은 이미 자유를 얻었고, 가장 높은 영역에서 신과 함께 살고 있었지만, 고통 받는 인류에 대한 사랑과 연민이 지극했기 때문에, 스스로를 육화시켜 인류에게 천국에 이르는 길을 가르치게 되었습니다.

물론 우리는 불이일원론이 이 천국을 목적이나 이상으로 삼지 않는다는 점을 알고 있습니다. 불이일원론의 이상은 몸을 완전히 없앤 상태입니다. 유한한 존재는 결코 이상이 될 수 없습니다. 무한에 미치지 못하는 건 이상이 될 자격이 없습니다. 하지만 무한한 몸이란 것 역시 존재할 수 없습니다. 그런 건 불가능합니다. 몸은 오직 제한을 통해서만 형성되는 것이기 때문입니다. 마찬가지로, 무한한 생각이란 것도 있을 수 없습니다. 생각 역시 제한을 통해서만 일어나는 것이기 때문입니다.

불이일원론은 우리가 몸과 생각 모두를 넘어서야 한다고 주장합니다. 그런데 이 이론에 의하면, 자유는 사실 얻어질 수 있는 무언가가 아닙니다. 이미 우리의 것이기 때문입니다. 우리가 그 사실을 잊어버린 뒤, 거부하고 있는 것뿐입니다. 완전성 Perfection도 얻어질 수 있는 것이 아닙니다. 이미 우리 내면에 존재하기 때문입니다.

불멸과 지복 역시 얻어질 수 있는 것이 아닙니다. 우리가 내면에 이미 지니고 있기 때문입니다. 그런 것들은 언제나 우리의 것이었습니다. 만일 당신이 진실로 '나는 자유롭다.'고 선언한다면, 당신은 그 순간 바로 자유로워질 것입니다. 하지만 당신이 '나는 속박되어 있다.'고 선언한다면, 당신은 속박된 채로 남게 될 것입니다. 이것이 바로 불이일원론이 대범하게 주장하는 진리입니다. 나는 지금까지 여러분에게 이원론을 비롯한 여러 철학 체계들을 소개해 주었습니다. 당신은 이들 중 마음에 드는 것을 선택하면 됩니다.

어리석은 함정

베단타의 가장 고차원적 이상은 이해하기 힘들므로, 그것을 두고 사람들 간에 논쟁이 벌어지는 것도 놀랄 일이 아닙니다. 가장 큰 문제는 사람들이 특정한 관념을 선택한 뒤 그 외의 모든 관념들을 거부해 버린다는 것입니다. 그러니 당신에게 적합한 관념을 취하되, 다른 사람은 그에게 맞는 것을 취하도록 내버려 두십시오.

　만일 당신이 이 작은 개체성에, 이 제한된 인간성에 애착을 느낀다면, 거기 머물면서 이 모든 욕망들을 채워도 좋습니다. 거기에 기뻐하고 만족한다고 해서 문제될 건 아무것도 없습니다. 만일 인간적 삶에 대한 당신의 경험이 매우 훌륭했다면, 당신이 원하는 만큼 거기 머물러도 좋습니다. 당신은 얼마든지 그렇게 할 수 있습니다. 당신 자신의 운명을 개척하는 건 바로 당신 자신이기 때문입니다. 당신 이외의 그 누구도 이 인간적 삶을 포기하라고 강요할 수 없습니다. 따라서 당신은 스스로 원하는 만큼 인간의 삶을 살게 될 것입니다. 그 누구도 당신을 막을 수 없습니다.

　만일 당신이 천사가 되길 원한다면, 당신은 천사로 태어나게 될 것입니다. 그것이 법칙입니다. 하지만 세상에는 천사조차 되고 싶어 하지 않는 사람들이 있습니다. 당신에게 이런 사람들의 생각을 끔찍한 것으로 판단할 권리가 있을까요? 당신들은 몇 백 만원 잃는 것도 두려워할지 모릅니다. 하지만 세상에는 자신의 전 재산을 잃는다 해도 눈 하나 깜짝하지 않을 사람들이 존재합니다. 그런 사람들은 예전부터 있어 왔고, 지금도 역시 존재합니다. 그런 사람들을 누구의 잣대로 판단할 수 있을까요? 당신들은 자신의 한계들에 집착하면서, 이 세속적 관념들을 가장 고차원적 이상으로 여기고 있을지 모릅니다. 원한다면 그렇게 해도 좋습니다. 당신들이 원한다면 얼마든지 그런 삶을 살 수 있을 것입니다.

하지만 세상에는 진리를 본 자들, 이 한계들에 만족할 수 없는 자들, 이 모든 것들을 졸업한 자들이 존재합니다. 그들에게는 향락으로 가득 찬 이 세상이 그저 진흙탕에 지나지 않습니다. 왜 그들을 당신들의 관념으로 끌어내리려 합니까? 당신들은 그런 성향을 단호히 제거해 버려야 합니다. 모든 사람에게 그들만의 입장을 허용하십시오.

언젠가 나는 남해 바다에서 여러 척의 배가 태풍에 휩쓸렸다는 기사를 읽은 적이 있습니다.《일러스트레이티드 런던 뉴스Illustrated London News》에는 사진도 한 장 실려 있었습니다. 영국 군함 한 척을 제외한 모든 배가 폭풍을 견디지 못하고 부서져 있었습니다. 그런데 사진을 보다 보니 한 남자가 물에 빠질 위험을 무릅쓰고 갑판 위에서 사람들을 지휘하는 모습이 눈에 들어 왔습니다. 우리는 그 사람처럼 용감하고 관대해져야 합니다. 다른 사람들을 아래로 끌어내리려 해서는 절대 안 됩니다.

어리석은 개념이 또 하나 있습니다. '우리가 자신의 작은 개체성을 잃어버리는 순간, 모든 도덕성과 함께 인류의 희망도 무너져 내릴 것'이라는 식의 생각이 그것입니다. 마치 모든 사람이 인류를 위해 목숨을 바쳐오기라도 한 듯이 말입니다. 하지만 모든 나라에 인류에게 혜택을 베풀고자 진정으로 원한 사람이 200명씩만 있었더라면, 천년 왕국은 진작 도래했을 것입니다.

우리는 우리가 인류를 위해 목숨도 바쳐 왔다고 말하지만, 그건 그저 듣기 좋은 말일 뿐입니다. 세계의 역사는, 자신의 조그만 개체성에 대해 생각지도 않았던 사람들이, 도리어 인류의 가장 커다란 은인이었다는 점을 보여 줍니다. 자기 자신에 대해 더 많이 생각할수록, 남을 생각하는 능력은 줄어들고 맙니다. 이타심과 이기심은 완전히 상극인 것입니다. 그런데 이 작은 향락들에 집착하면서 지금의 이 상태가 계속 반복되기를 원하는 건 철저한 이기주의에 지나지 않습니다. 그런 욕망에는 진리에 대한 열망이 들어 있지 않기 때문입니다. 그런 욕망들은 다른 존재를 향한 애정이 아닌, 인간 내면의 철저한 이기심으로부터 솟아납니다. 그 욕망은 이렇게 말합니다.

"나는 이 모든 걸 누려야겠다. 다른 사람은 아무래도 상관없다."

제게는 지금 세상이 이런 식으로 돌아가는 것으로 보입니다. 저는 고결한 인간들이 이 세상에 더 많았으면 합니다. 고대의 예언자와 성인들 같은 인물이 더 나타났으면 합니다. 그

들은 한 마리 작은 동물을 이롭게 하기 위해 백 개의 목숨이라
도 기꺼이 바쳤을 인물들입니다. 타인을 향한 선행과 도덕성
에 있어 이들을 따라올 자가 누가 있겠습니까! 저는 고타마 붓
다처럼 도덕적인 인물을 만나고 싶습니다. 그는 인격신과 개
인적 영혼을 믿지 않았고, 그런 문제를 제기조차 하지 않았으
며, 완벽한 불가지론의 입장을 취한 인물이었지만, 그 누구를
위해서라도 자신의 삶을 기꺼이 희생할 준비가 되어 있었습니
다. 그는 평생을 바쳐 모든 존재의 선을 위해 일했고, 오직 모
든 존재의 선만을 생각하며 살았습니다. 붓다의 전기 작가가
잘 묘사했듯이, 그는 모든 존재의 선을 위해 태어난 하나의 축
복 그 자체였습니다. 그가 숲에 들어가 명상을 한 건 자신의 구
원을 위해서가 아니었습니다. 붓다는 세상이 불타고 있다고
느꼈고, 자신이 해결책을 제시해 주어야만 한다고 느꼈습니다.

"세상에는 왜 이토록 많은 불행이 존재하는가?"

이것이 그의 전 생애를 지배한 단 하나의 질문이었습니다.
당신이 보기에는, 우리도 과연 붓다만큼 도덕적인가요?

인간이 이기적이면 이기적일수록 그만큼 더 비도덕적으로
치우치게 됩니다. 이는 민족들에 대해서도 마찬가지입니다.
전 세계에서 가장 잔인하고 가장 사악했던 민족은 동시에 가
장 자기중심적인 민족이기도 했습니다. 아라비아의 예언자가

세운 종교보다 이원론에 더 극단적으로 집착했던 종교는 존재하지 않고, 그 종교보다 더 많은 유혈사태를 일으킨 종교 역시 존재하지 않습니다. 『코란Koran』에 보면, 그 가르침을 믿지 않는 자들을 죽이라는 언급이 나옵니다. 그런 자들을 죽이는 것이 관대한 행위라는 것입니다. 게다가 이 불신자들을 죽이는 것이야말로 천국(아름다운 천녀와 온갖 종류의 감각적 향락들이 존재하는)에 가는 가장 확실한 방법이라고까지 선언합니다. 이런 신념들 때문에 얼마나 많은 비극이 초래되어 왔는지 생각해 보십시오.

이기심과 이타심

한편, 예수의 종교에는 투박한 면이 거의 존재하지 않습니다. 순수한 기독교와 베단타 사이에는 아주 약간의 차이만이 존재합니다. 당신은 이들 종교에서 단일성Oneness의 관념을 발견할 수 있을 것입니다. 하지만 예수는 사람들에게 이원론적 관념들을 설하기도 했습니다. 붙잡을 수 있는 무언가를 제시해 준 뒤, 가장 고차원적 이상으로 끌어올리기 위함이었습니다.

'하늘에 계신 우리 아버지'라고 설교한 바로 그 예언자가 '나와 아버지는 하나이니라.'라고 설하기도 했습니다. '하늘에 계신 우리 아버지' 속에 '나와 아버지는 하나이니라.'에 이르는 길이 놓여 있다는 점을 알았기 때문입니다. 이처럼, 예수의 종교에는 오직 축복과 사랑만이 존재했습니다. 하지만 투박함이 끼어드는 순간, 기독교는 아라비아 예언자의 종교보다 크게 나을 바 없는 상태로 퇴보하고 말았습니다. '나'라는 것에 대한 집착, 작은 자아를 위한 싸움, 이 삶에서는 물론, 죽은 뒤까지 그것을 보존하려는 이 욕망이, 고결했던 종교를 투박하게 만들어 버리고 만 것입니다.

하지만 그들은 이 투박함이 이기적이지 않다고 선언합니다. 놀라운 것은, 알 만한 사람들조차 이 작은 개체성을 옹호한다는 점입니다. 그들은 이 작은 자아가 무너지고 나면 모든 도덕이 파괴되어 버릴 것이라고 생각합니다. 내가 작은 자아의 죽음이야말로 도덕성의 기반이라고 말하면, 그들은 넋 나간 채 입을 다물지 못합니다.

하지만 모든 행복과 선의 뿌리가 되는 관념은 바로 '내가 아닌 그대Not I but thou'입니다. 천국이나 지옥이 있든 없든 무슨 상관이며, 영혼이나 불변자Unchangeable가 있든 없든 무슨 상관입니까? 여기 분명 세계가 있고, 불행으로 가득차 있습니다. 그러니 붓다가 그렇게 했듯, 세상 밖으로 나가 불행을 줄이기 위해 싸우도록 하십시오. 싸우다 죽어도 좋습니다. 당신 자신 같은 건 잊어버리십시오. 이것이야말로 배워야 할 첫 번째 교훈입니다. 당신이 유신론자이든 무신론자이든, 불가지론자이든 베단타주의자이든, 기독교인이든 이슬람교인이든 상관없습니다. 모든 종교가 가르친 단 하나의 교훈은, 이 작은 자아를 죽이고 진정한 자기Real Self를 드러내라는 것입니다.

이 세상에는 두 세력이 평행선을 그으며 나란히 작용하고 있습니다. 하나는 '나'라고 말하고, 다른 하나는 '나 아님Not I'이라고 말합니다. 이 힘들은 인간뿐만 아니라 동물들에게서도 발현되고, 심지어는 작은 벌레들에게서조차 발현됩니다. 인간의 뜨거운 살갗 속으로 이빨을 담그는 암사자조차, 새끼들을 보호하기 위해서라면 자기 목숨을 기꺼이 내놓을 것입니다. 살인을 아무렇지도 않게 여기는 가장 타락한 인간조차, 굶어 죽어가는 아내와 아이들을 위해서라면 자신의 생명을 기꺼이 희생시킬 것입니다. 이처럼 두 힘은, 세상이 창조된 이후 지금까지 나란히 작용해 왔습니다. 하나가 발견되는 곳에서는 다른 하나 역시 발견될 것입니다. 하나가 이기심이라면 다른 하나는 이타심이고, 하나가 소유라면 다른 하나는 포기이며, 하나가 움켜쥠이라면 다른 하나는 베풂입니다. 가장 낮은 곳에서 가장 높은 곳에 이르는 전 우주가, 바로 이 두 세력의 놀이터입니다. 이 점은 입증할 필요조차 없습니다. 모두에게 명백한 사실이기 때문입니다.

우주의 작용과 진화가 이 두 요인들 중 한쪽(경쟁과 싸움)에 의해서만 이루어진다고 그 누가 주장할 수 있겠습니까? 우주 전체의 작용이 욕정과 투쟁에 기반을 둔다고 그 누가 주장할 수 있겠습니까? 우리는 이런 요인들이 존재한다는 점을 부정하지 않습니다. 하지만 다른 하나의 힘 역시 작용한다는 점을 그 누가 부정할 수 있겠습니까? 우주에 존재하는 유일한 힘이, '나 아님'이라는 포기와 사랑임을 부정할 수 있는 사람이 있을까요?

이에 반하는 힘도, 사실 사랑이란 이 힘을 오용한 결과에 지나지 않습니다. 예컨대, 경쟁은 사랑의 오용으로부터 발생합니다. 경쟁의 원천은 바로 그 사랑 속에 포함되어 있습니다. 이와 마찬가지로, 악의 원천 역시 이타심 속에 포함되어 있습니다. 악의 창조자가 곧 선이고, 악의 목적 역시 선인 것입니다. 이처럼 악이란 건 결국, 선의 힘을 잘못 사용한 결과에 지나지 않습니다. 아마도 세상에는 자신의 아기에 대한 사랑 때문에 타인을 살해하게 된 사람도 있을 것입니다. 자신의 사랑을 그 작은 아기에게로만 제한시킨 결과, 그는 세상에 존재하는 수백만의 사람들을 적대시하게 되었습니다. 하지만 제한되었든 제한되지 않았든, 그것은 똑같은 사랑일 뿐입니다.

따라서 이 전체 우주를 움직이는 동력원은 이타심, 포기, 사랑 등의 형태로 현현되는 그 놀라운 힘이라 할 수 있을 것입니다. 진정으로 작용하는 유일한 힘은 오직 그 하나의 힘뿐입니다. 베단타에서 단일성을 내세우는 것도 바로 이 때문입니다. 우리는 이 설명을 강력히 지지합니다. 우주의 원인이 둘이라는 설명은 받아들이기 힘들기 때문입니다. 아름답고 놀라운 사랑이 제한에 의해 악이나 사악함으로 모습을 드러내는 것이라고 하면, 전체 우주를 사랑이란 힘 하나로 설명해 낼 수 있게 되지만, 그렇게 하지 않으면, 선과 악, 사랑과 미움이라는 두 개의 원인을 당연한 것처럼 설정한 뒤 시작할 수밖에 없게 됩니다. 어느 쪽이 더 논리적인지 돌아보십시오. 분명 하나의 힘만 설정하는 쪽이 더 논리적입니다.

내면의 힘

이제부터는 도덕성과 이타심의 가장 드높은 이상이, 가장 고차원적인 형이상학적 개념들과 잘 조화된다는 점을 보여 주고자 합니다. 윤리와 도덕을 이끌어 내기 위해 사색의 수준을 낮출 필요가 없음은 물론, 이들의 진정한 기반에 도달하기 위해 가장 고차원적 철학과 과학적 개념들에 의지해야 함을 보여 주고자 합니다. 인간의 지식은 인간의 혜택과 대립하지 않습니다. 사실, 삶의 모든 영역에서 우리를 구원해 줄 수 있는 건 지식밖에 없습니다. 지식의 습득 그 자체가 이미 종교적 예배 행위라 할 수 있습니다. 따라서 더 많이 알수록 그만큼 더 좋습니다.

베단타는 겉보기에 악해 보이는 모든 것이 무제한적인 것의 제한으로부터 비롯된다고 말합니다. 좁은 협곡으로 흘러 들어가 악한 것처럼 보이던 사랑도, 반대편으로 흘러나오는 순간 그 자신의 신성을 드러내 보일 수 있는 것입니다. 또한 베단타는 외관상 악해 보이는 이 모든 것들의 원인이 바로 우리 자신의 내면에 존재한다고 말합니다. 따라서 우리는 초자연적 존재를 비난하거나, 희망을 잃고 의기소침해져서는 안 됩니다. 누군가의 도움 없이는 벗어날 수 없는 상태에 빠졌다고 생각해서도 안 됩니다. 사실, 우리는 누에와도 같습니다. 우리는 우리 자신의 몸으로부터 실을 뽑아내 고치를 짓다가 결국 그 안에 갇혀 버리고 맙니다.

하지만 이 상태가 계속되는 것은 아닙니다. 그 고치 속에서 영적 자각을 계발해 나가다 보면, 때가 되었을 때 나비처럼 자유로이 날아오르게 될 것입니다. 이처럼 우리는 자신의 둘레에 카르마의 그물을 엮어 놓고, 무지로 인해 자신이 속박을 당했다고 느낍니다. 우리는 도와달라고 한탄하면서 울부짖지만, 도움은 밖으로부터 오는 것이 아닙니다. 도움은 우리 자신의 내면으로부터 옵니다.

세상의 모든 신들을 향해 울부짖으십시오. 저도 수년에 걸쳐 호소를 거듭한 끝에 결국 도움을 받을 수 있었습니다. 하지만 그 도움은 나 자신의 내면으로부터 온 것이었습니다. 제가 한 일은 나 자신의 실수로 지은 업을 다시 제거한 것이 전부였습니다. 사실 이것만이 유일한 길입니다.

저는 스스로 제 주변에 감아 온 그물들을 다시 스스로 잘라 내야 했지만, 이렇게 할 수 있는 힘도 결국 내면에 잠재되어 있었습니다. 제가 확신할 수 있는 한 가지 사실이 있다면, 평생 동안 품은 단 하나의 열망(잘 인도된 열망이든, 잘못 인도된 열망이든)도 헛되지 않았다는 사실이 그것입니다. 지금의 나는 선과 악 모두를 포함하는 내 모든 과거의 총체입니다. 나는 평생에 걸쳐 많은 실수를 저질러 왔지만, 단언컨대, 그 실수들이 없었더라면, 오늘의 나는 결코 존재할 수 없었을 것입니다. 따라서 그 실수들을 저는 아주 소중하게 생각합니다. 모든 것이 결국에 가서는 바로잡힐 것이기 때문입니다. 사실은 그렇게 될 수밖에 없습니다. 선이 우리의 본성이고, 순수가 우리의 본성이며, 이러한 본성은 결코 파괴될 수 없기 때문입니다. 우리의 근본적 본성은 항상 본모습 그대로 유지됩니다.

우리가 반드시 이해하고 넘어가야 할 점은, 실수나 악이라 불리는 것들이 나약함에서 비롯되고, 나약함은 다시 무지에서 비롯된다는 사실입니다. 그래서 저는 실수라는 말을 더 선호합니다. '죄Sin'라는 단어에는, 물론 처음에는 아주 훌륭한 말이었겠지만, 사람을 두렵게 만드는 어떤 색조가 가미되어 있기 때문입니다. 그렇다면, 누가 우리를 무지하게 만드는 것일까요? 그건 우리 자신입니다. 자기 손으로 눈을 가려 놓고 어둡다며 한탄하는 것입니다. 그 손을 치워 보면, 그곳에 바로 빛이 있을 것입니다. 그 빛은 우리를 위해 항상 존재하고 있습니다. 스스로 빛을 발하는 인간 영혼의 본성이 바로 그것입니다. 현대 과학자들도 진화의 원인이 욕망이라 부릅니다. 생명체가 원하는 무언가에 적합한 환경을 찾지 못하면, 새로운 몸을 발달시키게 된다는 것입니다. 그렇다면 누가 그 몸을 발달시킬까요? 그 생명체 자체, 즉 그의 의지입니다. 당신은 그 의지를 통해 가장 낮은 아메바로부터 여기까지 발달되어 왔습니다. 그러니 당신의 의지를 계속해서 행사하도록 하십시오. 그 의지가 당신을 더 높은 곳으로 데려다줄 것입니다. 의지는 전능하기 때문입니다.

당신은 이렇게 말할지도 모릅니다.

"의지가 전능하다면 왜 나는 모든 것을 뜻대로 하지 못하는가?"

이런 질문을 하는 자는 자신의 조그만 자아에 대해서만 생각하고 있습니다. 대신 아메바를 인간으로 전개시킨 그 힘에 대해 생각해 보십시오. 그 힘은 무엇인가요? 당신 자신의 의지입니다. 이런데도 의지가 전능하다는 사실을 부인할 수 있겠습니까? 당신을 이토록 높이 솟아오르도록 만든 그 힘이 당신을 더 높은 곳으로까지 끌어올려 줄 수 있습니다. 따라서 필요한 것은 의지의 강화를 통해 인격을 형성해 내는 일뿐입니다.

그러므로 만일 내가 당신의 본성이 사악하다고, 당신 같은 인간은 집에 가서 쭈그리고 앉아 저지른 잘못에 대해 평생 후회나 해야 한다고 가르친다면, 그건 당신에게 아무런 도움도 주지 못할 것입니다. 도움은커녕 당신을 훨씬 더 나약하게 만들 것이고, 선보다는 더 많은 악을 행하도록 길을 트여 준 꼴이 될 것입니다.

이 방이 수천 년 동안 어둠에 싸여 있었다고 해 봅시다. 당신은 들어와서 울부짖으며 한탄하기 시작합니다.

"오, 어둠이여!"

그런다고 어둠이 사라질까요? 그러지 말고 성냥을 찾아 불을 켜는 게 낫습니다. 평생 동안 후회하면서 '아, 나는 너무 많은 실수를 저질러 왔어.'라고 생각하는 것이 무슨 도움이 되겠습니까? 그건 아무런 도움도 안 됩니다. 그러니 당장 불을 켜십시오. 그러면 악은 즉시 사라져 버릴 것입니다. 당신의 인격을 쌓고 당신의 진정한 본성을 현현시키십시오. 그 본성은 진정 찬란하고 눈부시며 더없이 순수합니다. 그러니 당신이 만나는 모든 사람에게 그 본성을 일깨워 주십시오.

나는 우리 모두가 극악무도한 인간에게서조차 진정한 자기를 발견해 낼 수 있는 상태에 도달했으면 합니다. 그리하여 그들을 비난하는 대신 이렇게 말할 수 있었으면 합니다.

"일어나라, 그대 찬란한 자여! 일어나라, 그대 영원히 순수한 자여, 그대 탄생도 죽음도 없는 자여! 일어나라, 전능한 자여! 일어나서 그대의 진정한 본성을 드러내라. 그 작은 모습은 그대에게 어울리지 않나니."

이것이 바로 불이일원론이 가르칠 수 있는 가장 고차원적 기도입니다. 이것이 바로 우리의 진정한 본성을 기억하도록 해 주는 유일한 기도입니다. 이 기도는 우리 내면에 항상 존재하는 신, 즉 무한하고, 전능하고, 지극히 순수하고, 인자하며, 자의식 없고, 모든 한계를 넘어선 그 신을 기억하도록 도와줍니다. 또한 이 기도는 그 진정한 본성의 강인함과 대담함이, 자의식을 여읜 것으로부터 비롯된다는 진리를 기억하도록 해 줍니다. 두려움은 오직 이기적인 자에게만 찾아들기 때문입니다. 자기 자신을 위해 욕구할 것이 아무것도 없는 그, 그런 그에게 두려워할 것이 뭐가 있겠습니까? 그를 그 누가 두렵게 만들 수 있겠습니까? 죽음이 과연 그를 두렵게 할 수 있을까요? 악이 과연 그를 두렵게 할 수 있을까요? 그러니 불이일원론자가 되고자 한다면, 우리는 지금 이 순간부터 우리의 낡은 자아가 죽었다고, 사라졌다고 생각해야 합니다. 그런 것들은 전부 미신에 불과했습니다. 이제 남은 건 영원히 순수하고, 지극히 강인하며, 전지전능한 '그것'뿐입니다. 이제 우리에게 남은 건 오직 그것밖에 없습니다. 따라서 이제 모든 두려움은 우리에게서 사라져 버립니다. 모든 나약함은 우리에게서 사라져 버립니다. 그 누가 우리를, 모든 곳에 존재하는 '그'를 해칠 수 있겠습니까? 우리의 유일한 과업은 다른 이들의 내면에 이 지식을 일깨우는 것입니다. 우리는 그들 역시 순수한 '자기'임을 압니다. 단지 그들이 그 사실을 알지 못하고 있을 뿐입니다. 그러니 우리는 그들에게 그 사실을 가르쳐 주어야 합니다. 우리는 그들이 내면의 무한한 본성을 불러일으킬 수 있도록 도와주어야 합니다. 나는 전 세계적으로 가장 시급하고 필수적인 과제가 바로 이것임을 느낄 수 있습니다.

이 가르침들은 아주 오래되었습니다. 아마 저 산들보다도 더 오래되었을 것입니다. 하지만 모든 진리는 영원불변입니다. 게다가 진리는 그 누구의 자산도 아닙니다. 그 어떤 인종이나 개인도 그것에 대한 독자적 소유권을 주장할 수 없습니다. 진리는 모든 영혼들의 본성 자체이기 때문입니다. 대체 누가 진리를 자기 것이라 우길 수 있겠습니까?

앞으로 이 진리는 실용화되고 단순화되어야 합니다.(가장 고차원적 진리는 항상 단순합니다.) 그래야 인간 사회의 모든 곳으로 스며들어, 가장 뛰어난 식자에서 가장 평범한 범인에 이르는 그 모든 이들의 공동 자산으로 자리 잡을 수 있기 때문입니다. 이 모든 논리적 추론과, 이 모든 형이상학 무더기와, 이 모든 신학적 지식들도, 물론, 오랜 세월에 걸쳐 중요한 역할을 해 왔을 것입니다. 하지만 이제 문제를 좀 더 단순하게 만들어 보기로 합시다. 그리하여 모든 사람이 진리의 예배자가 될 그날을, 모두의 내면에 있는 그 실재가 경배의 대상으로 자리 잡을 그 황금의 시대를 앞당겨 보기로 합시다.

열린 종교로
나아가기 위해
우리가 할 수 있는 일

1900년 1월 28일,
캘리포니아 주 패서디나의
유니버설리스트 교회에서 행한 연설

당신은 신의 책이 이미 끝나 버렸다고 생각하시나요? **66**
결코 그렇지 않습니다. 계시는 계속해서 이어지고
있습니다. 그 책은 실로 경탄할 만한 책이기 때문입니다.
'성경, 베다, 코란' 같은 성서들은 그 책의 오직 일부일
뿐입니다. 나머지 무한한 분량이 아직 펼쳐지지 않은 채
남아 있습니다.

99

종교에 관한 탐색

그 어떤 탐구도 신성의 빛에 대한 탐구만큼 인간의 마음을 사로잡지 못했습니다. 지금까지 이루어진 그 어떤 탐구도, 영혼과 신, 인간의 운명에 대한 탐구만큼 우리의 관심을 잡아끌지 못했습니다.

우리가 일상의 열망과 업무에 아무리 깊이 빠져 있다 해도, 가끔씩은 그 엄청난 투쟁 속으로 어떤 침묵이 찾아듭니다. 마음은 잠시 정지하고, 이 세상 너머의 것들에 대해 의문을 던지기 시작합니다. 그리고 어쩌다 감각 너머의 영역을 일별한 마음은, 그곳에 도달하기 위해 분투를 시작합니다. 이런 일은 모든 시대, 모든 나라에 걸쳐 벌여져 왔습니다. 이 세상 너머를 바라보고 싶었던 인간은 그 자신을 더욱 확장시키고자 했습니다. 그리하여 우리가 진보, 또는 진화라 부르는 모든 것은 항상 그 하나의 탐구, 즉 인간의 운명과 신에 대한 탐구에 의해 평가되어 왔습니다.

사회적 투쟁이 다양한 국가에서 다양한 사회 조직들에 의해 표현되는 것처럼, 인간의 영적 투쟁은 다양한 종교들에 의해 표현됩니다. 그리고 다양한 사회 조직들이 끊임없이 서로 싸우면서 불화하는 것처럼, 종교적 조직들도 끊임없이 서로 싸우면서 분쟁을 거듭해 왔습니다. 특정 사회 조직에 속하는 자들은 오직 자기들만이 살 권리를 지닌다고 주장하면서, 약자들을 희생시켜 가면서까지 그 권리를 행사하려고 발버둥칩니다.

우리는 현재 남아프리카에서 벌어지는 보어 전쟁Boer War과 같은 치열한 싸움이 이 세상에 존재한다는 점을 잘 압니다. 이와 마찬가지로, 각 종교들도 오래전부터 오직 자기들만이 참된 권리를 지닌다고 주장해 왔습니다. 그 결과 우리는, 종교보다 인류에게 더 많은 축복을 가져다준 것도 없지만, 동시에 종교보다 더 많은 비극을 초래한 것도 없다는 역설과 마주하게 되었습니다. 실로 종교만큼 평화와 사랑을 증대시켜 준 것도 없지만, 동시에 종교만큼 맹렬히 분노를 촉발시킨 것 또한 없습니다. 종교만큼 인류의 형제애를 현실화시켜 준 것도 없지만, 동시에 종교만큼 인간과 인간 사이의 적대심을 부추긴 것 또한 없습니다. 종교만큼 자선기구와 병원 등을 많이 설립해 준 것도 없지만, 동시에 종교만큼 세상에 유혈사태를 많이 일으킨 것 또한 없습니다.

이와 동시에, 우리는 이와 정반대되는 사상 기류가 항상 존재해 왔다는 점도 확인할 수 있습니다. 세상에는 이 모든 불쾌한 불협화음 속에서 조화를 이끌어 내고자 시도해 온 집단과 철학자들, 비교종교학자들이 항상 존재해 왔습니다. 그리고 어떤 나라에서는 이런 시도들이 성공을 거두기도 했습니다. 하지만 전체적으로 보면 그 시도는 실패로 돌아가고 말았습니다.

한편, 가장 먼 고대로부터 전해져 내려온 종교들, 모든 종교에 생존권을 부여해야 한다는 관념이 배어 있는 종교들도 존재합니다. 그들은 모든 종교들에 나름의 의미와 위대한 관념들이 내포되어 있으므로, 각각의 종교는 모두 세상의 선을 위해 필요하다고 주장합니다. 현대에는 이와 똑같은 관념이 널리 유행했고, 가끔씩 그것을 실천에 옮기려는 시도들이 이루어지기도 했습니다. 하지만 이 시도들은 항상 우리의 기대에 미치지 못했습니다. 아니, 안타깝게도, 우리는 가끔씩 그런 시도들 때문에 우리가 더 많이 다투게 된다는 사실만 발견하게 됩니다.

이제, 교리상의 문제를 한편에 제쳐두고 상식적인 관점에서 바라보면, 우리는 위대한 세계 종교들 내면에 엄청난 생명력이 잠재되어 있다는 사실부터 발견하게 됩니다. 자기 눈에는 잘 안 보인다고 말하는 사람이 있을지 모르지만, 무지는 핑곗거리가 못됩니다. 누군가가 '나는 바깥세상에서 무슨 일이 벌어지고 있는지 모릅니다. 따라서 밖에서 벌어지고 있는 일들 따윈 존재하지 않습니다.'고 말한다면, 아무도 그의 말을 들으려 하지 않을 것입니다.

하지만 세계 전역에 걸쳐 일어나는 종교적 사색의 흐름을 예의주시해 본 사람이라면, 위대한 세계 종교들 중 단 하나도 없어지지 않았다는 점을 알아차렸을 것입니다. 그뿐만이 아닙니다. 그 종교들 각각은 계속해서 발달되고 있습니다. 기독교와 이슬람교는 증대되고 있고, 힌두교는 입지를 넓혀 가는 중이며, 유대교는 전 세계에 걸친 활동 덕에 교단이 크게 확장되고 있습니다.

세계 종교 중 단 하나(위대한 고대의 종교)만이 축소되고 있는데, 그것이 바로 고대 페르시아의 종교인 조로아스터교 Zoroastrianism입니다. 이슬람 세력에 의해 페르시아를 점령당한 이후, 조로아스터교도 약 10만 명은 인도로 망명해 그곳에 자리를 잡았고, 나머지는 페르시아에 그대로 남았습니다. 그런데 이슬람교도들의 끊임없는 박해로 페르시아에 남아 있던 신도 수가 인해 1만 명가량으로 축소되고 말았습니다. 인도에는 약 8만 명에 달하는 조로아스터교도들이 머물고 있지만, 그 수가 증가하고 있지는 않습니다. 물론, 내부적인 문제도 있습니다. 즉 그들은 개종을 전혀 권하지 않습니다. 게다가 인도로 이주한 소수의 조로아스터교도들은 사촌 간 결혼이라는 치명적 관습 때문에 좀처럼 인구수를 늘리지 못하고 있습니다. 이 하나의 예만 제외하면, 세계의 위대한 종교들 모두가 계속해서 성장을 거듭하고 있습니다.

오늘날의 종교

우리는 위대한 세계 종교들 모두가 매우 고대적이라는 사실을 기억해야 합니다.(현대는 위대한 종교를 일으키지 못했습니다.) 그리고 그들 모두가 갠지스 강과 유프라테스 강 사이의 지역에 기원을 두고 있다는 점도 잊지 말아야 합니다. 유럽 지역에서 발생한 위대한 종교는 단 하나도 없고, 이는 미국에 대해서도 마찬가지입니다. 모든 종교는 아시아에서 발생하여 퍼져 나갔습니다. 적자생존에 의해 모든 선택이 이루어진다는 현대 과학자들의 말이 사실이라면, 이 종교들이 살아남았다는 바로 그 사실 자체에 의해 그 유효성이 입증됩니다.

이 종교들이 살아남은 이유는 간단합니다. 많은 이들에게 선을 가져다주기 때문입니다. 이슬람교는 남부 아시아 지역과 아프리카 지역을 중심으로 급속도로 확산되고 있고, 불교는 중앙아시아 지역으로 세를 넓히고 있습니다. 힌두교는, 유대교와 마찬가지로, 개종을 권하지 않지만, 힌두교의 관습과 양식을 채택하면서 힌두 문화권으로 흡수되는 민족들이 생겨나고 있습니다. 그리고 여러분 모두 잘 알다시피, 기독교 역시 크게 확장되고 있습니다. 쏟아부은 노력만큼 결실이 맺어지고 있는 건지는 잘 모르겠지만 말입니다. 기독교의 전도 방식에는 한 가지 커다란 결함이 있습니다. 그것은 모든 서구 기관들의 공통된 결함이기도 합니다. 기구와 조직에 의해 힘의 90% 이상이 소모된다는 사실이 그것입니다. 서구의 기관들은 지나치게 복잡합니다. 하지만 아시아인들은 항상 설교에 중점을 두어 왔습니다. 서양인들은 조직 구성 능력(사회 기구, 군대, 정부 등)이 탁월하지만, 설교가 중심이 되는 종교의 영역에서는 아시아인들을 따라잡지 못합니다. 아시아인들은 복잡한 조직을 만드느라 힘을 허비하지 않기 때문입니다.

어쨌든, 이것이 바로 인류의 현재 상태입니다. 즉, 인류의 위대한 종교들 모두가 살아남아 확장을 거듭하고 있습니다. 그리고 여기에는 분명 의미가 있습니다. 만일, 이 종교들 중 하나만 남기고 나머지를 모두 없애는 것이 현명하고 자비로운 창조주의 의지였다면, 아주 오래전에 이미 그렇게 되었을 것입니다. 만일, 이 종교들 중 오직 하나만 진리이고 나머지는 모두 거짓이었다면, 지금쯤 그 진리가 전 세계를 뒤덮었을 것입니다. 하지만 사실은 그렇지 않습니다. 세상 전체를 차지한 종교는 단 하나도 없습니다.

모든 종교는 성쇠를 거듭합니다. 다음 사실에 주목해 보기 바랍니다. 여러분의 나라는 6,000만 이상의 인구를 거느리고 있습니다. 하지만 종교가 있다고 답한 사람의 수는 2,100만 명 정도밖에 안 됩니다. 이처럼, 종교가 항상 진보하기만 하는 것은 아닙니다. 아마도 나라별로 통계를 내보면, 종교가 진보와 퇴보를 반복한다는 사실이 명백해질 것입니다.

하지만 종파의 수는 항상 증대됩니다. 만일, 자신의 종교에 모든 진리가 담겨 있다고, 신이 그 모든 진리를 특정한 책 한 권에 담아 주었다고 주장하는 어떤 종교의 말이 사실이라면, 왜 그토록 많은 종파들이 갈라져 나올까요? 책 한 권을 중심으로 채 50년도 못 되어 20여 개의 종파가 갈라져 나옵니다. 하지만 신이 모든 진리를 여러 권의 책들에 나누어 담아 주었다고 해도, 우리가 그 책들을 놓고 싸움을 벌이도록 하기 위해 그렇게 하지는 않았을 것입니다. 모든 진리가 담긴 단 한 권의 책을 인류에게 선사한다고 해도, 목적을 달성하지 못할 것이 분명하기 때문에 그렇게 했을 것입니다. 왜냐하면 아무도 그 한 권의 책을 이해할 수 없었을 것이기 때문입니다.

기독교의 여러 종파들을 예로 들어 봅시다. 기독교의 각 종파는 성서를 나름대로 해석한 뒤, 오직 자기 종파의 해석만이 진실이라고 주장합니다. 성서를 제대로 이해한 건 자신들뿐이라는 것입니다. 그런데 사실 모든 종교가 다 마찬가지입니다. 이슬람교와 불교에도 수많은 종파가 존재하고, 힌두교에는 종파가 수백 개도 넘습니다.

이런 말을 하는 이유는, 인류에게 한 가지 사고방식을 강요하려는 그 어떤 시도도 성공을 거두지 못했다는 점을 보여 주기 위함입니다. 그런 시도는 앞으로도 영원히 성공을 거두지 못할 것입니다. 이론을 창시하는 모든 사람은(심지어 현대에조차) 추종자들로부터 한 20킬로미터 정도만 벗어나도 학파가 20여 개로 나뉘는 것을 보게 될 것입니다. 이런 일은 항상 일어납니다. 똑같은 관념에 모든 사람을 순응시키는 건 불가능하기 때문입니다.

현실이 그렇습니다. 그리고 저는 이 점을 신께 감사드리는 마음입니다. 저는 그 어떤 종파도 반대하지 않습니다. 저는 종파들이 존재해서 기쁘고, 앞으로도 종파들이 더더욱 많이 생겨나길 바랍니다. 이유는 단순합니다. 당신과 나, 그리고 여기 존재하는 모든 사람들이 완전히 똑같은 생각만 한다면, 우리에게는 생각할 거리가 전혀 남지 않게 될 것이기 때문입니다.

우리는 둘 이상의 힘이 충돌할 때만 운동이 발생한다는 점을 잘 알고 있습니다. 이는 생각의 영역에서도 마찬가지여서, 오직 다른 생각들 간의 충돌만이 새로운 생각을 일깨울 수 있습니다. 그런데도 우리 모두가 똑같은 생각만 한다면, 우리는 박물관에 있는 이집트 미라처럼 되어, 텅 빈 눈으로 서로의 얼굴만 쳐다보게 될 것입니다. 굽이치는 물결과 소용돌이는 오직 생생하게 쇄도하는 시냇물에서만 발생할 수 있습니다. 침체된 상태로 죽어 있는 물에서는 그 어떤 소용돌이도 일어날 수 없습니다.

종교가 사라지면 종파 역시 사라져 버리고, 그곳에는 무덤가의 완벽한 평화와 조화만이 남게 될 것입니다. 하지만 다행히 인류가 생각을 하는 한, 종파는 사라지지 않을 것입니다. 다양성은 생명의 징표입니다. 따라서 종파는 존재해야만 합니다. 나는 종파가 계속해서 증가하기를, 그리하여 결국, 종파의 수가 세상의 인구수만큼 많아지기를 기도합니다. 모든 사람이 자기 자신만의 고유한 종교관을 갖게 되기를 기도합니다.

미래의 희망

그런데 어떻게 보면 이런 상황은 이미 조성되어 있습니다. 모든 사람이 각자 자기만의 사고방식을 지니고 있기 때문입니다. 하지만 이 자연스런 사색의 흐름은 항상 방해를 받아 왔고, 지금도 여전히 방해받고 있습니다. 직접적으로 무력이 동원되지 않으면, 다른 수단들이 동원됩니다. 뉴욕 최고의 연설가가 하는 소리를 들어 보십시오. 그는 필리핀을 정복해야 한다고 주장하는데 그 이유가 가관입니다. 그것만이 그들에게 개신교를 전파하는 유일한 길이라는 것입니다.

필리핀 사람들은 이미 천주교도이지만 그는 그들을 장로교로 개종시키고 싶어 합니다. 그리고 그 목적을 이루기 위해 필리핀에 유혈사태를 일으키는 만행을 저지르려 하고 있습니다. 이 얼마나 끔찍합니까? 그는 미국의 가장 탁월한 연설가 중 한 명으로, 학식도 아주 뛰어난 사람입니다. 이런 사람이 단상에 올라 그런 말도 안 되는 헛소리를 해놓고도 부끄러움을 모를 때, 세상이 어떻게 될지 생각해 보십시오. 연설을 듣는 자들이 그에게 환호성을 보낼 때 세상이 어떻게 될지 생각해 보십시오. 이것이 문명이란 말입니까? 그건 그저 피에 굶주린 야만인이나 짐승들이 새로운 탈을 뒤집어쓴 채 포효하는 것에 지나지 않습니다. 그렇지 않다면 그게 뭐란 말입니까?

오래전 인류는 무서운 시기를 거친 바 있습니다. 당시 각 종파들은 모든 힘과 수단을 동원해 다른 종파를 찢어 놓으려 발악을 했었습니다. 그런데 역사는 그 야수가 우리 내면에 여전히 잠들어 있다는 사실을 보여 줍니다. 그것은 죽지 않았습니다. 기회만 되면 언제든 튀어나와 예전처럼 발톱을 휘두를 준비가 되어 있습니다. 칼이나 총 등이 사용되지 않을지는 모르지만, 그것보다 더 무서운 무기가 남아 있습니다. 사회적 배척과 혐오, 경멸이 그것입니다.

사실, 우리와 똑같이 생각하지 않는 자들에게 가해지는 이 박해야말로 모든 박해 중 가장 무서운 박해라 할 수 있습니다. 그런데 대체 왜 모든 사람이 똑같은 생각을 지녀야 하는 걸까요? 저로서는 어떤 이유도 찾을 수 없습니다. 제가 이성적인 인간이라면, 저는 다른 사람의 생각과 제 생각이 같지 않다는 사실에 기뻐할 것입니다. 무덤 같은 땅에서는 살고 싶지 않기 때문입니다. 저는 인간의 세상에서 한 명의 인간으로서 살아가고 싶습니다. 그런데 생각하는 존재들은 서로 다를 수밖에 없습니다. 다양성이야말로 생각의 징표이기 때문입니다. 제가 만일 사려 깊은 사람이라면, 저는 의견의 차이가 존재하는 곳에서, 사려 깊은 사람들 속에서 살아가고 싶어 할 것이 분명합니다.

다음과 같은 의문이 일어날지 모릅니다.

"어떻게 다양한 의견들 모두 진실일 수 있는가? 하나가 진실일 때 그 반대는 거짓이라면, 어떻게 모순되는 의견들이 동시에 진실일 수 있는가?"

지금부터 이 질문에 답해 보고자 합니다. 하지만 그 전에 먼저 이렇게 묻고 싶습니다.

"세상의 모든 종교가 정말로 서로 모순됩니까?"

여기서 종교란 위대한 사상들의 외적 형식을 의미하는 것이 아닙니다. 건물, 언어, 의례, 책 등과 같은 겉모습이 아니라, 종교에 내재된 혼 그 자체를 의미하는 것입니다. 모든 종교의 배후에는 하나의 혼이 있고, 그 혼은 다른 종교의 혼과는 차이가 있습니다. 하지만 그들이 과연 서로 모순될까요? 그들이 서로를 보완하는지, 아니면 배척하는지 생각해 보십시오.

저는 소년 시절에 처음 이 질문을 떠올렸고, 그 후로 평생에 걸쳐 해답을 추구해 왔습니다. 저의 결론에 도움을 받을 사람이 있을지도 모르니, 여러분 앞에 그 결론을 제시해 보고자 합니다.

저는 종교들이 서로 모순되지 않는다고 믿습니다. 그들은 서로를 보완해 줍니다. 각 종교는 위대한 절대적 진리의 일부를 취한 뒤, 진리의 그 측면을 구체화시키고 부각시키는 데 자신의 모든 힘을 쏟아붓습니다. 따라서 필요한 것은 배척이 아닌 첨가입니다. 위대한 이상 하나를 구현시킨 체계들이 연달아 일어날 때는, 하나의 이상을 다른 이상 위에 첨가시켜 나아가야 합니다. 인류는 바로 이런 식으로 나아갑니다.

인간은 결코 오류에서 진실로 나아가지 않습니다. 인류는 진실에서 진실로, 다시 말해 더 낮은 진실에서 더 높은 진실로 나아갑니다. 아이는 아버지보다 더 성장할 수 있습니다. 그렇다고 아버지가 무의미한 건 아닙니다. 그 아이는 아버지에 무언가를 더한 총체이기 때문입니다. 마찬가지로, 당신의 지적 능력이 아이였을 때보다 훨씬 높아졌다 해도, 그 초기 단계를 경멸의 시선으로 바라봐서는 안 됩니다. 그 시절을 되돌아보며 그것이 무의미했다고 말해서는 안 됩니다. 당신의 현재 상태는 어린 시절의 지적 능력에 무언가를 더한 총체이기 때문입니다.

다양한 종교를 대하는 마음

한편, 우리는 종교들이 하나의 대상에 대해 거의 모순되어 보이는 입장을 취하기도 한다는 점을 잘 알고 있습니다. 하지만 그들조차도 결국은 동일한 의미를 가리킵니다. 예컨대, 한 남자가 태양으로 여행을 다녀왔다고 해 봅시다. 그는 여행의 모든 단계마다 태양을 사진으로 찍어 두었다가, 여행에서 돌아온 뒤 우리 앞에 펼쳐 놓습니다. 아마도 우리로서는 똑같은 사진을 단 한 장도 발견하지 못할 것입니다.

하지만 이 모든 사진들이 다른 관점에서 바라본 하나의 태양임을 부인할 사람이 누가 있겠습니까? 우리가 함께 있는 이 교회를 사방에서 사진으로 찍는다면, 얼마나 달라 보이겠습니까? 하지만 그들 모두는 이 교회의 다른 모습들일 뿐입니다. 이와 마찬가지로, 우리 모두는 진리를 서로 다른 관점에서 바라봅니다. 우리의 출생, 교육, 환경 등에 따라 달라지는 바로 그 관점으로 진리를 바라봅니다. 우리는 이 환경이 허용하는 만큼 진리를 바라보면서, 그것을 우리 자신의 감정으로 채색하고, 우리 자신의 지성으로 이해하며, 우리 자신의 마음으로 파악합니다. 우리는 우리와 관계된 만큼의 진리만 알 수 있고, 우리가 받아들일 수 있는 만큼의 진리만 이해할 수 있습니다. 이런 사정으로 인해, 인간과 인간 사이에 견해 차이가 생겨나고, 때에 따라서는 모순되는 관념들조차 일어납니다. 하지만 사실 우리 모두는 동일한 절대적 진리에 속해 있습니다.

따라서 제 결론에 의하면, 모든 종교들은 신적 질서에 기여하는 서로 다른 세력들입니다. 그들 모두 인류의 선을 위해 작용하고 있고, 따라서 단 하나도 제거되거나 소멸될 수 없습니다. 그러므로 자연의 힘들과 마찬가지로, 당신은 이 영적 힘들 중 그 어떤 것도 파괴할 수 없습니다. 각각의 종교들은 생명력을 지니고 있고, 그 생명력은 가끔씩 퇴보하기고 진보하기도 합니다. 자신의 장식물 중 상당수를 잃을 때도 있고, 그들 모두를 지닌 채 화려한 모습을 드러낼 때도 있습니다. 하지만 종교의 혼은 항상 변함없이 거기에 있습니다. 그것은 결코 소멸될 수 없습니다. 모든 종교가 품고 있는 이상은 절대 사라지지 않고, 내면으로부터 종교의 행군을 이끌어 나갑니다.

모든 나라의 철학자와 종교가들이 꿈꿔 온 보편적 종교 역시 이미 존재하고 있습니다. 인류의 보편적 형제애가 이미 존재하며, 보편적 종교 역시 이미 여기에 있습니다. 먼 곳으로 여행을 떠나 본 사람이라면 알겠지만, 우리의 형제와 자매들은 도처에 널려 있습니다. 저 역시 세계 전역에서 그들을 만나 볼 수 있었습니다. 세상에 형제애가 이미 존재함에도, 그 사실을 알아차리지 못하는 수많은 사람들이 새로운 형제애를 갈망하면서 불평을 해대는 것뿐입니다. 보편적 종교 역시 엄연히 존재합니다. 각기 다른 종교를 설교하는 성직자들이 몇 분 동안만 설교를 멈춘다면, 우리는 그 보편적 종교를 바로 이곳에서 목격하게 될 것입니다. 하지만 그들은 보편적 종교의 실현을 끊임없이 방해합니다. 그렇게 하는 것이 그들 자신에게 이로울 것처럼 보이기 때문입니다.

　모든 나라의 성직자들은 매우 보수적입니다. 왜 그럴까요? 세상에는 대중을 인도해 주는 성직자들이 극히 적습니다. 도리어 그들 대부분이, 대중의 노예나 하인이라도 되는 양 대중에게 이끌려 다닙니다. 그러니 대중이 성숙할 때는 성직자들 스스로도 성숙하는 법입니다. 뒤처질 수는 없기 때문입니다. 따라서 성직자들을 비난하기 전에(요즘에는 성직자를 비난하는 게 유행이지만) 당신은 당신 자신부터 비난해야 합니다. 당신은 받을 자격이 있는 것만을 받기 때문입니다.

　만일, 새롭고 진보적인 관념을 설하며 대중을 이끌어 나가길 바라는 성직자가 있다면, 그의 운명은 어떻게 될까요? 아마도 그의 아이들은 굶주리게 될 것이고, 그 자신은 누더기를 걸치게 될 것입니다. 그 역시 우리와 똑같은 세속적 법칙에 지배당하기 때문입니다. 하지만 당신이 앞으로 전진한다면, 그 역시 '함께 진군합시다.'라고 말할 수 있을 것입니다.

　물론, 세상에는 대중의 의견에도 움츠러들지 않는 예외적인 영혼들이 존재합니다. 그들은 진리를 이해했고, 오직 그 진리만을 가치 있게 생각합니다. 진리가 그들을 압도했고, 그들을 사로잡았기 때문에, 그들은 앞으로 진군해 나갈 수밖에 없습니다. 그들은 결코 뒤돌아보지 않고, 사람들에게 신경 쓰지도 않습니다. 그들에게는 오직 신만이 존재하기 때문입니다. '그He'가 그들의 앞을 밝혀 주면, 그들은 그저 그 빛을 따라갈 뿐입니다.

저는 이 나라에서 개종을 권유하는 몰몬교Mormon 신사 한 명을 만난 적이 있습니다. 저는 그에게 이렇게 말했습니다.

"나는 당신 의견을 진심으로 존중합니다. 하지만 우리는 몇 가지 점에서 견해 차이를 보입니다. 예컨대, 나는 수도사의 생활 방식을 따르지만, 당신은 일부다처제를 믿고 있습니다. 저한테 이럴 게 아니라, 인도에 가서 한번 설교해 보시는 게 어떨지요?"

그러자 그가 매우 놀란 표정으로 이렇게 물었습니다.

"당신들은 결혼을 중시하지 않는 반면, 우리는 일부다처제를 신봉합니다. 그런데도 당신 나라에 가서 설교를 해 보라고 권하시는 겁니까?"

저는 말했습니다.

"그렇습니다. 인도 사람들은 어떤 종교의 교리든 들을 준비가 되어 있습니다. 인도에 가 보라고 권하는 이유는, 첫째, 저 스스로 종파의 다양성을 크게 지지하기 때문이고, 둘째, 인도에는 기존의 종파들에 만족하지 못하는 사람들이 아주 많기 때문입니다. 그들은 현존하는 종교들이 마음에 들지 않는다면서 아예 아무 종교도 갖지 않으려 하고 있습니다. 어쩌면 당신이 그들 중 일부를 개종시킬 수 있을지 모르겠군요."

영성이 늘어난다면

종파의 수가 많을수록 사람들이 종교적으로 강화될 가능성도 높아집니다. 온갖 종류의 음식을 갖춰 놓은 호텔이 거의 모든 사람의 식성을 만족시키듯 말입니다. 저는 세계 각국의 종파 수가 증대되어, 더 많은 사람들이 종교적으로 될 기회를 누렸으면 합니다.

사람들이 종교를 싫어한다고 생각하지 마십시오. 저는 그 말을 믿지 않습니다. 설교자들이 청중에게 원하는 것을 제공해 주지 못하는 것뿐입니다. 무신론자나 유물론자였던 사람이라도, 그에게 적합한 진리를 주는 사람을 만날 수만 있다면, 그 누구보다도 종교적인 사람으로 변모할 것입니다.

우리는 우리 자신의 방식대로만 먹을 수 있습니다. 예컨대, 우리 힌두인들은 손가락으로 밥을 먹습니다. 우리의 손가락은 서양인들의 손가락보다 더 유연합니다. 당신들은 손가락을 우리처럼 놀릴 수 없습니다. 그러므로 음식은 반드시 먹는 사람 자신의 고유한 방식에 맞게 제공되어야 합니다. 이와 마찬가지로, 종교적 관념들도 반드시 수용자 자신의 방식에 맞게 제공되어야 합니다.

그 관념들은 자신의 언어로, 자신이 가진 영혼의 언어로 전달되어야 하고, 오직 그럴 때에만 당신을 만족시킬 것입니다. 이는 저도 마찬가지여서, 만일 힌두 언어를 구사하는 사람이 내게 다가와 그 언어로 진리를 설해 준다면, 나는 그 말을 즉시 이해한 뒤 영원토록 지닐 것입니다. 이건 사실 매우 중요한 문제입니다.

위의 설명은 인간의 마음에도 다양한 유형과 등급이 있다는 점을 시사해 줍니다.(그러니 종교의 과업이란 얼마나 엄청난가요?) 하지만 사람들은 이 부분을 잘 이해하지 못합니다. 예컨대, 어떤 사람은 두세 가지 교리를 들고 나와 자신의 종교가 전 인류를 만족시킬 것이라고 주장합니다. 그는 손에 작은 우리를 들고 세상으로 나가 이렇게 말합니다.

"인간과 코끼리를 이 우리 속으로 들어가게 하십시오. 모두를 이 안에 집어넣으십시오."

"하지만 더 이상 자리가 없는걸요."라는 말을 들었을 때는 이렇게 말합니다.

"상관없습니다! 몸을 토막 내서라도 쑤셔 넣으십시오! 이 안에 들어오지 않는다면 저주받을 것이기 때문입니다."

저는 잠시 멈춰서 스스로에게 '왜 사람들이 우리 말을 들으려 하지 않는 걸까?'라고 묻는 종파나 설교자를 단 한 번도 만나 보지 못했습니다. 대신 그들은 사람들을 저주하면서 이렇게 말합니다.

"저 인간들은 사악해."

그들은 분명 뭔가 잘못 알고 있습니다. 게다가 사람들이 귀를 기울이지 않는다고 해서 다른 사람들에게 저주까지 퍼붓고 있습니다. 누군가를 저주한다면 그들 자신부터 저주해야 마땅할 것임에도 말입니다. 하지만 그들은 항상 사람들이 잘못되었다고 주장하면서, 모든 사람을 포용할 수 있도록 종파를 확장시키는 일에 대해서는 생각조차 하지 않습니다. 그들은 결코 이렇게 묻지 않습니다.

"사람들은 왜 내 말에 귀를 기울이지 않는 걸까? 나는 왜 그들에게 진리를 드러내 주지 못하는 걸까? 나는 왜 그들의 언어로 말하지 못하는 걸까? 나는 왜 그들의 시야를 트여 주지 못하는 걸까?"

이런 사정을 고려해 보면, 세상에 왜 그토록 많은 편협함이 존재해 왔는지 이해할 수 있을 것입니다. 부분에 불과한 것을 전체라 주장하고, 한정된 단위에 불과한 것을 무한이라 우겨대는 이유를 알게 될 것입니다. 고작 몇 백 년 전에 발생한 종파들, 오류로 가득 찬 인간의 머리에서 짜낸 그 소규모 종파들을 떠올려 보십시오. 그들은 자신들이 신의 무한한 진리 전체를 알고 있다고 오만하게 주장합니다. 이 얼마나 오만한 태도인가요? 그런 태도는 인간이 얼마나 허영심 강한 존재인지 보여 줄 뿐입니다. 그런 주장들이 항상 실패한 것도 놀랄 일이 아닙니다. 그런 주장들은 신의 자비로 인해 항상 실패하게 되어 있습니다.

그들 중에서도 이슬람교도들의 행각이 단연 두드러집니다. 그들의 성장은 오직 칼을 통해서만 이루어져 왔습니다. 한손에는 『코란』을, 다른 한손에는 칼을 움켜쥔 채 그들은 이렇게 말합니다.

"『코란』을 받아들이지 않는다면 너는 목숨을 잃게 될 것이다. 다른 대안은 없다!"

역사를 공부해 본 사람이라면, 그들의 이 같은 시도가 얼마나 큰 성공을 거두었는지 알 것입니다. 600여 년 동안 그 어떤 세력도 이슬람에 저항할 수 없었습니다. 하지만 시대가 바뀌자 그들은 더 이상 기존의 방식을 고수할 수 없게 되었습니다. 그들의 방식을 따른다면, 다른 종교들도 역시 막다른 골목에 다다르게 될 것입니다.

포기와 영성

우리들은 아직도 아기에 가깝습니다! 우리는 항상 인간의 본성을 망각합니다. 삶을 막 시작할 무렵, 우리는 자신의 운명이 비범할 것이라고 생각합니다. 우리의 믿음을 흔들 수 있는 건 아무것도 없었습니다. 하지만 나이가 들어감에 따라 우리는 다른 생각을 품게 됩니다. 종교도 이와 마찬가지입니다. 이제 막 생겨난 종교는 몇 년 만에 전 인류의 마음을 바꿔 놓을 수 있을 것이라고 생각하면서, 사람들을 개종시키기 위해서라면 대량 살상도 서슴지 않습니다. 그 뒤 그들은 실패를 경험하게 되고, 세상이 그렇게 만만치 않다는 점을 깨닫게 됩니다. 이런 종교들은 착수한 일을 결코 완결짓지 못합니다. 그건 엄청난 축복입니다.

한번 생각해 보십시오. 어떤 광신적 종교들 중 하나가 전 세계를 장악하는 데 성공했다면, 오늘날 인류는 과연 어떤 모습일까요?

하지만 그럼에도 이 각각의 종교들은 위대한 진리의 일면을 드러내 줍니다. 이들 각각의 영혼에는 고유한 탁월성이 내재되어 있습니다.

이 말을 하다 보니 오래된 이야기 하나가 생각납니다. 옛날에 사람들을 죽이고 온갖 악행을 저지르던 귀신들이 살았다고 합니다. 하지만 그 누구도 그들을 죽일 수 없었습니다. 그 귀신들의 영혼이 날아다니는 새들의 몸속에 들어 있었기 때문입니다. 그 새들이 살아 있는 한 귀신들도 생명을 유지할 수 있었습니다. 이와 마찬가지로, 우리 각자도 영혼이 담긴 새를 한 마리씩 지니고 있습니다. 이 삶에서 수행해야 할 임무, 하나의 이상이 그것입니다. 모든 인간은 그런 이상이나 임무의 구현체입니다. 당신이 다른 모든 것을 잃는다 하더라도, 그 이상만 잃지 않는다면, 그 임무만 손상되지 않는다면, 그 무엇도 당신을 죽일 수 없을 것입니다. 한때 누렸던 부귀가 전부 사라지고, 역경이 산더미처럼 쌓인다 하더라도, 그 이상만 순수하다면, 그 무엇도 당신을 죽일 수 없을 것입니다. 점점 나이가 들어 100살이 넘어간다 하더라도, 그 임무가 가슴 속에서 살아 숨쉰다면, 대체 무엇이 당신을 죽일 수 있겠습니까? 하지만 그 이상을 잃는다면, 그 임무를 망각한다면, 그 무엇도 당신을 구할 수 없을 것입니다. 세상의 모든 부와 권력도 당신을 구해 내지는 못할 것입니다.

국가는 개인들의 복합체입니다. 따라서 각각의 나라 역시 수행해야 할 자신만의 임무를 지닌다고 할 수 있습니다. 한 나라가 자신의 이상을 지켜 내는 한, 그 나라를 없앨 수 있는 건 아무것도 없습니다. 하지만 그 나라가 자신의 임무를 포기하고 다른 것을 좇는다면, 서서히 생명력을 잃다가 결국 사라져 버리고 말 것입니다.

종교도 이와 마찬가지입니다. 오늘날 고대의 종교들이 여전히 살아 있다는 사실은, 그들이 자신의 임무를 그대로 보존해 냈다는 점을 입증해 줍니다. 그 모든 실수에도 불구하고, 그 모든 어려움에도 불구하고, 그 모든 분쟁에도 불구하고, 그 모든 형식적 껍데기에도 불구하고, 그들 모두의 심장은 온전히 보존될 수 있었습니다. 그것은 여전히 살아서 박동하고 있습니다. 그들은 최초의 그 위대한 임무를 결코 잊지 않았습니다. 그 임무에 대해 탐구하는 것은 실로 경이로운 일입니다.

이슬람교를 예로 들어 봅시다. 기독교인들은 세상에서 이슬람교를 가장 싫어합니다. 그들은 이슬람교야말로 지금까지 존재한 최악의 종교일 것이라고 생각합니다. 하지만 누구든 이슬람교로 개종해 본다면, 이슬람 세계 전체가 두 팔 벌려 자신을 형제로 받아들인다는 점을 알게 될 것입니다. 그들은 사람을 절대 차별하지 않습니다. 이건 이슬람 이외의 종교에서는 결코 찾아볼 수 없는 미덕입니다. 만일 미국 인디언 중 한 명이 이슬람으로 개종한다면, 터키의 왕이라도 그와 저녁을 함께하고 싶어 할 것입니다. 생각할 줄만 안다면, 지위 같은 건 아무런 문제도 안 됩니다. 저는 이 나라에서 백인과 흑인이 나란히 무릎 꿇고 기도하는 모습을 아직 한 번도 보지 못했습니다. 하지만 이슬람교는 신자들 모두를 동등하게 대접합니다. 이 점에 대해 숙고해 보십시오. 이것이 이슬람만의 미덕임을 부인할 수 없을 것입니다. 이슬람교가 세상에 설교하는 건 믿음을 공유한 자들 간의 형제애이기 때문입니다. 그것이 바로 이슬람교의 핵심입니다. 다른 모든 관념들, 즉 천국과 삶 등에 관한 관념들은 진정한 이슬람교가 아닙니다. 그런 것들은 부속물에 불과합니다.

깨어 있는 마음

힌두교에서도 한 가지 위대한 관념을 발견해 낼 수 있습니다. 영성이 그것입니다. 신 관념을 정의하기 위해 힌두교만큼 많은 힘을 쏟아 부은 종교도 세상에 없을 것입니다. 그들은 어떤 세속적 관념에도 침해받지 않는 신을 묘사해 내기 위해 엄청나게 노력했습니다. 영혼은 신성함에 틀림없고, 따라서 물질적 세상과 결코 동일시 될 수 없기 때문입니다. 그들은 합일의 관념, 신에 대한 깨달음, 신의 편재성 등에 대해서도 철저히 해명해 냈습니다.

힌두인들은 신이 하늘에 산다는 생각을 터무니없는 것으로 간주합니다. 인간의 입장에서 신을 인격화한 관념에 불과하기 때문입니다. 존재하는 모든 천국들은 다름 아닌 지금 여기에 존재합니다. 또한, 그들은 영원 속에서 보낸 한 순간이 다른 모든 순간을 포괄한다고 말합니다. 그리고 신을 진실로 믿으면, 지금 당장에라도 '그'를 볼 수 있다고 생각합니다. 한편, 그들은 종교가 무언가에 대한 깨달음과 동시에 시작된다고 말합니다. 이런 태도는 교리를 믿거나, 지적으로 동의하거나, 특정한 선언을 하는 것과는 다른 태도입니다.

그들은 이렇게 말합니다.

"신이 존재한다면, 당신은 '그'를 보았는가? 보지 못했다면, 무슨 권리로 신을 믿는다고 말하는가? 신이 존재하는지 의문을 품고 있다면, 왜 '그'를 보기 위해 노력하지 않는가? 왜 세상을 포기하고 전 생애를 이 하나의 목적을 위해 헌신하지 않는가?"

포기와 영성은 인도의 두 가지 위대한 이상입니다. 인도가 세상에 범한 실수가 그토록 적은 것도 전부 이 이상들을 고수해 온 덕택입니다.

기독교가 설교하는 핵심적인 이상도 힌두교와 별반 다르지 않습니다. 그들은 이렇게 말합니다.

"깨어 있어 기도하라, 천상의 왕국이 가까이에 있나니."

이 말은 마음을 정화하면서 때가 오기를 기다리라는 뜻입니다. 당신은 가장 참담한 시절에 살았던 가장 미신적인 기독교인들조차, 주의 임재를 기다리면서 스스로를 준비시켜 왔다는 사실을 부인할 수 없을 것입니다. 그들은 타인을 돕고, 병원을 세우는 등의 활동을 통해 자신들의 이상을 실천해 왔습니다. 기독교인들이 이 이상을 고수하는 한, 그들의 종교는 계속해서 번영할 것입니다.

여기서 하나의 이상이 내 마음을 사로잡습니다. 꿈에 불과한지도 모르고, 이 세상에서 실현될 수 있는 것인지도 확실치 않습니다. 하지만 가끔씩은 거친 현실에 파묻혀 죽는 것보다 꿈을 꾸는 것이 더 나을 때가 있습니다. 위대한 진리들은, 꿈속에서조차, 부정한 사실들보다 훌륭합니다. 그러니 함께 꿈꿔보기로 합시다.

당신은 마음에 다양한 유형이 존재한다는 점을 알고 있을 것입니다. 우선, 세상에는 실질적이고 양식 있는 합리주의자들이 존재합니다. 그들은 형식이나 의례보다는, 지적이고 견고하고 명료한 사실들을 중요시합니다. 오직 그런 사실들만이 그들을 만족시킬 수 있습니다. 또한, 청교도와 이슬람교도 같은 사람들도 존재합니다. 그들은 예배 장소에 사진이나 조각상 같은 것을 결코 허용하지 않습니다. 그것도 아주 좋습니다. 하지만 좀 더 예술적인 다른 부류의 사람들도 존재합니다. 그들은 신을 보기 위한 도구로서 엄청난 양의 예술적 물품들을 활용합니다. 곡선과 색채, 꽃 등을 동원하고, 촛불과 의례용 도구, 문양 등을 배치해 예배당을 아름답게 꾸밉니다. 누군가 지성을 통해 신을 이해하듯, 그들은 그런 형상들을 통해 신을 이해합니다.

한편, 세상에는 헌신적인 사람들도 존재합니다. 그들의 영혼은 오직 신을 예배하며 찬송하는 것에만 관심을 쏟습니다. 또 한편, 철학자 같은 사람들도 존재합니다. 그들은 이 모든 것들에서 물러선 채, 사람들을 조롱하면서 이렇게 말합니다.

"정말 터무니없는 사람들이군! 신이라니 그게 무슨 헛소리인가!"

이 사람들은 서로를 적대시할지 모릅니다. 하지만 이들 각각은 세상에서 나름의 역할을 수행하고 있습니다. 세상은 이 다양한 마음들 모두를, 이 다양한 유형들 모두를 필요로 합니다. 이상적인 종교라는 게 가능하다면, 그 종교는 이 모든 마음에게 양식을 공급할 정도로 넓고 클 것이 분명합니다. 그 종교는 철학자들에게 철학의 힘을 공급해 주고, 숭배자들에게 헌신적인 가슴을 제공해 주며, 의식을 치르는 사람들에게 온갖 종류의 놀라운 상징을 제시해 주고, 시인들에게 충분한 감흥을 불러일으켜 줄 것이 분명합니다. 그처럼 광대한 종교를 만들려면, 우리는 종교의 원천으로 되돌아가, 그들 모두를 하나로 융합해 내야 할 것입니다.

따라서 우리의 표어는 배척이 아닌 포용이 되어야만 합니다. 단순한 용인이나 묵인에 그쳐서는 안 됩니다. 소위들 말하는 용인은 사실 신성모독에 불과할 때가 많기 때문입니다.

용인이란 말에는, 상대가 틀렸다는 걸 알면서도, 그냥 내버려 둔다는 뜻이 담겨 있습니다. 하지만 당신이나 내가 다른 사람의 삶을 허용한다는 생각은 신성모독이 아닌가요? 저는 과거의 모든 종교를 받아들여 그들 모두와 함께 예배하고 싶습니다. 저는 포용을 믿습니다. 저는 이슬람 사원에 들어가 예배드릴 것이고, 기독교 교회에 들어가 십자가 앞에 무릎 꿇을 것이며, 불교 사원에 들어가 붓다와 그의 법에 경배를 올릴 것입니다. 그리고 숲에 들어가 앉아 힌두교도들과 함께 명상을 하면서, 모두의 가슴을 깨우쳐 주는 빛을 추구할 것입니다.

그뿐만이 아닙니다. 저는 앞으로 도래할 모든 종교들에도 가슴을 열어 둘 생각입니다. 당신은 신의 책이 이미 끝나 버렸다고 생각하시나요? 결코 그렇지 않습니다. 계시는 계속해서 이어지고 있습니다. 그 책은 실로 경탄할 만한 책이기 때문입니다. '성경, 베다, 코란' 같은 성서들은 오직 그 책의 일부일 뿐입니다. 나머지 무한한 분량이 아직 펼쳐지지 않은 채 남아 있습니다. 따라서 저는 그들 모두를 향해 가슴을 열어 둘 생각입니다. 우리는 현재를 딛고 서 있지만, 우리의 가슴은 무한한 미래를 향해 열려 있습니다. 우리는 과거의 모든 것을 수용하고 현재의 빛을 즐기면서, 앞으로 도래할 모든 것을 향해 모든 마음의 창을 열어 놓고 있습니다.

그러니 함께 이렇게 기도드리기로 합시다.

"과거의 모든 예언자들에게 경배를! 현재의 모든 현자들에게 경배를! 미래의 모든 성인들에게 경배를!"

옮긴이 | 김성환

1980년 서울 출생. 연세대학교에서 건축학을 전공했다. 현재는 번역가로 활동하며 글을 쓰고 있다. 지은 책으로는 『감정들: 자기 관찰을 통한 내면 읽기』가 있으며, 번역한 책으로는 『지친 당신을 위한 인생 매뉴얼』, 『모나리자를 사랑한 프로이트』, 『자비심 일깨우기』, 『무의식이란 무엇인가』 등이 있다.

마음의 요가

1판 1쇄 펴냄 2020년 4월 8일
1판 2쇄 펴냄 2021년 5월 28일

지은이 | 스와미 비베카난다
옮긴이 | 김성환
발행인 | 박근섭
책임 편집 | 정지영
펴낸곳 | 판미동

출판등록 | 2009. 10. 8 (제2009-000273호)
주소 | 06027 서울 강남구 도산대로 1길 62 강남출판문화센터 5층
전화 | 영업부 515-2000 편집부 3446-8774 팩시밀리 515-2007
홈페이지 | panmidong.minumsa.com

도서 파본 등의 이유로 반송이 필요할 경우에는 구매처에서 교환하시고
출판사 교환이 필요할 경우에는 아래 주소로 반송 사유를 적어 도서와 함께 보내주세요.
06027 서울 강남구 도산대로 1길 62 강남출판문화센터 6층 민음인 마케팅부

판미동은 민음사 출판 그룹의 브랜드입니다.

완전한 지혜로 나아가는 마음의 요가
Jnana Yoga

> 즈냐나(Jnana) 요가 — 지혜의 길
> 카르마(Karma) 요가 — 행위의 길
> 박티(Bhakti) 요가 — 헌신의 길

요가는 몸을 가꾸기 위한 운동이 아니라, 몸과
마음을 통해 깨달음으로 나아가는 수행입니다.
요가의 대표적인 경전인 『바가바드 기타』에서는
'요가의 세 가지 길'로 지혜, 행위, 헌신을 꼽습니다.
그중 이 책에서 다루는 즈냐나 요가는 지혜와 지성을
중심으로 한 수행 방법을 의미합니다.

즈냐나 요가는 지혜를 뜻하는 즈냐나를 얻기 위한
여정이라 할 수 있습니다. 모든 고통과 괴로움의
뿌리는 자기 자신이 누구인지 모르는 무지(無知)이며,
자신의 참된 본성을 아는 지혜는 해탈에 이르는
방편이기 때문입니다. 요가에서는 본래 자유롭고
무한한 자신의 본성을 깨닫게 되면 모든
불완전성에서 벗어나 완전함의 경지인 깨달음에
이를 수 있다고 가르칩니다. 그리하여 즈냐나의 길을
따르는 요가 수행자는 우주의 실재와 인간 내면의
동일성을 깨닫는 것을 목표로 합니다.

『우파니샤드』와 『바가바드 기타』에서도 즈냐나
요가의 고전적인 형태를 찾아볼 수 있으며,
가장 영향력 있는 학파인 불이일원론
베단타(Advaita Vedanta)에서 주요 수행법으로
채택해 왔습니다. 이 책은 인도의 위대한 성인
스와미 비베카난다의 강연집으로, 힌두 사상의
결정체인 우파니샤드의 핵심이 현대인의 시각으로도
잘 이해하고 공감할 수 있도록 정리되어 있습니다.